教育部首批“三全育人”试点院（系）红土文化丛书

U0794404

胸怀报国志 科研育新人

——西南交通大学土木工程学院科研育人实践

主　编　王明年　卢立恒　刘学毅　蒲黔辉

编　委　富海鹰　周　曦　童万波　李彤梅　闻毓民　勾红叶

占玉林　陈　嵘　甘　泉　刘大刚　许　浒　何　庆

李小珍　郑余朝　于　丽　张迎宾　潘　毅　王玉锁

王广俊　杨庆华　杨长卫　李福海　车小洁　熊　麟

西南交通大学出版社

·成　都·

图书在版编目（CIP）数据

胸怀报国志，科研育新人：西南交通大学土木工程学院科研育人实践 / 王明年等主编. —成都：西南交通大学出版社，2022.3
ISBN 978-7-5643-8613-9

Ⅰ. ①胸… Ⅱ. ①王… Ⅲ. ①西南交通大学－科学研究工作－文集 Ⅳ. ①G644-53

中国版本图书馆 CIP 数据核字（2022）第 033558 号

Xionghuai Baoguo Zhi Keyan Yu Xinren
—Xinan Jiaotong Daxue Tumu Gongcheng Xueyuan Keyan Yuren Shijian

胸怀报国志 科研育新人
——西南交通大学土木工程学院科研育人实践

主编 王明年 卢立恒 刘学毅 蒲黔辉

责任编辑 赵玉婷
助理编辑 周媛媛
封面设计 曹天擎

出版发行 西南交通大学出版社
（四川省成都市金牛区二环路北一段 111 号
西南交通大学创新大厦 21 楼）
邮政编码 610031
发行部电话 028-87600564 028-87600533
网址 http://www.xnjdcbs.com
印刷 四川玖艺呈现印刷有限公司

成品尺寸 210 mm × 285 mm
印张 16
字数 377 千
版次 2022 年 3 月第 1 版
印次 2022 年 3 月第 1 次
书号 ISBN 978-7-5643-8613-9
定价 120.00 元

前言

为全面贯彻落实全国教育大会精神和全国高校思想政治工作会议精神，深入学习贯彻习近平总书记2018年在北京大学师生座谈会上的重要讲话精神，西南交通大学土木工程学院作为四川省唯一入选教育部首批“三全育人”综合改革试点单位的院系，以习近平新时代中国特色社会主义思想和党的十九大精神为指引，紧密围绕“新时代、新思想、新变化、新目标、新要求”五新内涵赋予青年人的神圣使命和历史责任，紧密结合实施“交通强国”战略的交通土建人才需求，在学校党委的组织领导下，积极探索将思想政治教育与土木工程专业教育相统一的体制机制，形成与土木工程学科特点相适应的全员全过程全方位育人格局，着力培养适应“一带一路”、“交通强国”、中国高铁“走出去”等国家战略需求、德智体美全面发展的交通土建人才。

西南交通大学土木工程学院始终将“三全育人”的思想内涵融入全院的各项工作中，高度重视思想政治工作，坚持育人为本、德育为先，始终抓住培养什么样的人、如何培养人以及为谁培养人这个教育的根本问题制定学院事业发展规划和人才培养方案。“十三五”期间，学院开展了“以党建一流为引领，以管理一流为基础，以学科一流为目标，以重构人事分配制度和资源整合体系为抓手，以打造“线桥隧”学科梦之队和助力岩土、结构学科发展为重点，全面推进一流土木学院建设”的“创一流示范性改革”，为开展三全育人试点提供了良好的改革环境和工作基础。

“科研育人”是“三全育人”的重要组成环节，其指导思想是将正确的政治方向、价值取向、学术导向体现到科学研究全过程各环节，将思想政治教育贯穿于科研教育和人才培养全过程，综合学校、家庭、社会组成“全员、全过程、全方位、全天候”的“四全一体”育人机制，提升学生创新意识和专业兴趣，引导师生树立学术诚信、严谨求实、开拓创新、勇攀高峰的科学精神。2018年年底土木工程学院组建了“科研育人”改革试点专项工作小组，以学院党委书记为“三全育人”工作第一负责人、学院科研副院长为“科研育人”工作总负责人、各个科研团队负责人为“科研育人”实施小组负责人，全面对照“普通高等学校院（系）‘三全育人’综合改革试点建设标准”之“科研育人”准则，结合土木工程学科特点探索体制机制和有效举措，系统设计“科研育人”改革试点方案和工作计划，协调推进“科研育人”改革工作，主要举措有：

（1）**构建科研育人典型示范体系**

通过在学院范围内遴选一批“科研育人”典型团队和先进个人，采用座谈会、书面总结等多种方式交流探讨、挖掘“科研育人”的创新理念和先进经验，形成指南，带动全院师生有效推进“科研育人”。2019 年度，学院组织召开了“土木工程学院科研育人先进经验交流暨科技表彰大会”，并选树了 16 位“科研育人”示范个人候选人进行培育资助。

（2）**建立学生科技创新意识和专业兴趣的培养机制**

利用学院已有的 1 个国家工程研究中心、2 个教育部重点实验室、4 个四川省重点实验室等科研平台，依托各科研团队、骨干教师在研的科研项目，以“团队—导师—研究生—本科生”为传导机制，设立了“科研创新训练项目”，构建实验室向全体学生特别是向本科生的开放机制和科研实践机制，提升学生创新意识和专业兴趣。

（3）**建立师生勇攀高峰的科研素养培养机制**

依托学院“首批全国高校黄大年式教师团队”——交通隧道工程教师团队和 5 大科研团队，探索师生科研基本素养培养机制；成立重大工程的科技攻关小组，建立跨学科交流合作基地，探索建立对接国家重大战略和重大工程建设需求的学科前沿问题研究机制，建立科技强国远大志向的培养机制。

（4）**探索科研育人评价机制**

通过评价考核科研团队及导师个人的“科研育人”成果，改进科研育人成效，探索建立科研育人评价制度。并将“科研育人”纳入教师绩效考核体系和教师专业技术职务晋升评价体系。

感谢全院教师积极参与“三全育人”试点改革工作。通过三年的“科研育人”全过程、全环节的试点探索，形成了有土木工程专业人才培养特色的育人经验，实现了价值塑造、能力培养与知识传授的有机融合。本书对学院“科研育人”探索与实践进行了总结汇编，可以为高校（院系）、研究院所开展“科研育人”工作提供借鉴和参考。书中不足之处在所难免，敬请有关专家和读者批评指正。

本书的编写得到学校、学院领导的大力支持，得力于全院教师的辛勤付出，以及西南交通大学出版社的大力支持，在此一并表示诚挚的谢意。

编　者

2021 年 11 月

目 录

第一部分 系室篇

第二部分 师说篇

第三部分
成长篇

青教成长

青春力量

第一部分

系室篇

土木工程学院简介

西南交通大学土木工程学院源于1896年在山海关铁路官学堂成立的土木工程系，土木工程专业是学校1896年创办时最早设立的专业。百年以来，学校数次更名，土木专业也多次进行调整。目前，学院下设道路与铁道工程、桥梁工程、地下工程、岩土工程、建筑工程5个系，结构力学、水力学2个教研室，BIM及图学研究所、土木工程材料研究所、茅以升桥梁研究所、陆地交通灾害防治技术研究中心、深水大跨桥梁研究中心、长大特殊隧道研究中心、防护结构研究中心7个研究所（中心）。学院现有土木工程一级学科授予权、国家级重点学科2个（桥梁与隧道工程、道路与铁道工程），国家级重点学科培育计划1个（岩土工程），省部级重点学科1个（结构工程），博士后流动站2个（土木工程、交通运输工程）。学院师资力量雄厚，现有专任教师317人，教师中有博士学位的占80%，其中国家级人才25人，形成了以各类国家级人才为核心，以具有国际教育背景的中青年教师为后备、主干课程教学团队为主体的优秀师资队伍。

学院构建了高水平“1+2+4”重点科研平台体系与“3+1”重点实验教学平台体系，即1个国家级研究平台——“陆地交通地质灾害防治技术国家工程研究中心”；2个教育部平台——“高速铁路线路工程教育部重点实验室”和“交通隧道工程教育部重点实验室”；4个四川省重点平台——“抗震工程技术四川省重点实验室”“道路工程四川省重点实验室”“风工程四川省重点实验室”和“交通土建材料工程技术研究中心”。2个土木工程国家级实体教学中心——“土木工程国家级实验教学示范中心”和“西南交通大学-中铁二院国家级工程实践教育中心”；1个土木工程国家级虚拟仿真实验教学中心和1个四川省实验教学中心“城市智能建造虚拟仿真实验教学中心”。目前，土木工程学院实验室平台在数量和质量上位居国内大学前列，硬件实力达到全国顶尖，为基础研究和科技创新打下了坚实的基础。

历年来，土木工程学院共获得国家级科技奖励35项，其中，以“大瑶山长大铁路隧道修建新技术”为代表的国家科技进步特等奖3项，以“复杂艰险山区高速公路大规模隧道群建设及营运安全关键技术”为代表的国家科技进步一等奖9项，以“大跨度缆索承重桥梁抗风关键技术与工程应用”为代表的国家科技进步二等奖21项，并且获得国家技术发明二等奖2项（砂卵石地层盾构隧道施工安全控制与高校掘进技术、高速铁路轨道平顺性保持技术），在交通土建领域享誉盛名。

2018—2020年，学院全面开展了“创一流示范性改革”（第二轮综合改革），重构人事分配制度和整合资源体系，大力推进了学院建设与学科发展，取得了丰硕的成果。学院入选教育部首批“全国党建工作标杆院系”和首批“三全育人”综合改革试点单位。通过本轮改革，土木学院高层次人才取得重大突破和进展，新增国家级人才称号11个。在人才培养方面取得了可喜的成绩：土木工程专业获批国家“双万”一流专业；主持获得2018年国家级教学成果二等奖1项（“高峰建岭，打造铁道工程国际科技人才培养基地，服务高铁‘走出去’战略”）；“交通隧道工程教师团队”荣获首批全国高校黄大年式教师团队；“高等土力学课程思政示范教学团队”获批国家级课程思政示范教学团队；新增“高速铁路规划与选线”和“高速铁路运营与维护”2门国家精品在线开放课程；新增首批国家一流本科课程（金课）7门；获批国家虚拟仿真实验教学项目1项（“简支钢桁架静载非破坏性虚拟仿真实验”）；新增教育部产学合作协同育人项目5项；新增四川省高等教育人才培养质量和教学改革项目重点项目3项；新增国家级课程思政名师1人、省教书育人名师3人。

“创一流示范性改革”实施期间，学院科研成果显性指标获得了全面提升：新增科研项目1100余项，较上一个周期增长78.4%，科研经费呈现快速增长趋势；新增发表高水平科研论文2000余篇，且保持逐年持续快速增长；新增发明专利授权200余项，较上一个周期增长96%；新增国家级和各类省部级科技奖励78项；平台建设稳步推进，新增国际、国家和行业高水平科研平台“中国-印尼高铁技术联合研究中心”、“重大交通土建工程智能建造与运维”四川省国际科技合作基地、“岩土及地下工程智能建造与安全”高等学校学科创新111引智基地、“陆地交通防灾减灾创新人才”示范基地等6个科研平台。

“百年土木，树人百年”，辗转唐山、平越、峨眉、成都多地，沿革125年办学历程，铸就了“唐山土木”严谨治学、严格要求的优良传统，更培养出著名桥梁专家茅以升、物候学家竺可桢、美国“预应力混凝土先生”林同炎以及中国科学院、中国工程院院士汪菊潜、周惠久、张维、刘恢先、严恺、林秉南、林同骅、施仲衡、王梦恕、何华武、秦顺全、任辉启、卢春房等一大批名扬海内外的学界泰斗和工程界权威。经过一代又一代土木人的不懈奋斗，土木工程学院以其卓越的成就、雄厚的实力，享誉中外。

“竢实扬华，自强不息”，学院师生将继续弘扬土木精神，瞄准世界科技前沿，继往开来迎挑战，锐意进取铸辉煌。

道路与铁道工程系科研育人

道路与铁道工程不仅是国家级重点学科和国内高校最具实力的学科方向之一，而且享有较高的国际声誉。针对国家高速铁路建设的重大需求，道路与铁道工程系依托国内高校唯一的高速铁路线路工程教育部重点实验室和道路工程四川省重点实验室2个重点创新研究平台开展高速铁路线路工程的前沿科学与关键技术问题研究。目前道路与铁道工程系共设4个主要研究领域：高速轨道结构与轨道动力学、高速铁路线下工程设计理论与结构技术、选线设计理论与线路工程信息设计技术、公路路基路面结构与材料。

道路与铁道工程系现有专任教师47人和专职实验人员2人，其中，国家级人才9人，省部级人才4人。拥有铁道工程国家级教学团队和“高速铁路轨道结构理论与安全服役技术”四川省科技创新团队。近5年来，全系到位科研经费合计达1.2亿元，实验室固定人员人均到账科研经费约255.3万元；主持国家重点研发计划项目、国家973计划课题、国家杰出青年科学基金项目、国家自然科学基金高铁联合基金项目、国家自然科学基金优秀青年基金项目、国家自然科学基金项目面上项目和青年项目等国家级项目和课题26项；发表高水平学术论文500余篇（200余篇SCI）、授权专利90项、软件著作权8项、各类知识产权转化19项，总经费500万元；主持获得国家技术发明奖二等奖1项、四川省自然科学奖一等奖和技术发明奖一等奖各1项、教育部科技进步奖二等奖1项、中国铁道学会铁道科学技术奖一等奖1项和二等奖2项；参与获得国家科技进步奖一等奖和二等奖各1项，中国铁道学会铁道科学技术奖特等奖4项以及其他各类省部级科学技术奖10余项；出版专著12部，其中3部英文专著由爱思唯尔集团出版。

谈及“科研育人”理念，道路与铁道工程系的刘学毅老师、罗强老师、邱延峻老师、王平老师、苏谦老师、杨荣山老师、韦凯老师、任娟娟老师、黄俊杰老师、刘凯文老师以及其他各位老师都有自己独到的见解并始终践行。

邱延峻老师认为，五四运动提出的“德赛”两先生成为救亡图存之法宝，科研育人由此发端。解放后，学生教育和科学研究如车之两轮、鸟之两翼相辅相成，并在时代的起伏中颠簸前进。科研如战场，在实战中成长是科研育人的主要形式。经过科研实战烽火洗礼的学生们，逐渐谙熟解决实际困难方面的能力与艺术，因此能从硝烟荆棘中走出胜利成功之路。在培养学生爱国主义情操的同时，国际化视野也是新时代有为青年的必修课。它增加了国际化能力，极大提高了学生的国际化信心和跨文化水平，也给学科建设培育了国际增长点。

苏谦老师团队坚持以树立一等品格、索求一等学识、铸就一等事业、培养一等人才为目标，以敦品励学、慎思笃行、求实拓新、刚毅坚卓为育人理念，形成了独具特色的科研团队。积极探索育人模式，在实践中探索科研育人的途径和方法，将科研育人根本任务渗透到每一项工作中，以目标为导向，不断努力。

苏谦老师（右二）和团队老师参加学术交流

杨荣山老师认为，科研团队是人才培养的摇篮，实现对学生全面培养的重点在价值导向、工作能力和专业素质等方面。在日常生活中，杨老师经常和学生们讨论一些轨道交通相关的新闻事件，客观看待行业发展面临的问题，使学生认识到轨道交通行业所承担的社会责任，引导学生把握正确价值取向；在专业培养过程中，注重对学生的学术引导和专业素质培养，带领学生在解决具体问题的同时关注该问题的专业内涵，使学生深刻地理解了现场的需求和科研的意义，激发了他们的科研热情。

在韦凯老师的理解中，“学术有德，诚信为本”“重视批判思维，提倡自主学习”“尊重个体特点，协作共同进步”这三点基本概括了“科研育人”理念。学术道德和科研诚信作为创新文化的核心内涵，渗透在国家创新体系的各个层面。当代大学生作为肩负中国梦的新时代力量，更应当认真领悟诚信的本质和内涵。老师的作用不应只是“教”而应包含“导”，在具体的指导过程中，应根据每个学生的个性、基础知识和学术敏感性因材施教。

杨荣山老师在工程现场

韦凯老师开展学术诚信讲座

任娟娟老师建议学生宜早早融入科研团队，参与科研项目。学生通过全面参与或介入在研项目和在建工程，能够及时了解本学科研究的新进展、实践发展的新经验和社会需求的新变化，在提升专业素养的同时，培养科研精神与科研创新能力。老师通过科研反哺教学，构建科教融合及问题导向、学科交叉的新型课程体系，为祖国培育思想觉悟高、科研能力强的高铁人才，带领他们为国家的高铁事业奉献青春、挥洒热血。

任娟娟老师参加学术交流

黄俊杰老师重视把正确的政治方向、价值取向、学术导向体现到科学研究各环节，注重培养对学生的家国情怀和严谨求实、积极进取的科学精神；坚持把思想政治表现作为科研团队建设的底线要求，把育人成效作为科研团队表彰的重要参考，以此来保障团队健康发展和科研成果持续产出；永葆学术诚信品质，并加大力度为学生进行学术诚信教育。

刘凯文老师把科研育人时时放在心上，把思想教育融入科研活动中。在指导学生进行科研活动时，以德育为首，既做科学研究又做学生的精神研究；导师以身作则，树立优良师德。导师只有不断提高自己的科研水平和学术功力，才能真正做到为学生传道、授业、解惑。因材施教，深耕细作，根据每位学生的性格特点和科研水平，提供适合的教育、可选择的教育，让学生享有更多的获得感和幸福感。

黄俊杰老师指导学生竞赛

刘凯文老师带学生参加学术会议

桥梁工程系科研育人

西南交通大学桥梁工程是国家首批具有博士学位授予权学科、“211工程”第一批重点建设学科和国家级重点学科，并设有长江学者奖励计划岗位。桥梁工程系培养了茅以升、林同炎、秦顺全等一批（20余名）中国科学院院士、中国工程院院士和全国工程勘察设计大师。具有大型边界层风洞、大型振动台、电液伺服实验系统、千吨级压力机、结构静动力分析试验系统及水槽造流系统等试验设施，依托平台包括陆地交通地质灾害防治技术国家工程中心、风工程四川省重点实验室、茅以升桥梁研究所、深水大跨桥梁研究中心、桥梁抗风及行车安全四川省青年科技创新研究团队和高烈度山区桥梁结构震灾防治技术四川省青年科技创新研究团队等。

桥梁工程系现有专任教师69人，其中，国家级人才7人，省部级人才6人。主要研究领域包括桥梁工程新结构、新材料及设计理论，桥梁建造与管维技术、长期性能与安全评定，桥梁工程防灾减灾理论与控制，桥梁车致振动、环境振动与噪声控制，海洋桥梁结构理论与建造技术和复杂艰险山区桥梁安全与耐久性等。围绕桥梁科学发展趋势和工程建设的重大需求，桥梁工程系在钢桥稳定与疲劳理论、桥梁工程抗风与抗震、铁路桥梁减振与降噪等基础理论和应用技术研究方面取得了较为丰硕的研究成果。研究成果已应用于包括南京长江二桥、矮寨大桥、西堠门大桥、武汉天兴洲长江大桥、南京大胜关长江大桥、沪通铁路长江大桥、港珠澳大桥等众多大型桥梁工程建设。近3年，发表高质量SCI论文130余篇，授权发明专利35项，新增科研经费9500余万元，新增国家级项目30余项，获国家科技进步奖2项（1项主持，1项排第2）。

谈及“科研育人”理念，以蒲黔辉、廖海黎、李亚东、赵人达、单德山、李永乐、张清华、占玉林、勾红叶等老师为育人先进代表的桥梁工程系在践行“科研育人”方面进行了广泛而深入的实践，取得了丰硕的育人成果。

赵人达老师科研团队

赵人达老师在传授专业知识的同时，注重对学生的价值塑造和能力培养。在人才培养时，坚持科教融合，将新的科研发现引入教学，不断更新、完善和丰富教学内容。赵老师认为，科研育人必须从培养科研精神开始，必须让学生做到严谨求实，一丝不苟。科研工作必须发挥团队的作用，通过不定期举办学术交流活动，促进团队成员的交流，提高团队成员学术研究和论文撰写水平，积累研究经验。

单德山老师在培养学生和推进科教协同的过程中，给学生提供充足科研平台，提高学生的创新能力和实践能力。科研团队成员应定期进行科研工作汇报，对科研团队成员予以精神和物质奖励，以此来调动科研人员的主观能动性。加强团队的学术规范和学术道德教育，在团队中定期开展学术问题的相关讲座，加强科研工作者的学术规范意识。

李永乐老师坚信科研项目是培养学生的重要平台，他通过指导学生科研探索科教协同育人的方式和方法，整理出与学生学习和生活相关的资料，上传至公共邮箱，供学生研习，取得了不错的效果。同时还总结自己指导学生的经验和体会，并用于专题讲座。此外，李老师为加强师生研学团队建设，明确团队文化，完善组织形式，建立了电子学术资源共用平台，积极组织团队活动，比如团队学术演讲比赛，每年发布年报。

张清华老师通过“以人为本”的开放式、个性化、多样性、递进式人才培养模式，引导团队研究生树立“精勤笃行、锐意进取、超越自我、止于至善”的人生观和价值观。张老师致力于团队成员的沟通协作、现场实践等综合能力的培养和社会主义核心价值观的培育，定期开展现场学习交流和优秀传统精神学习，以培养“有社会担当和健全人格、有职业操守和专业才能、有人文情怀和科学素养、有历史眼光和全球视野、有创新精神和批判思维的‘五有’人才”为目标。

张清华老师和团队指导大学生科研训练项目

占玉林老师通过科研活动培养学生独立健全的人格和科研素养，将人才培养、团队建设和学生发展作为科研的首要任务。定期开展学术讨论会，组织讨论科研方法和科研问题，提升团队协作科研能力和实践能力。鼓励学生积极参加学术交流和各类竞赛活动。坚持科研活动理论联系实际，带领团队学生参与实际工程项目，在实际工程中提高学生的科学研究素养和学术造诣，并指导学生将实际工程中积累的问题需求反馈到理论学习中来。

占玉林老师指导学生开展学术论文写作

勾红叶老师围绕“立德树人”的根本任务，以科学研究为载体，以“人才培养”为本，坚持“深度融合理论与实践，鼓励高质量创新成果，加强国际合作交流”的学生培养原则，提倡科研反哺于教学，定期召开学术交流会，鼓励学生“走出去”参加国际学术会议。将科研所涉及的内容与国家和行业发展的大环境紧密结合，引导学生了解国家重大需求和重大工程的世界性难题与技术瓶颈。激励学生开展原创性、前沿性、跨学科研究，实现科学研究与人才培养的良性互动。

勾红叶老师带领团队研究生参加学术交流

地下工程系科研育人

地下工程学科在高渠清、关宝树、麦倜曾等著名学者的带领下，经过几代人的共同努力，在教学与科研等多方面取得了许多重大成就。地下工程系为国家培养了以王梦恕（中国工程院院士）、施仲衡（中国工程院院士）、史玉新（全国工程勘察设计大师）、刘培硕（全国工程勘察设计大师）、杨秀仁（全国工程勘察设计大师）、肖明清（全国工程勘察设计大师）等著名隧道工程专家为代表的大量隧道与地下工程领域高级专业技术人才，已成为我国铁路隧道、公路隧道和城市地下铁道领域的重要教学与科研基地。全系现有专任教师41人，其中国家级人才6人，省部级人才7人。

地下工程系主要依托交通隧道工程教育部重点实验室开展隧道与地下工程领域的重大科研和实验任务，下设4个固定的研究方向：交通隧道工程设计理论与特殊结构、交通隧道工程施工与维修养护技术、交通隧道工程动力特性与抗减震技术、交通隧道通风防灾与节能控制技术。实验室建筑面积1万平方米，拥有多套大型与专用隧道试验装备，设备固定资产约3000万元。

到目前为止，地下工程系承担重要科研项目/课题300余项，其中，国家级近100项（含国家重点研发计划项目1项及课题2项、973计划课题2项、863计划3项、科技支撑4项、火炬计划1项、自然科学基金项目70余项），省部级70余项。年均科研经费约4000万元。出版专著30余部、发表期刊论文750余篇（SCI、EI收录400余篇），获授权国家发明专利70余项、软件著作权20项、国家重点新产品2项。自2000年以来，总计获国家科技奖励15项（其中，主持国家科技进步一等奖1项、二等奖2项，国家技术发明二等奖1项）、省部级（含国家一级学会）科学技术奖80余项。

长期以来，地下工程系坚持“科研育人”理念，获首批全国高校黄大年式教师团队称号。以何川、高波、仇文革、王志杰、王明年、张志强、晏启祥、申玉生、于丽、刘大刚、张俊儒、郭春等老师为先进代表的地下工程系在践行“科研育人”方面进行了广泛而深入的实践，取得了丰硕的育人成果。

何川老师始终把“创新是灵魂”贯彻整个科研育人的过程。2000年归国后，何川老师针对当时学院隧道与地下工程学科人才队伍的现状，提出了“拓宽渠道，广揽人才，优化学科学缘结构，打造高水平学术团队合作攻关”的人才建设思路。经过十余年的努力建设，大型及复杂交通隧道工程团队获批教育部创新团队和“首批全国高校黄大年式教师团队”。在研究生培养中，何老师根据研究生的知识结构和兴趣专长，结合学科前沿，为每一个研究生进行“个性化定制”培养。“放低姿态沉下去，紧联实际做学问”“博观而约取，厚积而薄发”是何老师对学生学习和研究工作提出的基本要求。他以身作则，身先垂范，教会学生做人做事的道理。

何川老师在隧道施工现场指导

高波老师在生活和教学工作中，始终坚持价值塑造和能力培养相结合的人才培养方式。在每周的团队学术交流活动中，潜移默化地厚植家国情怀；在对学生的科研能力培养上，结合科研项目着力提高学生的创新意识和科研能力，倡导学生提高整合知识，发现并解决问题以及增强国际交流与竞争的能力。

仇文革老师坚持科研促教学的理念，推进科研成果向教材转化、向课堂转化，多年担任“土木科技月”地下工程方向负责人，使学生得到了优质的科研训练和实践训练。他强调工程实践对于科研工作的重要性，与学生一起深入科研项目现场，坚持问题导向和精益求精的科研精神，结合现场试验中的新现象新问题，带领学生深挖问题本质，解决了大量工程和学术难题。

高波老师指导学生的试验工作

仇文革老师指导学生创新竞赛

王志杰老师坚持“寓教于研，研以致教，教研相长”的治学和科研理念，全心全意指导教育学生，教会学生过硬的专业本领、为学生提供广阔的科研平台，从“做人、做事、做学问”多方面提高学生的素养。

王明年老师紧紧抓住智能建造学术前沿，带领团队开启了中国隧道智能建造的全新研究领域，并把我国该研究领域带到了国际先进水平。他还经常冒着隧道开挖爆破后的高浓度粉尘以及瓦斯爆炸危险，带队深入隧道施工掌子面测试隧道施工通风效果，持续引领我国的隧道通风与防灾研究，为相关国家和行业规范的编制作出了重要贡献，培养了大批隧道防灾通风领域的优秀人才。

张志强老师经常通过分享时政新闻等对学生进行思政教育，鼓励学生以兴业报国为己任投身祖国未来的基础设施建设；优化课堂教学方法，让学生积极参加到课堂中来；以兴趣为导向，在尊重个人意愿的前提下，因材施教；提倡劳逸结合与积极参加社会实践，实现自身全面发展；注重团队文化建设，培养每一个学生合作攻关的能力。

作为系主任，晏启祥老师对全系科研育人工作进行了整体部署，在他的领导下，地下系科研育人成果斐然。他带领科研团队勇攀高峰，汶川和芦山地震爆发后，晏老师冒着震区余震频发的危险，第一时间到都江堰、汶川、青川、芦山等地的铁路和公路隧道工程开展震害调研，并针对性地进行科研攻关，为相关规范的编制和修订作出了重要贡献。

申玉生老师根据每位学生的知识储备与性格特点，有针对性地安排他们参与不同的科研项目，以最大限度锻炼学生，让学生在实践中学习，在科研中提升。针对如何将实际隧道工程中的问题与教材中的知识点相结合，申老师采取点对点的教学方法，并鼓励学生自己动手，将医学“望、闻、问、切”的理念应用于隧道施工过程中，观察每一个环节与关键控制性工序。

王志杰老师指导学生试验

王明年老师在川藏线工程现场指导（右一）

科研交流中的张志强老师

晏启祥老师在隧道内调研

于丽老师重视过程管理，为了能及时解决学生遇到的问题，会不定期进行单独探讨和定期召开例会。在就课题等内容进行单独探讨的过程中，结合课题研究中的重点问题和难点问题找方法。找出学生的差异，发现学生的兴趣点和特长，因材施教，因人设题，根据学生的特长和兴趣分配相应的科研任务。一个团队的成长和进步总是要依靠每一个成员的全心合作，为了让团队学生有更好的精神面貌迎接越来越有挑战性的工作，团队会定期举办文体活动，如篮球赛、PPT比赛等。

刘大刚老师关注国家重大工程的科技攻关、科技需求和科技动态发展趋势，使团队学生接触科技发展前沿技术，注重学生基础知识与创新能力并重的综合培养。在科研实践指导过程中，注重科教融合的工作实施方式，以科技攻关积累的丰硕研究成果为基础，兼顾学生知识创新的引导和启发，培养学生对知识创新的感性思维和兴趣，助力学生知识创新能力的提升。

张俊儒老师提倡学生自己结合工程实际情况独立地解决问题。采取弹性研究工作制，以目标管理为主；实行科研项目全过程负责制以增强责任心；强调科研诚信意识，在科研工作中，以社会上存在的个别“学术腐败”案例为反面教材，加强对研究团队成员的教育，树立正确的价值观。

郭春老师以交通隧道工程教育部重点实验室为依托，结合自己的重大科研项目，指导在读研究生充分参与国家重大科研课题，探索将思想政治教育与科研活动相融合，在研究生的科研活动中塑造研究生的价值观、人生观和世界观。以科研育人为导向，不断满足研究生对更高学术水平和更高精神需求的追求，实现研究生在科研活动中的全面发展。培养爱国主义情怀高、综合素质好、科研创新能力强、攻坚吃苦本领高的优秀本科生与研究生。

申玉生老师带领学生进行模型实验

王明年、刘大刚老师团队在川藏线工程现场

张俊儒老师在中国承建的雅万高铁调研

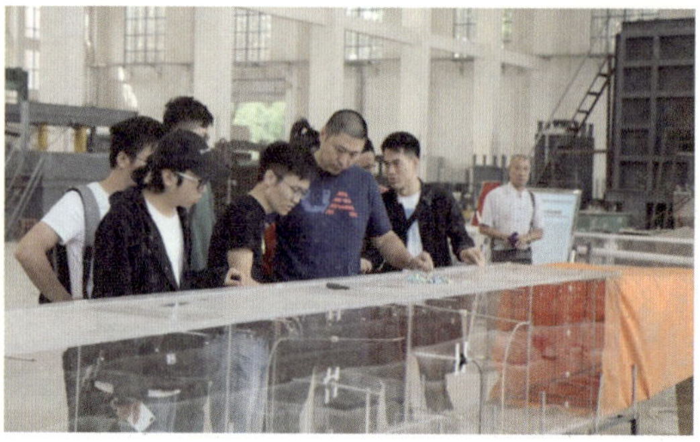

郭春老师指导学生开展管廊通风模型试验

岩土工程系科研育人

早在1939年，茅以升教授率先在西南交通大学开设了土力学和地基基础课程，开启了我国土力学和地基基础工程学（20世纪70年代，该学科扩名为岩土工程学）的先河。1987年学院岩土工程专业被铁道部确定为重点学科，2007年进入国家重点学科（培育）。目前岩土工程系有专任教师34人，其中教授15人（含兼职8人），副教授12人，获国外著名大学博士学位5人，在国外学习进修一年以上10余人，国家级人才3人，省部级人才3人。

近年来，岩土工程系在岩土地震工程、高陡边坡工程、山区特殊岩土体力学和深基础及地基处理4个方向上开展了大量科学研究和建设工作，承担纵向科研课题共计30余项，其中“973”项目2项、国家自然科学基金15项、省部级项目20余项。承担或参与众多国家重大工程项目和西部开发科研课题，如“5·12”汶川特大地震、京沪高速铁路、港珠澳跨海大桥等。同时也承担或参与多项国际合作项目。

岩土工程系已获得国家科技进步二等奖2项，省部级科技进步一等奖2项、二等奖3项、三等奖2项，其他奖项10余项，学术地位和科研成果达到了国内知名、部分领先的水平。近5年来，发表论文400多篇，其中期刊论文220多篇，SCI、EI检索收录150余篇，国际顶级科技期刊80余篇。形成了以解决高速铁路、复杂山区铁路/公路等交通土建岩土工程关键问题为主要特色的岩土工程学科。在地震边坡稳定性评价、边坡支挡结构抗震、西部特殊岩土体多场耦合和现代深基础理论等诸多方面处于国内领先水平，获得了国内外岩土工程界的认同，并取得了优异成绩。

留学生感谢崔凯老师的谆谆教导

谈及“科研育人”理念，以富海鹰、崔凯、邓荣贵、张建经、毛坚强、徐华等老师为育人先进代表的岩土工程系在践行“科研育人”方面有独到的见解。

崔凯老师将个人思想政治表现作为开展科学研究的底线要求，强化学术评价中的正确价值取向和社会主义意识形态，对学术规范和学术诚信严格要求。邀请学科和行业的专家学者来校开展讲座，充分发挥标杆引领、榜样示范作用；牢固在教育教学过程中培养学生科学素养、科学精神和科研能力的意识，正确处理教学与科研的关系，围绕教学搞科研、坚持科研反哺教学；培养学生严谨的学术作风、良好的创新意识、系统的科学思维和正确的行为习惯，切实提高学生的参与意识、竞争意识，增强学生的历史使命感和社会责任感。

毛坚强老师始终将“德育为先”放在人才培养的第一位，时刻以严谨的科研态度和工作作风对学生言传身教，培养学生认真、踏实的科研作风，并为以后形成良好的工作作风奠定基础。注意培养学生的工程意识，为以后的学生走向工作岗位奠定了良好的基础。将现代教育思想和适应卓越工程师人才培养模式的课程体系与教学内容融入对学生科研指导的工作中，提高学生的科研素质、科研意识和科研实践能力。

徐华老师积极学习党的纲领、各项方针和政策，起到良好的模范带头作用。强调科研应与实际相结合，以解决科学问题或具体的工程问题为目标，做好基础理论的储备和试验方案的规划，认真开展试验的每个步骤，充分分析试验现象产生的机理和原因。带领学生前往工程一线，培养学生动手能力和解决问题的能力。将思政引领和价值塑造润化于科研的各个环节，培养团队师生敢为人先的科学精神、开拓创新的进取意识和严谨求实的科研作风。

毛坚强老师带领学生深入工程现场

徐华老师现场指导学生安装传感器

建筑工程系科研育人

1957年西南交通大学开设了工业与民用建筑专业，在路湛沁、陈家夔、方根生等老一批学者的带领下，经过几代建工人的努力，将结构工程学科建设成了四川省重点学科，并形成了一支功底扎实、艰苦奋斗、甘于奉献的教学和科研队伍，为国家培养了大批结构工程领域的人才，在结构工程、交通工程领域解决了大量的工程结构技术难题。全系现有专任教师34人，其中教授10人（含兼职4人）、副教授13人、获国外著名大学博士学位3人、在国外学习进修一年以上10余人。行业杰出人才2人。

目前，建筑工程系在结构冲击与防护、结构抗震与防灾、结构风工程、建筑工业化与信息化技术4个方向上开展了大量科学研究和工程实践。承担纵向科研课题30余项，其中包括国家自然科学基金、国家重点研发计划、国家科技支撑计划、中国工程院重大咨询项目、铁路总公司课题、四川省科技支撑计划等课题，并参与多项国际合作项目。近5年来，发表高水平论文200余篇，获得软件著作权11项，获批专利60余项，编制国家、行业和地方标准28本，参与重大工程项目40余项。获得国家科技进步二等奖2项，省部级科技进步一等奖4项、二等奖4项、三等奖4项，其他奖项10余项。

谈及“科研育人”理念，以赵世春、李力、李彤梅、刘艳辉、余志祥、潘毅、杨成、苏启旺等老师为育人先进代表的建筑工程系在践行“科研育人”方面有独到的见解。

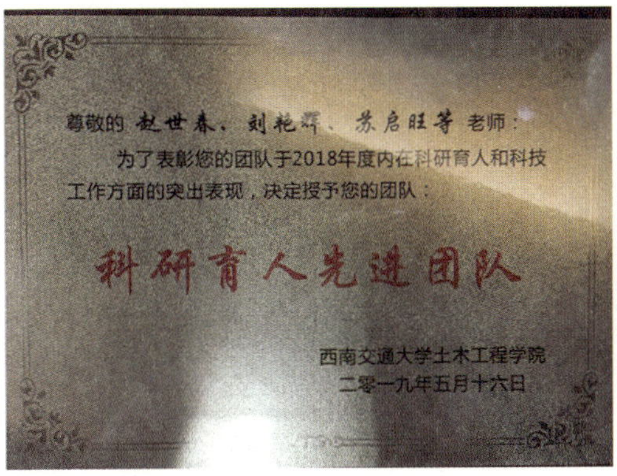

赵世春老师团队获院科研育人先进团队

刘艳辉老师、苏启旺老师指导研究生

赵世春老师团队针对现有的抗震鉴定评估技术具有专业技术要求高、计算工作量大和评估时间长等特点，导致专业技术服务无法延伸至广大农村及中小城市等问题，开展了深入系统的科研研究，并取得了丰富的科研成果。在汶川地震后，赵老师团队深入抗震救灾一线，将工程问题贯穿科研和人才培养工作中，在培养学生解决实际复杂工程问题能力的同时树立勇挑重任的专业责任感和为国为民的家国情怀。

以李力老师为首的结构创新竞赛指导团队十分重视学生的创新意识和创新能力培养，十余年来深入开展科创实践与育人深度融合的人才培养模式，探索价值塑造、能力培养与知识传授相结合的创新实践体系。通过创新实践，每年辐射全校范围内本科生、研究生2000余人积极参与结构创新，并获得了全国大学生结构设计竞赛特等奖2次、一等奖5次、“设”想家抗震设计挑战赛总冠军1次，在全国高校中独树一帜。

结构创新竞赛团队指导“土木科技月”

余志祥老师在科研过程中注重对学生思想政治上的引领，通过定期开展的前沿科普和科技创新讲座，对学生深耕厚植创新意识、科学精神和立志为国的远大志向，进一步激发了学生们的专业学习兴趣，提升了研究视野。此外，余志祥老师提倡为学生提供“专业上和职业上可持续培养”的教育理念，即学生到了工作岗位后，师生之间仍保持着专业和人文的充分沟通，师生共同进取，拓展科研合作，并于2019年在科研项目合作上实现了实质性突破，完成了由单一的指导培养关系向合作培育关系的转变。

余志祥老师带领学生参加科研试验

潘毅老师在培养学生时，坚持传承西南交通大学“严谨治学、严格要求”的“双严”传统。通过带领学生参加学术会议，使学生掌握抗震研究的最新动态、学习抗震领域前辈的治学精神；通过带领学生参与国家、行业和地方工程建设标准的编写，培养学生解决实际工程中复杂问题的能力；通过去防灾减灾教育馆、北川地震遗址纪念地等地参观和学习，增强学生的专业责任感和社会使命感，激发学生投入抗震防灾事业的热情。

潘毅老师带领学生参加学术交流

防灾减灾研究所科研育人

防灾减灾研究所是西南交通大学基于防灾减灾工程与防护工程专业新成立的一线教学与科研基地。该所立足我国西部山区，与中科院山地所、成都理工大学等单位积极开展合作，形成了具有铁路、公路等陆地交通行业特色的灾害研究及工程防治对策方向。所内共设置了2个主要研究领域：复杂艰险山区线路工程灾害减灾理论与技术、高速铁路防灾减灾理论与技术。

防灾减灾研究所有专任教师6人，其中省部级人才2人，教授2名、副教授2名、讲师2名。近年来，到位科研经费合计达1800余万元，承担国家级科研项目22余项，其中国家973计划课题2项、国家863计划课题1项、国家重点研发计划1项、国家自然科学基金18项，发表高水平学术论文100余篇，主编、参编15部行业规范，参编ISO/IEC国际标准1部。参与获得国家科技进步一等奖1项、二等奖1项，主持获得中国铁道学会铁道科技奖一等奖2项，参与获得其他各类省部级科技奖项3项。出版专著12部，其中1部英文专著由施普林格 · 自然集团出版。

谈及“科研育人”理念，以姚令侃、杨长卫、孙晓丹、黄艺丹、刘争平等老师为先进代表的防灾减灾研究所在践行“科研育人”方面有独到的见解。

姚令侃老师长期以来，坚持面向国家重大战略以及影响国民经济与社会发展的重大需求，牵引和凝练基本科学问题，作为研究生论文的选题方向，培养了大批陆地交通防灾领域高层次人才。在课程教学中，姚老师将思想政治教育有机融入课程，结合专业背景和工程灾害案例，将土木工程防灾减灾事业的专业情怀和责任感融入教学内容；通过灾害现场考察教学，鼓励学生深入实践。

姚令侃老师在汶川地震灾区为留学生进行现场讲课

杨长卫老师抓住“立德树人”这一核心，教导学生既要努力学习，全面掌握专业知识，又要加强品德修养，培养奋斗精神，牢牢树立爱国情怀。杨老师充分尊重学生的科研兴趣，鼓励学生大胆地尝试，尤其是与目前热点技术的交叉融合，支持学生开展相关研究工作。在开展研究课题技术难题攻关时，带领学生深入剖析，仔细分解，绘制技术路线图，反复研讨，攻坚克难，协同解决。杨老师经常带领学生去工程现场调研，使学生通过掌握第一手资料，形成对现场技术的直观认识。此外，课题组通过每周定期开展的体育锻炼和学术研讨会，增强成员的体质和团队的凝聚力。

孙晓丹老师始终树立着科研是为了祖国能够站稳在世界之巅的想法，坚持“一切始于爱国，一切为了爱国”的原则，树立正确的价值观，并把爱国的赤子之心渗透在生活的方方面面。在培养研究生的过程中，孙晓丹老师时刻不忘为保障国家科技强国输送人才的责任。教育和引领学生科学认识致灾规律，特别是认清自身的科研方向对探究致灾规律、减轻灾害损失、国家发展战略的重要意义，消除学生们对偏地震学研究的疑惑和抵触心理。在每个星期的例行组会中，孙晓丹老师都会在科研发展趋势讲解中贯穿国家发展的大需求，时时鼓励学生们积极向党组织靠拢，争取早日成为中国共产党的一分子。

杨长卫老师给学生答疑解惑

孙晓丹老师指导学生科研工作

第二部分

师说篇

科研育人山水间

姚令侃：1982年大学本科毕业于西南交通大学，1987年于铁道部科学研究院获硕士学位，1994年于西南交通大学获铁道工程专业博士学位，同年进入四川大学土木、水利博士后流动站从事博士后研究，1996年分配到西南交通大学工作。现任西南交通大学二级教授、博士生导师。曾任土木学院防灾减灾研究所所长，并曾兼任四川大学兼职教授、中国科学院成都山地灾害与环境研究所所外专家、中国水土保持学会泥石流滑坡专业委员会副主任等职。1998年被评为铁道部有突出贡献的中青年专家、2000年被评为做出突出贡献的四川省博士学位获得者、2002年入选为第三批四川省学术和技术带头人、2010年又入选为第九批四川省学术和技术带头人、2015年享受国务院政府特殊津贴。

姚令侃老师长期从事铁路公路工程灾害防治及安全技术的研究，主持完成国家级和省部级项目20余项；发表论文200余篇，其中SCI、EI检索60余篇，参编专著3部；1995年获中国科学院科技进步二等奖、2000年获四川省科技进步二等奖、2009年成果《西部山区道路泥石流减灾理论与技术》获国家科技进步二等奖（排名2）、2013年成果《汶川地震次生山地灾害形成机理与风险控制》获2013年度四川省科学技术进步奖一等奖（排名4）。获第十届詹天佑成就奖和第十三届茅以升铁道科学技术奖。

作为西南交通大学土木工程系的一名教师，姚令侃老师始终把立德树人作为教育目标，以培养优秀的土木工程师及科研工作者为己任，厚植爱国主义精神，并将其融入思想道德教育、文化知识教育和社会实践教育各环节，特别是在坚定学生理想信念、加强品德修养、提高综合素质上下功夫，让学科体系、教学体系、教材体系、管理体系都围绕“立德树人”这一根本来设计。

1998—2008年期间姚令侃老师任西南交通大学铁道及道路工程系主任，带领全系教师在学科建设上取得显著成就。铁道系1999年获批为设置长江学者特聘教授岗位学科，2000年“道路与铁道工程实验室”被确定为铁道部开放实验室，2001年道路与铁道工程学科被教育部批准为国家重点学科，2003年被批准进行“211工程”二期重点建设，2007年通过道路与铁道工程国家重点学科复评，2009年“高速铁路线路结构理论与技术”教育部重点实验室获批。

在西南交通大学任教20余年，姚令侃老师培养毕业博士20余名、硕士80余名。其中，毕业研究生中1人获得国家级勘测设计大师称号、1人被评为重庆市学术和技术带头人、有10余人已任职教授或教授级高工。由于教学严谨，师德高尚，姚令侃老师曾两次获得西南交通大学“宏宇优秀教师奖”，获西南交通大学“先进科研个人”称号1次。

姚令侃老师在西南交通大学开设了有关铁路、公路灾害防治的系列性课程。对本科生，开设了“地震工程学导论”“灾害学”“自然灾害探索”等课程；对研究生，开设了“铁路公路工程灾害防治”“地质系统复杂性”“山地学与山地灾害防治”“铁路、公路工程灾害及质量通病防治”“线路工程灾害防治现代技术”等课程。在教学中，姚令侃老师坚持以人为本、课程育人，将思想政治教育有机融入课程，鼓励学生深入实践，培养专业自豪感、责任感和爱国奉献精神。特别是通过1976年唐山地震、1998年长江大洪水、2008年“5 · 12”汶川大地震、2010年舟曲泥石流等我国重大自然灾害案例，讲述我国的政治制度在抢险救援和灾后重建方面体现出的巨大优越性，以及防灾减灾对中华民族发展的重要性。此外，姚令侃老师充分结合专业背景和灾害案例，将土木工程防灾减灾事业的专业情怀和责任感融入教学内容，取得了突出的效果。

通过灾害现场考察教学，是姚令侃老师的教学特色。例如，汶川地震后，他先后带领本科生、研究生、铁道部继续教育培训班学员、台湾学员及国外留学生等共计500多人赴震区开展科技考察，并进行土木工程抗震技术的现场教学。西南交通大学是学生进入汶川地震灾区时间最早、人数最多的高校。例如在第一次带领西南交通大学土木学院茅以升班和詹天佑班学生考察实习团（共计60人）进入震中映秀开展学习实践活动时，因当时都江堰至映秀公路尚处在恢复保通阶段，短短30公里的路程居然走了近十小时，同学们只能靠携带的少量干粮充饥。但当姚令侃老师站在汶川地震中央断裂带过映秀处（上盘隆起达2米），对同学们讲解地震地表变形现象和岷江大桥震损机理时，学生们纷纷表示能获得这次近距离感受震害的机会，路途再难也值得，震中映秀之行或将成为一生中最难忘的记忆。

姚令侃老师在震中映秀对茅以升班和詹天佑班学生进行教学

姚令侃老师带领研究生在“4·20”芦山地震灾区进行现场教学

姚令侃老师对研究生和巴基斯坦国立科技大学青年教师在汶川地震灾后重建工程现场教学

依据国家重大战略以及影响国民经济与社会发展的重大需求，将牵引和凝练科学问题作为研究生论文的选题方向，培养陆地交通防灾领域高层次人才，是姚令侃老师研究生培养长期以来坚持的做法。例如“5·12”汶川大地震后，姚老师参加了重灾区7条公路2条铁路的震害调查，积累了大量宝贵的第一手震害资料。在此基础上撰文提出：“5·12”汶川大地震对地震学、地震工程学都提出了新的挑战，对线路工程而言，核心科学问题是发生在山区的地震波传输的三维特性与地形巨大高差所导致的斜坡重力效应的耦合，对线路工程的破坏作用和工程在地震作用下的破坏机理。线路工程抗震技术面临三个新的课题，即基于艰险山区地震波传输特性的公路铁路选线设计技术、地震诱发线路工程山地灾害机理及防治技术、以系统工程理论为指导的生命线工程抗震对策。在基础理论方面，姚令侃老师提出：汶川地震触发了大量崩塌滑坡灾害。这些规模差异巨大的现象之间，能量及空间是否存在着确定的分布规律？巨型崩滑和小规模坍塌是否遵从不同的形成机理？这些都是亟待解决的基本科学问题。

围绕着上述科学问题和有明确应用背景的线路工程抗震技术问题，姚令侃老师指导了一批研究生开展研究，在此领域培养毕业研究生近30名，与研究生合作发表论文70余篇。其中与指导的博士研究生合作的论文《边坡地震动力响应规律及地震动参数研究》，获2010年度中国100篇最具影响国内学术论文，还有3篇入选2012年度F5000论文。指导研究生完成的《地震作用下边坡工程动力响应与永久位移分析》博士论文获西南交通大学2010年度优秀博士学位论文、《地震作用下路基工程破坏机理及抗震技术研究》获西南交通大学2011年度优秀博士学位论文。

川藏铁路建设是促进民族团结、维护国家统一、巩固边疆稳定的必然要求，亦是促进涉藏地区科学发展、可持续发展、高质量发展的现实需要，更是贯彻中央治藏方略的重大举措，是我国的世纪性战略工程。川藏铁路从青藏高原东缘进藏，首先需克服高原东缘的大地势阶梯高程障碍，而后又沿着高原南部边缘阶坎部位行进，具有活跃的地应力作用、显著的地势高差和急剧的气候差异这三大地域性特征。姚令侃老师撰文提出，在高原隆升的大背景下，川藏铁路需解决的两个关键科学问题：高寒、强震山区环境地质灾害综合效应与工程全寿命服役期风险

姚令侃老师带领青年教师和研究生在西藏地区开展冰川考察和现场教学

调控，陆陆碰撞边缘区工程岩体力学行为与工程长期稳定性；提出需开展的四项主要研究工作为：①陆陆碰撞边缘区工程岩体力学行为；②高寒山原强震区环境地质灾害综合效应；③海洋性冰川控制区斜坡作用灾害与沟谷灾害链机理；④干线工程全寿命周期风险调控理论。

围绕着上述科学问题，姚令侃老师指导研究生开展了系统性的研究。2019年9月，经西南交通大学图书馆采用《CNKI中国优秀硕士学位论文全文数据库》《CNKI中国博士论文全文数据库》和《万方中国学位论文全文数据库》检索，得到我国和川藏铁路相关的中文学位论文42篇。这42篇论文授权单位分别由7所高校组成，分别由27位导师指导，其中姚令侃老师指导学位论文7篇，位列第一，题为《川藏交通廊道冰碛物工程性质研究》的硕士论文，是引用频次最高的前两篇论文之一。

青丝花白育桃李，一心耕耘土木田

高　波：工学博士，教授、博士生导师，享受国务院政府特殊津贴专家，四川省学术与技术带头人，四川省有突出贡献的优秀专家，先后任中国土木工程学会理事、隧道及地下工程分会副理事长等。主要从事高速铁路隧道空气动力学、地下结构减震防灾等方面研究。主持完成了国家级、省部级和重大工程科研课题40余项，在国内外期刊发表学术论文200余篇。出版教材4部，专著5部，发明专利11项，主持国家级精品课程“地下铁道”，获国家科技进步特等奖1项、省部级科技进步一等奖2项、二等奖3项、三等奖1项，2014年获得茅以升科学技术奖。

清晨的交大校园里，晓雾弥漫，一位双鬓斑白的教授朝着办公室阔步前行，数十年如一日，他和往常一样，正走在上班途中。对于学生来说，他是一位敬爱的导师，也是一位慈爱的父亲。他是谁呢？他就是西南交通大学土木工程学院的高波老师。

高波老师是一位科研攻关者，学术带头人；也是一位青年引路人，博士生导师；还是一位杰出的科研工作者；亦是学生的人生导师。他为人谦逊，待人真诚。资深教授，教导学生依然富有耐心；百忙之中，他从不忘记对学生的关怀。

作为一名中共党员，高波老师在思想上始终坚持党的教育方针，坚持正确的政治方向，坚持正确的价值和学术取向，认真学习领会习近平新时代中国特色社会主义思想和党的十九大精神，认真学习领悟“两学一做”，遵守职业道德规范，具有强烈的事业心和协作精神。治学严谨，学风端正，教书育人，为人师表，忠诚于人民的教育事业，始终保持共产党员的先进性，有至诚报国的理想追求、敢为人先的科学精神、开拓创新的进取意识和严谨求实的科研作风。

高波老师本硕博均毕业于西南交通大学，可谓是土生土长的交大人。1982年毕业后，他就一直留在母校工作，把一生的宝贵时光全部交付这里。交大30年，硕果累累，桃李满园。教学、科研、学院管理，百花成蜜，却已韶光不再。

一、漫漫科研路，多次攻难关

高波老师数十年如一日，奋战在铁路事业第一线上，为我国的隧道事业做贡献。其主持国家自然科学基金项目5项、国家863项目1项、国家攻关项目2项、省部级项目28项，获国家科技进步奖特等奖1项，省部级各种科研奖励7项（特等奖1项、一等奖2项、二等奖3项、三等奖1项）。在国内外重要学术期刊和会议上发表论文150余篇，其中被SCI、EI检索收录论文60多篇，出版《高速铁路隧道设计》《地下铁道》等4部教材，专著3部，获发明专利6项。主要研究领域有高速铁路隧道空气动力学、高烈度地震区隧道抗震与减震技术、地下结构施工力学与施工工法优化、地下工程现场监控及隧道地质灾害超前预报与施工对策等。

早期高波老师团队召开学术研讨会

研究成果应用研讨会

高波老师指导大型振动台模型试验工作

汶川地震后高波、杨启新老师隧道震害调研

二、执教数十载，摆渡数千人

高波老师在西南交通大学工作、教学30余年，主持国家级精品课程“地下铁道”建设，负责“高速铁路隧道空气动力学”课程教学，教过的本、硕、博士生数以千计，作为导师带过的学生也不计其数，可谓桃李葱郁。

作为人民教师，高波老师在教学方面也颇有收获，其分项主持的“土建类专业复合型人

高波老师团队学术交流会

才培养的研究与实践”项目荣获国家级教学成果一等奖、四川省教学成果一等奖；分项主持的“土建类专业复合型人才培养教学改革和质量保证体系的研究与实践”项目获得国家级教学成果奖二等奖；主持的“新世纪土建类专业复合型人才培养模式的研究与实践”获四川省教学成果一等奖；主持的“紧密结合工程实践，探索建筑与土木工程硕士培养模式”获得西南交通大学优秀教学成果一等奖，主持的“地下铁道”课程建设已获得国家级精品课程称号，同时其带领的教学团队荣获“2014年度西南交通大学教书育人先进集体”称号。

作为人生导师、青年摆渡人，高波老师辛勤耕耘，送走了一批又一批学子，有博士、硕士、本科生，他们正在祖国的大江南北扎根发芽。学生们如今就职于各大设计院、高校、建设单位、施工单位，很多已是土木工程领域的带头人。尽管工作很忙，但当学生工作、学习、生活有困难时，只要找到他，他都会很耐心地倾听，并鼓励、引导学生，帮助他们解决难题。高波老师每周抽出固定时间开展团队学术交流活动，并积极鼓励支持学生参加国内外学术会议。在对学生的培养上，他因材施教，从不拘泥于固定模式，指导学生规划学业生涯，确立人生目标，努力培养和提高学生的创新精神和实践能力，倡导学生努力提高整合知识的能力，提高发现和解决问题的能力，提高国际交流与竞争的能力，塑造优秀品格和人格魅力。

近几年，高波老师带过的学生，有西南交通大学学生最高荣誉“竢实扬华奖章”获得者，有西南交通大学优秀博士学位论文培育项目受资助人。2012级博士王帅帅在高波老师的指导下，在“浅埋隧道减震力学模型”方面取得了一定的突破，其成果在隧道衬砌减震研究方面，不但具有重要的理论指导意义，也有重要的实际工程应用价值。王帅帅在博士生期间先后获得国家奖学金2次，主持西南交通大学博士生创新基金项目1项。

“我们从古以来，就有埋头苦干的人，有拼命硬干的人，有为民请命的人，有舍身求法的人……虽是等于为帝王将相作家谱的所谓‘正史’，也往往掩不住他们的光耀，这就是中国的脊梁。”鲁迅先生所说的“埋头苦干的人”正是高波老师的真实写照！

治学育人两相彰，砥砺奋进身作则

仇文革：西南交通大学土木工程学院教授、博士生导师，成都市有突出贡献优秀专家，中国岩石力学与工程学会地下工程分会常务理事，中国土木工程学会隧道及地下工程分会常务理事，国际隧道协会抗震工作组（ITA WG9-Seismic Effect on Tunnel）组长，铁道部高速铁路安全评估专家组成员，《现代隧道技术》和《都市快轨交通》编委。主要从事隧道寿命全过程力学行为与控制技术、隧道工程信息化与BIM技术研究。近年来主持国家自然科学基金、博士点基金及省部级项目10余项。先后获国家科技进步奖二等奖2项，省部级一、二等奖10余项，发明专利3项。

在几十年从教的经历中，仇文革老师一直认为："我国现在是一个隧道大国，但还不能称之为是一个隧道强国，因此我们有责任培养更多的年轻人，让他们能够努力前行，把我们的隧道大国变成隧道强国。"仇文革老师在践行科研育人的道路上也一直是这么做的。

一、坚持围绕教学搞科研

对于教学和科研的关系，仇文革老师一直坚持"围绕教学搞科研，搞好科研促教学"的原则，根据教学实践提出的新课题开展理论研究，推进科研成果向教材转化、向课堂转化、向教学转化。为此，仇文革老师对于专业课群组设置、培养大纲、实验室建设、实践教学、基地与团队建设、教材建设、教法优化与创新等方面的工作一直呕心沥血，创造性地提出了"一概论、四详论、三核心、一拓展"的"1431"课程建设工程。

同时仇文革老师一直强调在研究中学习，在触及知识形成与发展的过程中将科学研究与人才培养有机地结合起来。所以在日常课堂教学中，仇文革老师一直坚持要把科研精神融入教育理念、将科研方法转化成教学手段、把科研平台拓展为教学条件、以科研成果（进展）丰富教学内容、以科研团队集体授课、把科研设计导入教学实验，等等。通过"言传""身教"，不仅带领学生完成科研的各项具体工作，而且要培养学生的科学精神、科学态度、科学方法和科学作风，特别是要帮助学生树立献身科学、报效祖国的远大志向和理想。

二、坚持“用双脚做学问”，强调工程实践的重要性

仇文革老师一直坚持“用双脚做学问”的学术主张，强调工程实践对于科研工作的重要性，要求整个科研团队师生不仅要坐得住研究室，更要下得了隧道工地。他的团队经常带领学生不断深入隧道施工现场，亲身了解现场施工中出现的各种问题和存在的困难。通过现场实践，学生不仅对隧道施工整个过程及环境有一个整体的把握，还可以拓宽其知识面，激发学生的积极性，通过不断的实践，收集试验数据，修正和丰富自己的试验方案，发现自己在课堂学习中存在的知识缺陷，提高学生今后面对施工现场问题时的现场组织指挥和处置能力。

例如在蒙华铁路“大断面马蹄形盾构隧道修建技术研究”项目中，仇文革老师一直践行着他“用一双脚做学问”的学术主张。在整个项目过程中，仇文革老师以身作则，多次带领学生深入施工现场指导学生的科研实践，想方设法地激发学生的积极性和专业兴趣，使他们充分认识到现场实践对科学研究的重要性，指导他们在解决实际问题时把课堂上学到的知识融会贯通。正是通过整个科研团队的努力，该项目获得了“ITA2018年度技术项目创新金奖”。

三、大力培养学生敢为人先的科学精神

要培育学生敢为人先的科学精神，就是要引导学生在科研过程中善于发现新情况、解决新问题、获取新知识，不断探索钻研。对于科学研究这种创造性劳动，敢为人先的科学精神既表现为敢于研究别人没有研究的科学前沿问题，又表现为要善于根据客观事物的变化，把握科学事业的发展方向，不拘泥于现有的知识经验，勇于突破。仇文革教授在科研育人的工作中，一直坚持大力引导学生提出新问题、积累新经验、关注新课题、探索新方法，敢为人先、勇于质疑、大胆探索。即使是面对学生对自己研究成果的疑问，仇文革老师也坚持与学生坐下来面对面地进行研究，仔细与学生探讨，寻找出问题的关键点再解决问题。对于学生研究别人没有研究过的科学前沿问题更是大力提倡，并尽自己最大努力提供资源支持。在仇文革老师的指导下，博士生黄戡、程云建等学生的多篇论文被SCI收录，其中程云建的《基于三维点云的隧道全局中线提取方法及应用》获得国内隧道大会优秀论文奖；王刚的大行程组合型阻尼器、大行程管型阻尼器、大行程杆型阻尼器等系列发明专利，在实践中解决了工程中的重大难题，创造了显著的效益。

四、在科研过程中言传身教，用自身的拼搏精神感染学生

科学研究从来不可能一蹴而就，科研过程中可能出现诸多困难和波折，甚至需要耐得住常年钻研一个问题的寂寞和漫长时间。一个理论的得出往往要经历被证明、被推翻再被验证的反复过程，面对科研工作的复杂性和艰巨性，需要研究者动心忍性，潜心研究和艰苦探索。所以

仇文革老师为学生答疑解惑

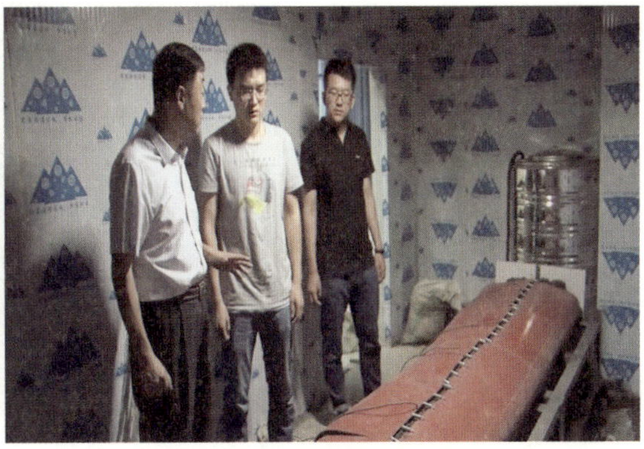
仇文革老师指导学生试验

仇文革老师一直在科研实践中坚持与学生一起深入科研项目现场，同吃同住同实验，甚至在试验中主动给自己加码，把最艰难的留给自己，让学生真正认识到科研工作的困难以及科研工作者的毅力。在这些日常的研究中，仇文革老师有意识地培养着学生面对科研工作的复杂和漫长性的抗压能力和科研素质；面对科研过程中出现的各种挫折和失败，仇文革老师更是鼓励学生要有预见性并保持良好的心态，正确面对压力和挑战，在“胜不骄败不馁”中培养矢志不渝的行为习惯和勇往直前、百折不挠的执着精神。正是通过自身的拼搏精神的感染，仇文革老师带领的年轻学生逐渐具备了一名优秀的隧道工作者所应有的品质。

五、用严谨治学、实事求是的科学精神熏陶学生

科研是严谨的，容不得半点的马虎和敷衍。仇文革老师一直坚持在科研起步阶段就开始培养学生养成良好的行为习惯，用规范的学术道德约束自己，构建严格的学术诚信体系。仇文革老师一直教育学生：科学研究的过程就是一个追求真理的过程，必须做到实事求是，不弄虚作假；绝对不能剽窃他人成果。这一理念既是科研工作者在科研活动开展中必须恪守的行为准则，也是社会主义道德思想和原则在科研工作领域的现实要求。在日常的科研活动中，仇文革老师坚持以身作则，严谨治学，坚持亲自参与实验，以实验论证观点，绝不弄虚作假，引导大学生在科研起步阶段养成良好的行为习惯，恪守学术道德规范，使学生养成严谨治学的学风和诚实守信、独立思考的科学态度。在仇文革老师的熏陶下，他的学生大多养成了严谨诚信的科研作风。例如仇文革老师的博士研究生卢峰近期为了研究泥岩在不同含水率情况下力学参数的演化而进行的“不同含水率下泥岩三轴压缩试验”就坚持严谨求实的理念。该试验设计一共5组，每组4个围压，目前已经做了22个试件，根据后续试验的数据还有可能进行更多的试验。

六、健全科研团队评价制度

为了确保科研团队的创造力和执行力，仇文革老师和科研团队其他老师一同设计了符合项

目研究实际的考核机制，严格考核团队成员的出勤率和科研成果。为参与科研的师生提供良好的办公、试验平台及各项材料设备，确保科研团队能够心无旁骛地投入科研中。同时仇文革老师的科研团队也建立了完善的定期研讨机制，针对论文、科研中出现的问题进行集中研讨。通过评价体系的建立和不断完善，团队上下形成全员育人的理念，以育人的成果作为团队科研成果评价的一个指标。

仇文革老师在工程现场

仇文革老师在实现自己“隧道强国”之梦的道路上不断努力前行。近年来他主持国家重点研发计划课题1项、国家自然科学基金重点项目2项、面上项目3项，博士点基金及省部级项目10余项，其他结合重大工程项目40余项。先后获国家科技进步奖二等奖2项，省部级特等奖、一等奖、二等奖10余项，软件著作权5项。编著出版了《山岭隧道》《地下空间利用》《隧道力学》《隧道单层衬砌技术——理论、设计与施工》等“十二五”国家级教材和专著，发表论文200余篇，被SCI、EI收录100余篇。而在科研育人的实践中，仇文革老师通过言传身教，精心培养了1000余名本科生、100余名研究生，其中不少人已经成为我国隧道专业科研实践中的佼佼者，成为教授或教授级高工，有些已在各级设计研究院担任总工或业务骨干，为我国的隧道建设不断添砖加瓦。

三全育人，从我做起

赵人达：博士，教授，博士生导师。长期从事混凝土桥梁结构的教学与科研工作。曾任西南交通大学结构工程研究所所长、结构工程试验中心主任、桥梁工程系主任、土木工程学院副院长、研究生院副院长；现为IABSE会员、北京茅以升科技教育基金会桥梁委员会副主任、中国公路学会桥梁和结构工程分会常务理事等，四川省学术技术带头人，铁道部有突出贡献的中青年专家，四川省教书育人名师等。获国家级教学成果奖2项、省部级奖3项；获国家、省部级科技进步奖5项；承担了70余项科研项目的研究，发表论文300余篇，编写教材5本，专著3本；获发明专利6项、软件著作权2项。培养博士30余名、硕士100余名。

一、为师之道，端品为先

自1984年留校任教以来，赵人达老师坚持以身作则、言传身教，努力学习党在各个时期的方针政策，贯彻党的教育方针，积极投身教育教学改革，开展科学研究和社会服务，践行教书育人的教师天职，在传授专业知识的同时，以自身的道德行为和人格魅力，引导学生实现人生应有的价值追求，塑造自身完美的人格。坚持学习、实践、再学习、再实践，并虚心向有经验的老教师学习，探索教学规律，坚持理论与实践并重；同时不断丰富和完善自己的知识，树立终身学习的理念，把握学科发展动态，更新知识体系，严谨开展科学研究，不断探索未知；积极开展教学研究，提升自己的业务能力。重视“育人”，努力涵育学生的世界观、人生观和价值观，教学生做人的道理；爱岗敬业，全心全意投入教学工作，认真备好每一讲课，坚持至少利用三倍于讲课的时间备课；认真组织教学资料，给学生指定一本教材，备课则参考多本教材和其他教辅材料。荣获四川省高校优秀共产党员、成都市高校和中专校优秀青年教师称号、学校教书育人先进工作者、宏宇优秀教师奖、唐立新优秀教师奖、科技工作先进个人，连续6次（12年）获学校的优秀共产党员称号。

二、上下求索，砥砺前行

30余年来，赵人达老师讲授了混凝土结构类系列课程，结合发展动态，将最新成果引入课堂，80年代为本科生开设“部分预应力混凝土桥梁结构设计”新课；在本科“混凝土结构设计原理”“混凝土桥”“桥梁工程”课程教学中，及时纳入国内外高性能混凝土、纤维混凝土、纤维复合材料筋的最新研究成果，特大跨度桥梁结构体系最新发展成就、桥梁结构智能制造等；在研究生教育中，1987年因当时现代计算技术在土木工程中的应用日益受到业界重视，开设了“钢筋混凝土有限元分析”硕士生课程，教学中汇集了国际最新研究成果；在研究生专业基础理论课“混凝土结构学”教学中，采用国际公认的帕克著*Reinforced Concrete Structures*和赵国藩院士的《高等混凝土结构学》结合教学；在博士生“混凝土力学”课程中，集材料、力学、现代计算技术和结构分析理论于一体，采用原美国普渡大学W. F. Chen教授的*Plasticity in Reinforced Concrete*英文著作，在培养研究生交叉学科基础理论、科研创新能力的同时，提高他们的外语应用能力。努力激发学生学习的主动性和参与性：学生汇报，老师点评，师生互动，研讨交流。

赵人达老师重视人才培养，积极参与教育教学改革，4项教学成果获国家级或省级一等奖，并达到国内领先或国际先进水平，有效指导了土木工程本科生从小专业向宽口径转变的大类培养、新世纪土建类专业复合型人才培养、轨道交通创新型人才培养和服务高铁“走出去”战略的铁道工程国际科技人才培养实践。拓宽了土建学生机电、电子、水利、经管、法律等方面知识，通过推行科技竞赛在主干专业方向全覆盖、“虚拟与现实”等三结合的实践平台建设，加强了本科生实践和创新能力，参与构建了多层次、多模式融合的铁道工程国际科技人才培养体系、资源支撑体系和质量保障机制。近20年不断实践与提升，受到国内外高度关注，产生了广泛的社会影响，培养了万余名优秀的土木科技人才。研究生教育成果二等奖依托国家教育体制改革项目，形成以“目标导向育人”“规范引领育人”“科教融合育人”“校企协同育人”和“国际合作育人”为特色的高等工程教育人才培养新模式；建立了拔尖创新人才培养特区，国

赵人达老师团队研究生新生入学师生见面交流会

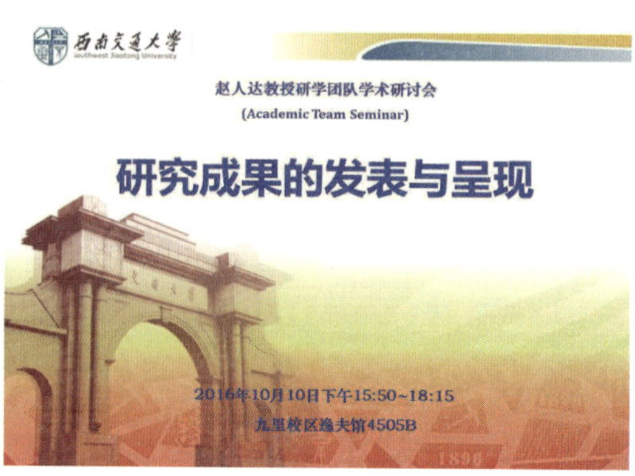

赵人达老师团队学术研讨会

家教育咨询专家高度认可，《教育决策咨询》单篇报道。

因长期从事混凝土结构相关课程教学，“混凝土结构设计原理”是该系列课程的重要理论基础，被确定为学院核心课程，组建了院级课程建设团队，由赵人达老师接替领衔，团队现有固定成员17人：教授4人、副教授7人、讲师6人，目前正着力于加强核心课程团队建设，着力培养核心骨干成员，努力将教学团队打造为优秀课程教学团队；加强课程资源建设，着力打造“混凝土结构设计原理”MOOCs精品课程；加强题库建设和实践教学资源建设，增强学生的学习获得感和实践动手能力；强化科教融合，课程建设团队共承担了自然基金项目8项、国家研发项目2项；努力开展英文教学资源建设，加强国际化培养；持续开展教学改革与研究，着力提高课程教学质量，努力学习和借鉴国内外相关课程教学理念与经验，积极参加国内外高水平教学研讨会议，提高团队成员教学水平；全力做好教学工作，坚持为本科生讲授专业基础核心课、专业核心课，夯实本科基础；着力提升教学质量，实施小班化教学。

三、科教融合，培育新人

迄今为止，赵人达老师已承担70余项科研项目的研究，其中有国家自然科学基金项目、863课题、国家重点研发计划、博士点基金课题、铁道部科技发展计划项目、结合重大工程的科研项目等，他坚持基础研究与工程应用相结合，在混凝土本构关系、时变性能、破坏理论、非线性分析方法、部分预应力混凝土结构、钢–混凝土组合结构受力行为分析理论方面开展研究，为工程应用奠定了基础；钢–混凝土组合结构在桥梁工程中的应用试验研究成果“总体上达到同领域国际先进水平，其中拱梁协作结构体系、钢–混凝土组合桥面板和预应力钢箱混凝土组合构件具有国际领先水平”。大跨组合体系拱桥设计、施工关键技术试验研究成果“具有重大创新和突破，达到同类技术的国际领先水平”，荣获四川省科技进步一等奖；大中跨度部分预应力混凝土铁路连续梁的研究成果“属国内领先水平”，获铁道部科技进步二等奖；现代预应力钢筋混凝土结构体系与计算理论及应用成果达到国际先进水平，获教育部科技进步二等奖；双层桥面无隔板预应力混凝土箱梁斜拉桥创新技术获国家科技进步二等奖；承担了世界最大跨度高铁钢筋混凝土拱桥–北盘江特大桥的系列研究，保证大桥安全建成及运营；与团队成员一起发表论文300余篇、出版专著3本，获发明专利6项、实用新型专利10余项。现已培养博士30余名、硕士100余名。在所培养出的学士、硕士和博士中，绝大多数已成为教学、科研、技术创新和技术管理骨干，其中已成长出全国工程勘察设计大师、著名高校教授博导、教授级高级工程师、高级工程师和厅局级、处级高级科技专家和高层次管理干部。

新时代大学的任务是：人才培养、科学研究、社会服务、文化传承与创新、国际合作与交流。大学教师在人才培养的同时，也需要不断自我培养、自我提升，通过开展科学研究，一方面推动学科技术进步，更好地服务行业和社会，另一方面将新的科研发现引入教学，不断更新、完善和丰富教学内容，为研究生培养和本科生的SRTP训练搭建必备的工作平台。

赵人达老师认为科研育人必须从培养基本功开始，从培养科研精神开始，必须让学生做到严谨求实，一丝不苟。赵老师为学生讲述了自身的科研经历，80年代末，在其开展博士论文的科研试验中，除了大量的混凝土板在双轴应力状态下的力学性能试验外，还完成了10根预应力混凝土、钢筋混凝土梁的试验，并一直保存了这10根梁的原始试验数据，若干年后，当研究生需要考证其自己发展的有限元分析程序和训练神经元网络模型时，赵老师让他们对这10根梁的试验数据进行再次检验，结果得到了很好的印证，成为了博士生训练神经网络和检验分析软件正确性的基础数据。借此向学生展现了严谨做科研的精神，使学生从中深受教益，认识到科研数据的宝贵和严谨求实作风的重要性。

科研工作必须发挥团队成员的作用，为了促进团队成员的交流，提高团队成员学术研究和论文撰写水平，分享研究经验，赵人达老师的团队不定期举办学术交流活动，开展每年一度的研究生新生入学季师生交流座谈会、“学术论文写作体会”“粤东抗震项目专利申请汇报”“PPT制作的体会”“开裂钢筋混凝土梁的刚度预测与评估及其对可靠度的影响”“钢-混凝土组合梁的界面传力与徐变效应研究”“混凝土的深入研究与再生利用”“梁式桥抗震体系和地震易损性分析研究”“地震作用下梁式桥横向碰撞效应和固定支座栓钉剪断效应研究”“地震作用下非规则多跨连续梁桥横向碰撞效应研究”等基础性科研技能和专题研究交流会，大大激发了研究生的科研积极性和创新能力；团队鼓励博士生走出国门，开展国际学术交流。通过师生共同努力，研究生们取得了良好科研成果，在科研工作中不断成长，获得了相应奖励和表彰，近几年研究生的部分科研成果和奖励如下图所示。

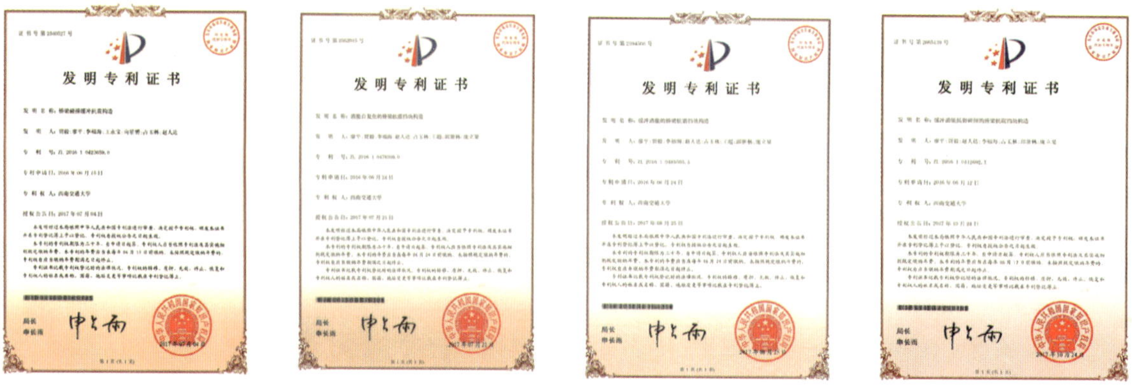

赵人达老师团队研究生近年来获得授权的发明专利情况（部分展示）

博士研究生国家奖学金
荣誉证书
王永宝同学荣获2016年博士研究生国家奖学金，特颁此证。
中华人民共和国教育部
二〇一六年十二月三十一日

（a）王永宝国家奖学金证书

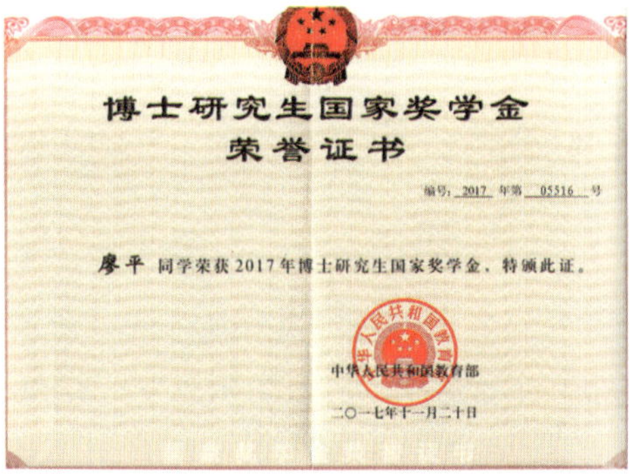
博士研究生国家奖学金
荣誉证书
编号：2017 年第 05516 号
廖平 同学荣获2017年博士研究生国家奖学金，特颁此证。
中华人民共和国教育部
二〇一七年十一月二十日

（b）廖平国家奖学金证书

（c）贾毅国家奖学金证书

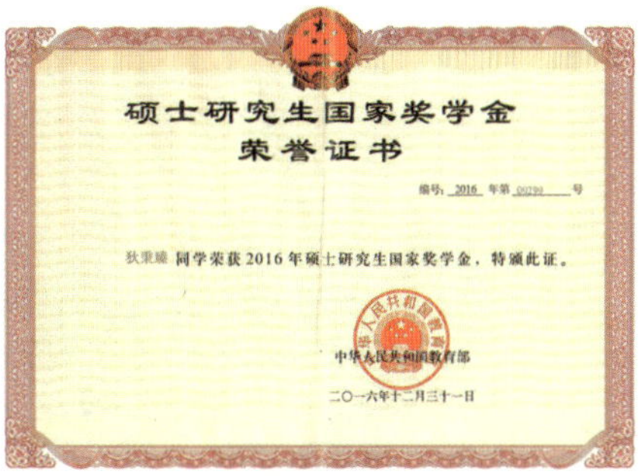

（d）狄秉臻国家奖学金证书

（e）吴德宝国家奖学金证书

（f）邹建波国家奖学金证书

（g）许智强国家奖学金证书

（h）刘恢先地震工程论文奖

赵人达老师团队近年来研究生获国家奖学金及学术论文奖情况（部分展示）

今后赵人达老师及其团队将继续深入贯彻落实“三全育人”精神，努力加强全员育人、全程育人、全方位育人，为办好中国特色社会主义大学、培养德智体美劳全面发展的社会主义建设者和接班人贡献力量。

谆谆教诲为青出于蓝，遂志而行引学海无涯

王志杰：教授，曾任职西南交通大学规划处处长和建筑学院党委书记等多个职务，现为教育部创新团队“大型及复杂交通隧道工程”、国家级重点学科桥梁与隧道工程中隧道及地下工程学科方向主要成员，主持国家级、省部级及重大工程技术科研项目60余项，获国家科技进步一等奖（集体）1项、国家科技进步二等奖1项、省部级科技进步奖10项、詹天佑科技进步工程奖1项，授权国家发明及实用性专利40余项。发表SCI、EI及核心论文100余篇，参编教材1部，规范4部，并在国内城市地铁和隧道担任咨询专家。已培养70余名工学硕士，正在指导5名博士生、19名工学硕士。

古语云：“林木茂盛，必先固其根。”教师要出色地完成传道、授业、解惑的任务，尤其是要进行教育科研工作，必须有扎实的功底。从教近30年以来，王志杰老师始终坚持着“寓教于研，研以致教，教研相长”的治学和科研理念，积极承担第一线的教学任务，如课堂教学、课程设计、生产实习、毕业实习及设计和指导研究生等，全心全意指导教育学生，不光教会他们过硬的专业本事，也为他们提供广阔的科研平台，积极培养他们的能力，从“做人、做事、做学问”多方面提高学生的素养。

一、为人师表，育德为先

“以德感人，为人师表。”王志杰老师认为立德树人是教书育人的根本任务。他十分重视学生道德修养的培养，教导学生们在科研的道路上要有社会责任感，要有求真务实的精神，脚踏实地，做对社会、对国家有用的人。王老师在教学、科研日常中，坚持去伪存真，实事求是，他常告诫学生们治学切忌心浮气躁。王志杰老师始终坚持党的教育方针，坚持正确的政治方向、价值和学术取向，通过分享时政新闻，观看爱国主题影片以及开设探讨会等多种形式，和学生一起认真学习领会习近平新时代中国特色社会主义思想和党的十九大精神，学习、感受

和弘扬爱国主义精神，同时结合土木工程专业特点，向学生解读本专业相关方针、政策，培养学生的思想政治素养。

王志杰（左四）老师及团队老师

二、如植花木，因材施教

教育，从来都是不可一概而论的，王志杰老师深以为然。正如陶行知所言："培养教育人和种花木一样，首先要认识花木的特点，区别不同情况给以施肥、浇水和培养教育，这叫因材施教。"在长期执教的过程中，王志杰老师基于学生不同的特质，总结经验，改进方法，形成了独特的研究生培养方法——宏观指导，因材施教。他鼓励学生认识自我，发展自我，形成适合自己的学习方法与发展思路。分类而非分裂，因材施教在于扬长补短，查漏补缺。王志杰老师熟悉每一位学生，了解每位学生的优缺点，对学生总是循循善诱，谆谆教诲，期以进步。于他而言，教育不仅仅是教授学生过硬的专业知识，更重要的是，教育应当是一种人类道德、科学、技术、知识储备、精神境界的传承和全方位提升的行为。王志杰老师乐于与学生沟通，分享自己的为人处世理念，或长期教学、科研、工作过程中的心得体会、经验教训，让学生少走弯路，形成正确的人生价值观。因材施教只是方法，育才育人才是目标。

三、创新为帆，实践作船

"疑是思之源，思是智慧之本。"王志杰老师反复给学生强调科研不是重复其他学者研究过的东西，而是引导学生敢想，敢疑，不断寻求突破。但创新不等于空想，他常常教导学生要大量阅读国内外学者的文献，关注国内外最新的科研动态，了解他们的研究思路和研究历史，学习先进的研究方法，形成自己的科研思维方式，做到"及时顺势，抢先一步"。同时要求学生随时做好准备，锻炼自己的创新素质和敏锐的洞察力，善于在复杂的情况下寻求突破。为了更好地开拓学生的思维，王志杰老师不定期地邀请国内外知名学者来校开展学术讲座，鼓励学生参加学术会议。对于学生可行的、具备实际价值的创新项目，他会通过各种途径最大限度提供经费及实验平台支持。王志杰老师十分重视学生基础知识的夯实和理论水平的提高，同时也认为研究生的学习不能限于理论研究、书本知识。他鼓励学生将研究内容落地，最大限度地为学生创造实践平台，为学生提供参与实际项目机会，带领学生与其他科研单位、设计单位、生产单位对接交流，鼓励学生要深入现场。将专业知识运用到实际的同时，培养学生人际交往的能力，提高学生处理实际问题的能力，帮助学生明晰社会需求，准确把控科研方向，做实用的科研。

四、勇舍舒适，寻求突破

实战和突破，就是基于真实的工程问题、科学问题导向，解决问题，不断突破自己，从来不怕遇到难题。王志杰老师的座右铭为：只有遇到问题解决问题，解决了难题，也就突破了自己。“一个平静的湖面，锻造不出一个强劲的水手。”同样，过度安逸舒适的环境不利于学子的进步。王志杰老师鼓励学生跳出“舒适圈”，一定程度地给学生压担子，让他们敢于挑担子，先催他们跑起来，再让他们自觉地跑得更快。压力传导不是揠苗助长，而是一个循序渐进的过程，要求学生在研一时期广泛参与科研项目，发掘自己的兴趣点，研二时期深度参与自己感兴趣的科研项目，并要求学生在研究生期间必须主持一项科研项目，帮助学生认识到时间的紧迫性，最大限度地发挥自己的潜力，在不知不自觉中提升自己的科研能力、管理能力。正是在这样的培养模式下，团队中的学生参编规范7人次（杨跃、张鹏、李瑞尧、李昭、刘若愚、陈铁卫，徐君祥），荣获了扬华新秀3人次（周平、徐海岩、周飞聪），博士/硕士研究生国家奖学金4人次（周平2、徐海岩、季晓峰），四川省优秀毕业生1人次（周平），詹天佑铁道科学技术奖专项奖1人次（周平），茅以升铁道教育希望之星奖1人次（徐海岩），中国公路学会科技进步奖1人次（周平），中国铁道学会科技进步奖1人次（周平），中国交建科技进步奖1人次（周平），中国土木工程学会优秀论文奖1篇（周平），四川省综合素质A级证书3人次（周飞聪、周平、徐海岩）和竢实扬华奖章1人次（徐海岩）等众多奖项和荣誉称号。除此之外，团队还在学科竞赛有所突破，协作荣获挑战杯、创青春和互联网+创新创业大赛等10余项国家级奖项。

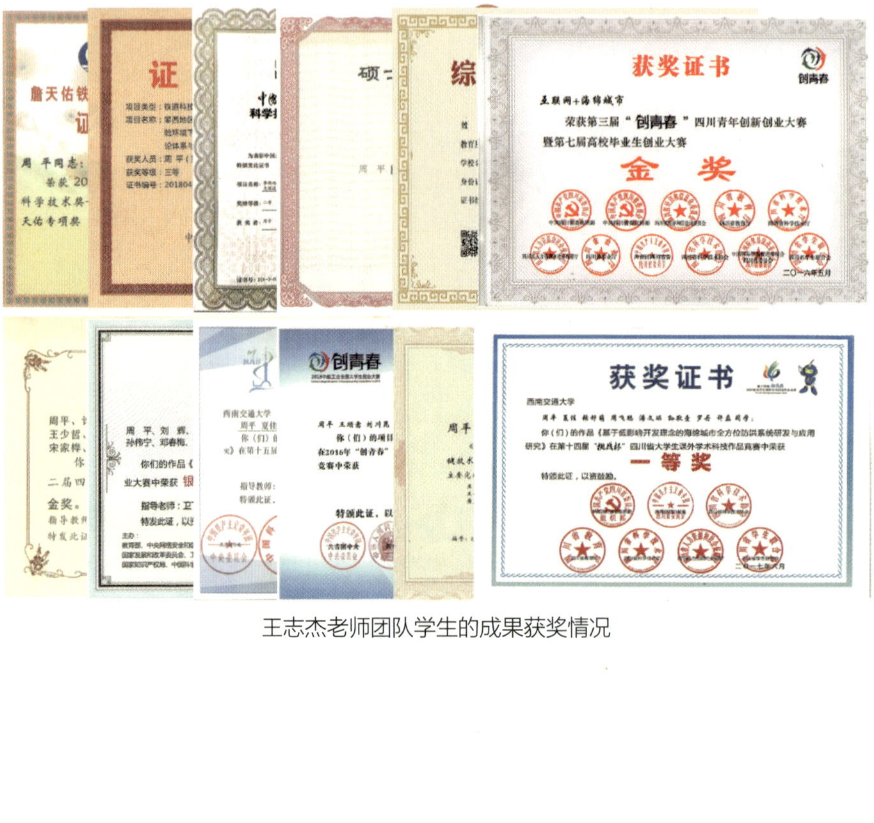

王志杰老师团队学生的成果获奖情况

五、团队互助，提升自我

“互助协作、全面提升”是团队的两大主要元素。各自为战的团队是一盘散沙，每个成员的成长速度也会受到限制。一个能在学术的峭壁上持续攀爬的团队，必然有着十足的凝聚力和强烈的团队意识。研究生期间，每个人的研究领域不尽相同，正所谓术业有专攻。因此，在科研攻关过程中，需要多人合作，发挥各自所长，秉持“1+1>2”的协作理念。王志杰老师根据科研课题成立科研小组，有分工也有互助，定期组织学术研讨会，给学生们提供思想碰撞的机会，让学生在互相学习的同时，深入体会互助协作的重要性，努力培养团队协作意识和协作默契，在这种培养模式的影响下，其领导的团队始终保持着强大的凝聚力和科研冲劲。王志杰老师始终强调，科研团队不是约束个性的篓筐，科研是生活的重点但不是全部。为此，他积极引导学生正确地认知“自我”，鼓励他们在科研学习之余，培养正面向上的兴趣爱好，充分发展个性，让团队永葆青春向上的活力。在这种理念的影响下，团队成员仍能在工作之余培养各自的兴趣爱好。

谆谆教诲为青出于蓝，遂志而行引学海无涯。就像王志杰老师所讲：“教师要时刻铭记教书育人的使命。”只有明确方向，知行合一地致良知，才能实现过程与结果的圆满。行不易，知亦难，但是，用赤子之心，去创造、去发现、去感悟，便拥有了属于自己最好的礼物。未来的王志杰老师，将会握着一路相随的感动与温暖，看准方向，和一群同样有着使命感和行动力的学生们一起，把追求专业理想的日子，装点成人生最具诗意的风景。

借力工程图学，潜心科教育人

王广俊：教授，中共党员。1985年西南交通大学铁道工程专业毕业，留校在土木工程图学教研室任教，曾担任教研室主任。长期从事土木工程图学课程的教学及研究工作。课程“土木工程制图”在2003年被评为四川省精品课程，2004年被评为国家级精品课程。网络教学课程“画法几何及工程制图”在2008年被评为国家级网络精品课程。2016年“土木工程制图”被评为国家级精品资源共享课程。1990年，担任教育部工程制图教指委秘书，2005年后担任工程图学课程教指委委员，现任工科基础课程教学指导委员会委员、工程图学课程教学指导委员会副主任委员。

王广俊老师长期从事基础课程的教学，他认为基础课程的教学在人才培养中占有非常重要的分量，是学生素质培养和创新能力培养的基础。作为大学教师最重要身份是老师，第一职责是教书，第一任务是上课。这里的“教书”是指对人才的培养，大学的教学和科研是一体两翼，大学老师的科研是为培养人才服务的。“工程图学”课程是传统的工科基础课，开课历史较长，有工科的学校都有这门课，是名副其实的基础课，该课程旨在使学生掌握工程设计表达的基本知识和基本技能，是学习工程设计类相关课程与技术的入门课程，是认识工程、走进工程的桥梁，同时也是培养空间想象能力和创新思维能力的重要载体。“工程图学”课程以图形表达为核心，以形象思维为主线，培养学生工程设计与表达的基本能力和基本素质。

在“工程图学”课程教学中，王广俊老师一直坚持：“这门课是对同学们思维能力培养最有帮助的课，在空间想象能力和创新思维能力培养方面是不可替代的。”很多毕业以后从事土木工程工作的同学们都觉得当年这个课还是有帮助的，所以在教学中王广俊老师一直坚持不降低这门课的难度和要求。现在的教学理念、教学方法、教育技术都在不断进步，日新月异，课程学时减少了，但核心内容并没有削减，难度也没有降低，作为学习主体的同学们知识面更广、更聪明、对新的教学技术适应能力更强、掌握的程度甚至比以前更好，同时应用能力也更强。

在“工程图学”课程中，王广俊老师通常布置“创作型”和“开放式”两种类型的作业，很多同学在作品中展现的想象力令人印象深刻。王广俊老师在教学实践中不断总结发现，对于一部分同学，给他们布置一些没有固定答案的任务会鼓励他们的创造性，引导他们自主学习，培养他们解决问题的能力。“工程图学”课程开设在一年级，同学们没有专业知识，不太适合做设计，但是这样并没有约束他们，反而会激发他们大胆地去想。因此，这个阶段可以专注于创意，等以后同学们学习了专业知识，就能把更多的因素考虑进去了，所以王广俊老师认为学生创新能力的培养是一个持续的过程，早期在创新意识的培养方面更加重要。因此，该课程把3D打印技术引入到课程教学之中，因为它对设计的限制非常小，是实现创意与构思的有效工具。

王广俊老师在教学的时候注意与同学们的交流互动，在教学过程中尽可能地增加对话，由于课堂容量比较大，较难时刻关注到每位同学，但在课堂上提出的每一个问题，都需要学生主动思考，主动回答，这样才能帮助同学们集中注意力并保持活跃的思维状态。考虑到大多数同学的情况，王广俊老师在保证教学进度的前提下，注意课堂节奏，适当增加课程的挑战度。针对个别同学对部分教学内容跟不上的情况，王广俊老师通过带领这部分同学课后答疑或者提供网上教学资源来帮助他们补充学习相应的知识点，最终掌握该部分内容知识。

王广俊老师教学团队的成绩，离不开青年教师的努力，青年教师是教学工作的主力，在教学改革和教学建设中付出了大量的辛勤汗水，也取得了优秀的成绩。青年教师加入课程团队后，团队的想法更加多元，但是在工程制图教学中，老教师对青年教师的“传、帮、带”传统也一直坚持下来了。青年教师走上教学岗位后，首先要听老教师的课，协助批改作业，答疑，上辅导课，经过一轮的学习锻炼后，才能开始上课。他们要亲自参加所有的教学研究工作，逐渐变成比较全能的教师。青年教师要像学生一样独立做作业，老教师会认真批改并指出错误，也会认真指出试讲中的不足。

王广俊老师与其教学团队从2009年至2021年连续12年带队参加“全国大学生先进成图技术与产品信息建模创新竞赛”（现列入全国普通高校学科竞赛排行榜），从未间断，并获得团体一、二等奖12次，个人一、二等奖60余次。青年教师王宁、陈继兰、赵莉香、杨万理等均多次获得指导教师优秀奖。王广俊老师教学团队近年也组织硕士研究生参加西南交通大学、四川省和全国BIM技术竞赛，指导研究生参加竞赛7次，获得校内一等奖2次，四川省特等奖1次，国家级三等奖2次，国家级一等奖1次，国际特等奖1次。王广俊老师教学团队在学科竞赛中取得的成绩，离不开团队老师们长期不间断的努力工作——每年积极参与土木工程学院的“土木科技月”活动，组织成都、峨眉两校区制图课程竞赛，选拔参加全国图学竞赛选手并进行培训。

教学团队中的青年教师也在科研中不断成长，王广俊老师带领青年教师杨万理、王宁、赵莉香、陈继兰等先后完成了多项教学科研项目。中央高校基本科研专项科技创新项目“基于web的矢量图形识别技术研究及制图课程网络协同学习平台建设”为在教学中有效使用网络教学资源提供了有力支撑，青年教师杨万理、王宁在该项目中得到了锻炼，取得了很好的成绩。中央高校基本科研专项科技创新项目“基于BIM的结构建模技术与工程制图教学改革研究”研究了“工程图学”课程引入先进技术，体现出课程核心内容的与时俱进，也促进了青年教师的知识结构和认识水平的提高和进步。

王广俊老师团队指导学生竞赛获奖情况

西南交通大学教育教学研究与改革项目“新工科背景下土木工程制图教学改革研究”和“土木工程制图基础新形态教材建设”，这些教改项目为土木工程专业新一轮培养方案的改革提供了支持，土木工程制图课程学时大量减少，为课程建设提出了新挑战：在课程核心内容上要与时俱进，要深入研究本课程核心内容在现代技术的应用背景下如何继承、如何发展，也要求青年教师的知识结构和认识水平要与时俱进。基础的东西是不变的，但应用对象发生了变化，青年教师要通过课堂教学，引导同学们认识自己所学的知识和实际的联系，在空间想象能力和创新思维能力培养方面发挥出图学课程的独特作用。

认认真真教书，孜孜不倦育人

毛坚强：土木工程学院岩土工程系教授。1984年毕业于西南交通大学隧道及地下铁道专业，1987年获本校结构力学专业硕士学位，之后留校任教至今，其间于2002年获本校桥梁与隧道工程专业博士学位。主要研究领域为岩土力学及桩基工程、基坑工程、复合地基等，曾获铁道部科技进步二等奖，四川省科技进步二、三等奖各一次。在教学方面，主要承担“土力学”“基础工程”“岩土工程”“岩土工程设计计算理论”“深基础理论”等本科及研究生课程。

一、教书育人，不忘初心

毛坚强老师在从教工作的30余年中，始终将教学工作放在第一位，将人才培养作为自己的首要工作，并落实于实际行动，始终处在教学工作的第一线，曾担任过教学工作的本科、研究生课程有10多门；近10年来，作为主管教学的副系主任，每次都是亲自组织和带领学生进行岩土工程方向的本科生产实习。

在教学过程中，毛坚强老师始终牢记教师的神圣职责，自始至终地做好每个环节，保证教学工作的高质量，使学生能学有所得。同时，以自己严谨的态度和作风，对学生起到言传身教的作用，培养学生认真、踏实的学风。例如，对“土力学”课程，虽然他已有30多年的教学经验，对其内容已非常熟悉，但还是在不断研究国内外经典的及最新的教材、课件和相关资料，分析其特点，探索适用于土木工程专业培养目标及学生特点的教学方法，并积极与其他任课教师交流，汲取他人的长处。毛坚强老师每年承担教学任务后，总会根据上一年教学过程中学生反映出来的问题及自己的新体会，对教学方法、教学课件等进行改进和调整，并及时地将最新的研究成果，特别是我国在工程建设中取得的新成就体现在教学内容中。针对该课程的特点，教学过程中除注重学生对基本理论及方法的掌握外，还注意培养学生的工程意识，为后续专业课程的学习乃至以后的实际工作奠定了良好的基础。在课堂上，毛坚强老师情绪饱满，身心投入，思路清晰，逻辑严密；在课后，毛老师主动与学生交流，了解学生的感受和要求，并做出响应，整个教学工作一直深得学生好评。

生产实践是土木工程专业学生培养过程中的一个重要环节。毛坚强老师在每年的生产实习中，为使学生在有限的时间内得到最大的收获，实习前都要进行认真的筹划和安排，联系设计和施工单位，提前到现场考查，精心选择实习工点，确保实习的工程具有足够大的规模，且能够覆盖岩土工程的主要内容。在实习过程中，毛坚强老师与学生同吃同住，且以身作则，不畏酷暑，认真完成实习的各个环节，以自己的实际行动感染学生，培养学生吃苦耐劳的精神，使他们在今后的工作中能尽快适应土木工程的艰苦工作条件。

毛坚强老师在生产实习工地

二、教学改革，不断进取

毛坚强老师担任岩土工程系主管教学工作的副系主任近10年。在此期间，除身体力行地做好自己的教学工作外，还组织带领全系教师广泛开展教学改革工作，探索能够适应新时代要求的土木工程专业技术人才的培养模式及方法。

以岩土系所承担的两门覆盖面广、影响大的土木工程专业的核心课程——“土力学”“基础工程”课程为重点，在课程体系构建、教学手段及资源建设、师资队伍培养等方面，开展了大量的工作，取得了丰硕的成果——建成了“土力学”“基础工程”两门四川省精品课程以及“土力学与基础工程校级教学团队”，“构建以提高学生工程素质和创新能力为目标的土力学及基础工程课程教学平台”获校教学一等奖，出版多部教材，多名教师在学校青年教师讲课比赛中荣获一、二等奖。

其中，在“土力学”“基础工程”课程体系的构建中，毛坚强老师以现代教育思想为先导，以适应卓越工程师人才培养模式的课程体系与教学内容改革为核心，以培养具有高工程意识、工程素质和工程实践能力的创新型人才为目标，将工程素质及创新能力的培养贯穿于课堂教学、课程实验、课外学习、科技竞赛、工程实践等多个环节中；因材施教，针对土木工程大类人才、拔尖人才、创新人才等多个层次采用不同的培养模式；应用多媒体教学、网上自助学习、实习基地教学、个性化创新实验、校外专家讲座等多种手段来培养学生的工程素质及创新能力。

为确保上述培养目标的实现，在教材编写、网站建设、微课程制作、题库建设等方面，毛坚强老师做了大量的工作，并结合课程内容，开发创新型实验和工程实践型实验，自行研制试验仪器，培养学生的实践能力和工程创新能力，同时结合课程内容开展SRTP项目，主办或积极参加与课程密切相关的竞赛，形成了内容丰富、形式多样的创新能力及实践能力的培养方法及资源平台。为保证教学质量，经过多年努力，形成了一套完整的青年教师教学培养方法及课程教学质量保障体系：实行分组集体备课、集体听课、相互听课、试讲、定期召开教学研讨会等质量保障制度，实行考教分离、集中阅卷等措施，实施内部教学质量监控与保障机制，有力地保证了课程的教学质量。

三、工作第一，甘于奉献

毛坚强老师始终将做好工作放在首位，认真做事，甘于付出，为搞好岩土工程系的教学工作，付出了大量的辛勤劳动，而不计名利和个人的得失。当教学工作需要时，他无论是参加教材编写、课件制作、课程录制，还是制作课程网站、带队实习，都能全身心地投入，并高质量地完成任务。同时，毛坚强老师关心青年教师的成长，与他们交流教学经验，探讨教学方法，帮助他们解决他们在教学过程中遇到的问题。

让科研火花照亮青年学子的奋进之路

邱延峻：博士，教授，博导，浙江衢州人。现任道路工程四川省重点实验室主任、西南交通大学战略与学科处处长。主持研究课题包括国家自然科学基金项目、教育部人文社科项目以及世界银行、四川省交通厅等资助项目，在沥青路面与轨下基础结构分析、路基土变形行为以及高等教育研究等方面已发表两百余篇SCI、SSCI、A&HCI和CSSCI论文。现为《公路交通科技》《交通运输工程学报（英文版）》和《西南交通大学学报》等学术期刊编委，ASCE学务委员会国际理事，全国教学指导委员会道路运输与工程分委员会委员，中国公路学会全国道路工程分会理事，四川省公路学会副理事长，四川省学术与技术带头人。

欣悉获得土木工程学院“科研育人先进个人”荣誉称号，我首先想到的是感谢自己的学生们，是这些有为青年让人民教师这个光荣称号历久弥新、让交大土木这块金字招牌熠熠生辉、让道路工程这个新兴专业声名鹊起。在人才辈出、群星璀璨的土木学院，我的科研工作，不管是科研经费总量、科研队伍规模，还是科研论文成果，远远比不上院内各位教授先进，因此，特别感谢土木学院和学院党委对道路工程学科和我本人的关怀、培养和支持。

20世纪末，我自美国阿肯色大学获得博士学位学成归国，回到学校工作后依托我校传统优势铁道工程学科开始了道路工程的科研、教学、学科建设和管理服务工作。2000年开始招收研究生，2002年开始招收博士生，2004年开始招收博士后，至今已有25名学生获得博士学位，50余名学生获得工学硕士学位、工程硕士学位或专业硕士学位。有幸成为近百名来自大江南北和海外友邦的青年学生的导师，在20年的科研工作中，欣赏这些青年学生在科研实战中朝气蓬勃、才华横溢的奋进英姿，守护这些学生在教学相长中自强不息、搏击中流的成长历程，关注这些学生在学成毕业后追求卓越、高歌猛进的职场发展，实乃为师平凡人生中感受的春风和畅、夏日清扬。通过他们自身的拼搏进取，这些毕业生中不少已成为国内知名的路面专家、学科建设的中坚力量、克己奉公的国企高管、奉师如常的川藏骨干、颇具格局的行政专才、坚韧不拔的海外精英以及践行“两路”精神的四川开路先锋、奋战“一带一路”的国际工程专家。

学生的成绩既是他们自身不懈努力的成就，也是他们所在单位党政领导悉心栽培的果实，更是我们伟大祖国在新世纪新时代提供的奋进机遇，为师自然不敢擅功。然而回顾这些学生在科研育人道路上的共同经历，对于激励后辈青年，也是极为有益的时代注解。

我国素称“天地君亲师”的礼仪上邦，具有“尊师重教”的优良传统。华夏教育方式形塑了温良恭俭让的君子美德，也成为中华文化的价值基因。面对西方国家的船坚炮利和现代社会的短兵相接，以礼乐为表现形式、以中庸为处事原则的传统文化显得左支右绌、不堪重负而国匮民乏。五四运动提出的“德”“赛”两先生成为救亡图存之法宝，科研育人由此发端。解放后，研究生教育和科学研究如车之两轮、鸟之两翼相辅相成并在时代的起伏中颠簸前进。进入改革开放年代，科研的组织形式和管理制度经历了巨大变革，科研项目的竞争性特征、科研工作的探索性本质、科研成果的革命性应用，均需大胆假设、小心求证，从而给科研工作者提出了前所未有的挑战，也为科研育人提供了更为广阔的舞台。

科研项目从苦思闪念、先期研究、项目策划、指南发布、组织申报、立项批准、项目管理、方案审查、项目请款、阶段实施、财务报销、中期汇报、方案修订、报告撰写、国际交流、成果发表、专利申请、项目总结、学位论文、结题报告、档案汇集、成果鉴定、奖项申报以及后期研究一系列全过程、全链条、全方位的训练对于科研主力军的研究生提出了全面要求，科研已成为研究生的“养成教育之实战平台，学界成长之必由之路”。特别是道路工程这种扎根祖国大地的工程学科，既需要面对各色人等包括上及政府官员和业主领导、下至在地乡民和各类用工，也需要应付各种复杂局面包括庙堂之正色、江湖之杂情，对于锻炼学生在组织、协调、沟通、公关、攻坚、迎战、应酬等各方面的能力极为有效而直接。科研如战场，在实战中成长是科研育人的主要形式。经过科研实战烽火洗礼的学生们，逐渐谙熟解决实际困难方面的艺术与能力，不断养成面对艰难困苦所需的坚忍意志和面对复杂局势所需的必要妥协，因此能从硝烟荆棘中走出胜利成功之路。

如上述及，囿于科研经费规模很小、科研队伍人数不多、科研平台尚不先进，虽然已有20年科研育人的较长历程，自己的心得是极为局限的。放低为师的重心，提高组织的站位，发扬学科的传统，相信文化的力量，向学生学习，让学生在做中学，在实践中成长，形塑青出于蓝、自强不息的学科传承，是我作为导师“从做中学”而有所感悟的育人之道，特别是对学生的放手、鼓励、容错与解惑。不同于教学过程中的师生角色，科研活动中对学生的放手是让学生成为主角的基础。勇于放手、敢于放权，才能激发学生在自我加压过程中积聚的潜能。道路工程相对来说在我校百年学科中属于历史较短的后发学科，不具备传统学科所具有天然的产学研联系和科研实践平台，放心让青年学者闯荡江湖，既是巨大挑战也是锻炼良机。在学生成长过程中，适时的鼓励能让学生提高攻坚克难的信心、鼓起继续前进的勇气。出门靠父母，进校靠老师，来自老师的鼓励是学生重要的力量源泉。在学生成长不断自我完善过程中，导师的容错是最正确的示范行为，科研道路上的颠簸起伏作为导师已经走过，以恻隐之心和同理之心对学生的容错也是对学生最好的奖励。诚然，纠错也是导师的天职，但责人不可急切，要“思其堪受、养其廉耻”。与此同时，在现代喧嚣的社会中，青年学子面对形形色色的社会现象和成长困境，除了科研团队兄弟姐妹之间的互相切磋，来自导师的解惑有时比授业更为重要。明确告诉学生学界不是名利场，让学生养成知足常乐、助人为乐、苦中作乐、自得其乐的“乐”文化和善为人先、从善如流、广结善缘、与人为善的“善”价值，使学生不断强化“君子役物、不为物役”的价值观和“竢实杨华、自强不息”的交大魂。需要特别指出的是，不管理、工、农、医还是文、法、商、艺，教育是关于文明、文化、传承、创新的事业，扎根中国大地办大学是习近平总书记对高等教育的谆谆教诲和新时代的必然要求，我经常与学生们分享学校学科专业的发展历史以及学科前辈创业的公忠体国，阐释尊尊亲亲的礼仁传统和慎终追远的文化价值在学科建设中的集中反映。在培养学生爱国主义情操的同时，国际化视野也是新时代有为青年的必修课。我充分利用自己海外交流合作的学术联系，至今安排或支持21位学生和团队教师赴欧美大学攻读学位、联合培养或访学研究。大部分学生回国后又给科研团队增加了国际化能力，极大提高了学生的国际化信心和跨文化能力，也给学科建设培育了国际增长点。自强不息的学生对导师也提出了更高的要求，也激励导师必须在更高的层面和更广的视野中追求卓越，教学相长才能避免内卷化陷阱而行进在可持续发展的康庄大道上。

东西南北中，党是一切工作的领导。我自1998年学成归国以来，承蒙校、院、系三级党组织的温暖关怀和悉心培养，特别是顾利亚书记、周本宽校长、王顺洪书记、刘凤群书记、吕和林书记、刘学毅书记、强士中院长、高波院长、蒲黔辉院长、王齐荣书记、杨荣山书记、姚令侃主任、王平主任以及我的党员学生们，使我在榜样的感召下从普通群众成为共产党员、从基层教师成为道路工程四川省重点实验室的创始主任。再伟大的人物如果不融入组织的怀抱，就像历史长河中的飞溅浪花，即使在阳光的照耀之下能够映射出五彩缤纷的世界，也会瞬间烟消云散。只有将个人的理想融入伟大梦想的伟大事业中、将科研事业汇入学科建设的浩荡潮流中，才可能乘风破浪奔腾入海。因此，我特别感谢土木学院这个世界知名的学术殿堂、铁道系这个声誉日隆的科研重镇、公路所这个具有战斗力的奋进团队，让我在迄今已20余年的科研工作中时常得到来自集体和组织的支持力量。师恩难忘，在此也特别感谢我的硕士导师、著名土力学专家刘成宇教授和我的博士导师、时任阿肯色大学土木系主任Robert P. Elliott教授。工于谋学不必然拙于谋家，但科研无止境，长年不断的科研工作和人才培养耗时费日，自然无法避免牺牲陪伴亲人的宝贵时间，特别是节假时光。因此，特别感谢我的夫人梁洁女士30年来的忘我支持、倾情奉献、助我出国、陪我回国，在缤纷世界中奋力拼搏而乐在其中。

回顾20年的指导研究生特别是与青年教师共同奋斗的历程，愉快的时光总是在不知不觉中度过。而今，我早已过知天命之年，深刻体会到科研育人在高等教育伟大事业中的宝贵价值。我也将在十九大报告和全国教育大会精神的指引下，在校院党政领导下，在系、室先进的支持下，继续做好科研育人的工作，让尊师重教、教学相长的学科传统在新时代绵延存续并发扬光大。

鬓已霜，又何妨，长江后浪推前浪！

再回首，不思量，清风皓月满庭芳！

期待我的学生们在新时代伟大事业中做出更大的贡献。

以赤诚之心教书育人，怀青云之志潜心科研

张志强：工学博士、教授，教育部“新世纪优秀人才”，四川省学术和技术带头人。从教20余年，始终秉承“寓教于研，研以致教，教研相长”的理念，积极承担第一线的教学任务，全心全意为学生讲授当前科学研究的最新理念和成果。迄今为止，已培养70余名工学硕士、7名工学博士（含1名留学生），正在指导9名博士生、20名工学硕士和6名工程硕士；主持国家自然科学基金项目5项，主持、主研的国家自然科学基金、国家重点研发计划重点专项项目、国家863计划、教育部、铁道部、四川省、贵州省、交通部科技示范及中铁建、中石油等企业委托项目60余项，项目总经费逾2000万元；通过省部级鉴定项目30余项，获国家、省部级科技进步奖23项，其中获国家科技进步二等奖1项；四川省科技进步一等奖、二等奖各1项，贵州省科技进步二等奖1项，中国岩石力学与工程学会二等奖1项，中国公路学会科学技术一等奖1项、二等奖2项，中国施工企业管理协会科学技术一等奖2项、二等奖1项；以及其他省部级奖12项。在国内外核心杂志及会议上发表论文120余篇，被SCI、EI收录90余篇。获专利及软件著作权13项。

一、加强思想政治教育

“师者，所以传道受业解惑也。”张志强老师认为，教师的第一要务是传道，是帮助学生树立正确的价值观，因此，在科研团队建设及课堂教学过程中，张老师十分注重对学生的思想政治教育，通过分享时政新闻，时事评论，讲故事，摆实例的方式，对学生进行思政教育，此外着力培养本科及研究生“学以报国”的爱国思想，组织团队成员观看爱国主题影片，学习感受和弘扬爱国主义精神，同时结合土木工程专业特点，在日常学习和生活中向学生解读国家相关政策方针，鼓励学生以兴业报国为己任，投身祖国未来的基础设施建设。

二、优化课堂教学方法

学术交流中的张志强老师

张志强老师负责隧道工程专业核心课程“水下隧道”“地下工程施工与管理”“既有隧道安全性评估与维护”等课程的教学工作。为更好地帮助学生理解课程知识，张老师通过对语言表达、交流互动、教学组织与课程设计等方面进行大量研究，找到了最容易被学生接受的教学方式和方法，张志强老师认为在大学期间，“填鸭式”的授课方式非常不妥，大学课堂教学应当注重培养学生自主思考的能力，所以张老师非常注重学生在课堂中的参与度，课堂主要以师生交流、学生们互相交流、学生提出自己的看法为主，让学生积极参加到课堂中来。对于一些难以理解的知识点，张老师会用其他容易理解的事物来进行类比，帮助学生理解。该教学方法使课堂教学效果得到明显提高，学生在课堂中的表现大为改观，极大调动了学生的主观能动性，并在学期末的“学生评教反馈”中获得了一致好评。

三、以兴趣为导向因材施教

“兴趣是最好的老师。”作为研究生导师及科研团队负责人，张志强老师积极与学生及团队成员进行交流，充分了解每一位学生的个性特点及科研兴趣，在尊重个人意愿的前提下，鼓励学生大胆尝试，敢为人先，积极引导学生了解和认识自己感兴趣的科研方向，并为每一位学生量身定做适合自身专业学习的科研计划。

张志强老师指导留学生

张志强老师指导学生毕业论文

四、提倡劳逸结合全面发展

研究生的全面发展是国家、社会和个人发展的迫切需要，为此，张志强老师在指导学生科研工作的同时，鼓励学生培养自己的兴趣爱好，积极参加社会实践，实现自身全面发展，提高自身综合素质。

五、注重团队文化建设

张志强老师以课题研究为核心，建立科研学习小组，营造良好的学术研究氛围，注重培养每一个学生合作攻关的能力，引导学生在课题讨论中表达自己的观点和意见，并针对不同意见进行讨论交流。围绕科研课题中的难点，张志强老师带领学生积极思考，多次反复讨论，在团队共同努力下攻坚克难，顺利完成课题要求，同时，张志强老师定期组织一些团队建设活动，例如户外素质拓展、科研心得体会交流会等，让学生积极表达自己的想法，发扬团结协作的精神，增强团队的凝聚力。

张志强老师与其团队学生

六、树立求真笃行的学术观念

以身作则，培养学生正确的科学精神和学术道德。在科学研究中，张志强老师始终要求学生追求每一个实验数据的真实性，探讨每一次分析计算的合理性，确保每一份学术报告的科学性。同时，积极开展学术诚信教育，帮助学生认识学术规范的重要性。

七、鼓励学生脚踏实地勇于实践

土木工程来自工程实践，隧道专业更是如此。为了使学生更加深刻地了解隧道工程的施工特点，将书本中的知识与实践相结合，张志强老师多次作为社会实践的带队教师，带领学生深入施工现场，为学生讲授隧道工程的施工方法及结构特点，帮助学生更直观地认识隧道领域的相关知识；此外，为提高学生科研兴趣，张志强老师作为交通隧道工程教育部重点实验室副主任，多次带队参观实验室的各个实验装置，并逐一为学生介绍每一项试验的原理、方法及过程。

张志强老师指导学生试验

张志强老师在工程现场

八、培养锐意进取敢为人先的创新精神

大学生创新能力的培养是我国教育改革的重要目标，对此，张志强老师始终坚持培养本科及研究生“锐意进取、敢为人先”的创新精神。在本科生教学中，先后多次指导本科生开展国家、四川省及校级创新创业训练计划（SRTP）项目，注重对其科研创新兴趣的训练；在研究生教学中，带领科研团队围绕国内外前沿的工程难题展开研究，鼓励学生提出自己的想法，对于有新意的想法，张志强老师将提供相应的资源以供学生验证该想法的合理性与可行性。与本科生相比，更加注重对研究生创新意识和思维的训练。

基于科研团队的科研育人探索

单德山：教授，博士生导师，国家科技奖励评审专家，詹天佑科技专项奖获得者，IABSE（国际桥梁及结构工程协会）、IABMAS（国际桥梁维护与安全协会）和ASCE（美国土木工程师学会）会员，中国振动工程学会结构抗振控制与健康监测委员会委员，《西南交通大学学报》第七届编辑委员会委员。西南交通大学“大跨度桥梁结构健全性演变理论研究”团队学术带头人。近年来主持国家级项目7项、省部级项目5项以及若干大型横向项目，出版专著2部和译著1部，发表核心以上论文130余篇，软件著作权3套，发明专利1项。长期致力于桥梁施工控制及健康监测研究。

一、建立科研育人导向机制

1. 把正确的政治方向、价值取向、学术导向体现到科学研究全过程各环节

单德山老师在科研过程中，将政治方向、价值引领贯穿于科研选题、科研立项、项目研究和成果运用的全过程。如单老师所主持的国家重点研发计划、自然基金和多个省级科技项目，在选题、立项和研究过程中均响应了国家的政治方向和价值取向，在科研研究全过程的各个环节，均以正确的政治、学术导向为主线，取得了良好的科研成果。

单德山老师所在科研团队，在国家重点专项计划、国家973计划、国家自然科学基金、省部级基金，以及苏通长江大桥、南京长江三桥、鄂东长江大桥、韩家沱长江大桥、大瑞线金沙江大桥、南溪长江公路大桥、宜宾临港长江大桥等实际桥梁工程项目的资助下，10多年来一直致力于大跨度桥梁施工控制与结构健康监测的相关研究，研究内容涵盖了桥梁结构控制理论、易损性分析、结构识别、深度学习、统计学习理论、现代信号分析与处理、桥梁结构静动力响应分析、损伤识别、桥梁结构状态评估等方面。单德山老师一直倡导桥梁健康监测不仅是传感器的安装和数据采集，其重点应是测试数据的解析、净化、提取，方可实现桥梁健康监测的本质目的，即测试数据对桥梁结构行为的有效诠释。

经过多年的努力，单德山老师团队提出了切实解决桥梁结构施工控制和健康监测问题的新方法和见解，且均通过不同桥型的模型试验和实际桥梁的验证，成果获得国家级詹天佑科技奖、省部级一等奖2项、二等奖2项。单德山老师积极参与本研究方向的国内外学术交流，研究成果得到国内外同行的高度评价和认可。

在桥梁结构施工控制方面，近几年，单德山老师团队完成了主桥采用五跨双塔双索面南的溪仙源长江大桥的施工控制，该桥建造以来对每一个梁段的拼装始终要求在高程、轴线处于高精度状态的条件下展开，最终该桥实现了一次空前的高精度被动合龙。目前，单德山老师团队正致力于宜宾临港长江大桥的施工控制，该桥为世界上宽度及跨度第一的公铁两用钢箱梁斜拉桥，试验照片如图1所示。

图1　单老师团队承担的桥梁施工控制照片

先后完成了简支梁桥、连续梁桥、自锚式悬索桥、吊拉组合桥梁、斜拉桥的损伤诊断模型试验，试验照片如图2所示。

图2　单德山老师团队完成的桥梁损伤识别模型试验

单德山老师团队自主研发了“桥梁巡检评估维修管理信息系统BirMMS”“大跨度斜拉桥管养系统CSBMS”“管道跨越结构健康监测软件系统Smart Pipe Bridge”“桥梁结构支撑体系自动监测系统Smart Supporting System”等桥梁健康监测系列软件，这些软件均已用于实际桥梁结构的健康监测和管理工作中，部分软件界面如图3所示。

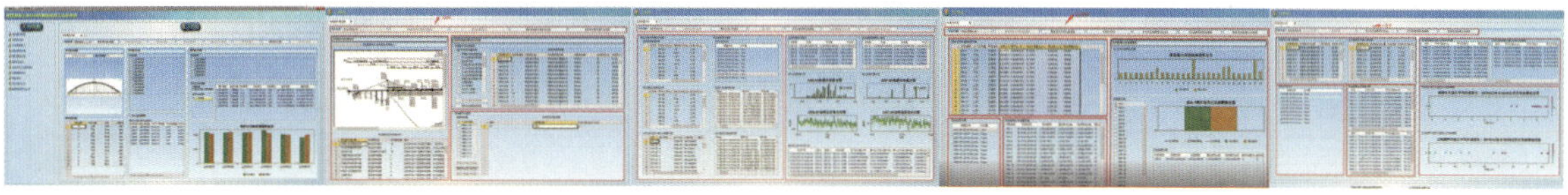

图3　单德山老师团队研发的桥梁健康监测软件系统（界面截图）

2. 建立科教协同育人机制，在培养师生至诚报国的理想追求、敢为人先的科学精神、开拓创新的进取意识和严谨求实的科研作风上成效明显

在团队建设中，单德山老师注重强调科教协同，教学相长，通过强化科研教学的中心地位，促进科教协同，培养学生的科研能力和创新能力，并将优秀的硕士研究生培养为科研博士主力军。在培养学生和推进科教协同的过程中，单德山老师给学生提供充足科研平台、指导并与学生共享科研成果，同时提高学生的创新能力和实践能力。

二、健全科研团队评价制度

单德山老师所在科研团队在组建时，把思想政治表现作为组建科研团队的底线要求，把育人成效作为科研团队表彰的重要参考。其项目负责人是在综合考察其政治思想素质和科研工作两方面的能力后确定的，并给予项目负责人充足的权利去执行科研管理和控制工作。在完善科研评价标准和学术评价标准方面，科研团队注重科研工作绩效的考核，并建立成员奖励机制。科研团队成员应定期进行科研工作汇报，团队负责人根据工作汇报内容，并综合考虑科研绩效和科研成果的价值，对科研团队成员予以激励，以此来调动科研人员的主观能动性，促进团队的科研发展。

为了切实加强人才培养质量，明确师生之间的职责与权利，保护师生的合法权益，规范师生的日常行为，避免矛盾冲突以及社会不良风气对学风的干扰和影响，从课题组实际出发，特制订权利与义务告知书，请师生遵照执行，相互监督，共同进步。

三、构建学术诚信体系

单德山老师团队在学术诚信教育方面，注重教育、预防、监督、惩治相结合，治理学术研究和科研成果不良倾向。单老师作为项目负责人和科研团队负责人注重对科研人员在开展学术时的诚信教育，以社会典型学术态度、学术道德及热点学术问题，展开学术道德与学术规范的专题讲座。加强团队的学术规范和学术道德教育，在团队中定期开展学术问题的相关讲座，加强科研工作者的学术规范意识。

科研引路，构建递进式人才培养体系

苏　谦：工学博士，教授，博士生导师，西南交通大学党委教师工作部（教师发展中心）部长，教育部新世纪优秀计划人才，四川省学术与技术带头人，中国铁道学会线路专业委员会和交通岩土工程专业委员会等多个学术委员会副秘书长或委员。主要致力于铁路、公路路基工程数字智能化理论与结构动力学理论等方面的研究和教学。主持国家重点研发计划子课题3项、国家科技支撑计划子课题1项、国家自然基金项目3项、教育部新世纪优秀人才计划项目1项、中国铁路总公司科技研究开发计划课题2项、四川省科技计划重大前沿项目1项等国家级省部级科技研究课题，获批专利20余项，完成了10余项科技成果转化，科技成果在我国京沪高铁、武广高铁、郑西客专等多条高速铁路设计、建设和运营维护中得到了应用，研究成果曾获得国家科技进步特等奖1项、国家技术发明奖二等奖1项、教育部科技进步奖二等奖1项等国家级省部级科技奖10余项。公开发表论文100余篇，出版专著1部和教材3本。

中共中央办公厅、国务院办公厅《关于进一步加强和改进新形势下高校宣传思想工作的意见》中首次提出“五育人”机制，即在原有的“教书育人、管理育人、服务育人”的基础上，新增“科研育人、实践育人”，形成“五育人”的理念。“科研育人”的理念第一次正式出现在了中央关于高等教育的重要指导文件中。教育部发布的《高校思想政治工作质量提升工程实施纲要》又将《意见》中的五大教育体系具体化为课程、科研、实践、文化、网络、心理、管理、服务、资助、组织等十大育人体系。科研育人是一种新型的教育理念，是指通过科研进行知识创新，及时更新教学内容，通过组织培训对象参与科研实践，锻炼科学思维，提高能力素质，培育创新人才等一系列活动的总和。科研育人是适应时代发展的高等院校育人模式，包括两层含义：其一，将研究生放到科研环境中培养其思想作风和能力，如团结协作的精神与艰苦奋斗的作风、创新能力与科研能力；其二，通过科学研究和指导研究生促进科技队伍建设，提高年轻教师与导师水平。科学研究和人才培养是高校肩负的两大使命。科研育人理念将高校的两大使命有机地结合在一起，而教师是高校科研育人理念的践行者，亦是创新型人才培养的核心所在。

教师一直是高校科研育人的主干力量，一方面教师作为专业课教师具备扎实的学科知识和丰富教学经验，另一方面教师作为科研工作者具备强大的科学研究能力和宽阔的视野。随着现代科学发展的进一步专业化和精细化以及新型学科和交叉学科的发展，无论是自然科学研究还是社会科学研究，仅仅靠一个人的力量很难获得高质量的科研成果，团队合作、集体攻关就成为必需。团队一直重视年轻教师队伍建设，积极引进学科相关不同领域专业人才，目前，已在高速铁路路基动力学、地基处理新技术、路基路面新材料与新结构、土工结构健康监测预警及工程造价等学科领域形成专业研究梯队（图1）。此外，团队鼓励年轻老师积极参加国内外相关领域内会议，进行学术交流；并积极邀请领域内知名专家进行学术讲座（图2）。高校通过教师吸收部分学生参与自身的科研项目来实现育人工作，在整个科研活动过程中，教师的研究方法和风格、师德和品德会对学生产生潜移默化的影响。教师不仅要指导学生正确开展研究活动、掌握科学方法，更要在各个环节中培养学生的科学精神、科学态度和高尚品格，帮助学生认清科研活动中奉献与名利的关系、师生关系等。但是，教师不是高校科研育人的唯一主体。学生作为直接参与者，也要发挥其作为科研活动主体的能动作用。

图1　苏谦老师团队成员

图2　苏谦老师团队成员参加学术交流

学生是科研育人的直接受益者，发挥学生的主观能动作用，能够在科研育人过程中收到事半功倍的效果。研一新生入校，老师及高年级博士组织学生积极参与科研立项和科研探索等活动，从数据分析、资料收集等简单工作入门，循序渐进，培养学生的团队合作精神和科研创新兴趣。在此过程中，要深入挖掘典型或先进的科研创新人才，在同级学生中产生引领示范的带头作用。为了促进老师与学生之间的沟通，充分发挥桥梁和纽带作用，组织成立研究生团队管理委员会（简称研团会），下设会长、副会长与各级级长，以《研究生管理委员会章程》为指导，建立导师—年轻老师—博士—硕士—本科（SRTP）的递进式研究团队模式，倡导和组织团队研究生自我管理、自我教育、自我服务，创造良好的学习、生活环境。根据研究生成长成才的发展规律，研团会构建递进式的科研活动体系，每学期制定不同的学术会议规划（表1），主题围绕研究生自我提高、硕博攻读过程规划、专利申请讲解、科研试验开展及经验分享、自然基金申请经验分享、论文阅读与写作、出国留学经验分享等方面开展每周学术例会交流，提高学生群体的自我修养能力，引导学生将各种经验和方法内化为自身的品格和素养，能够形成理性的科学态度和科研目标。同时，每学期末组织开展团队成员总结大会，研究生汇报自己本学期所参与的科研工作及学习心得体会，导师与年轻老师进行点评，以促进研究生科研能力与思想水平更好地提高（图3）。

表1　苏谦老师研究生团队管理委员会学术会议年度规划表

第一学期			第二学期		
时间	学术会议内容	演讲者	时间	学术会议内容	演讲者
第二周	研究生的自我提高	老师	第二周	硕博士攻读过程规划	老师
第四周	团队科研情况介绍	研究生	第四周	SCI论文阅读与写作指导	老师 / 研究生
第六周	专利申请讲解	研究生	第六周	常用科研小软件精讲	研究生
第八周	office软件功能精讲	研究生	第八周	有限元软件导引	研究生
第十周	科研实验开展及经验分享	研究生	第十周	中外文文献投稿过程经验分享	研究生
第十二周	研一新生综合问题解答	老师	第十二周	出国留学经验分享	老师
第十四周	自然基金申请经验分享	研究生	第十四周	就业形势分析	老师
第十六周	EI论文阅读与写作指导	研究生	第十六周	硕博士论文规划与写作	老师 / 研究生

图3 苏谦老师团队年终总结大会

没有掌握科研工作的基本方法会导致学生对科研丧失兴趣，不会做、不敢做、不愿做形成恶性循环。老师要结合自身的科研体会向学生传授科研工作的基本方法。只有大力向学生传授科研方法，学生才能尽快入门，配合教师做些基础工作；才能坚定科研信心和勇气，把科研当作一种目标追求，进而逐渐承担科研工作，独立开展科研创新活动，通过系统完整的科研活动提高其动手能力和创新精神。

科研育人先要引导学生会做科研、能做科研，掌握科研的基本方法，才能激发学生的科研兴趣，坚定科研信心。在科学研究中要注重培养研究生以下几方面的科研工作能力：

1. 调研能力

调查研究是科学研究过程中的重要一环，全面深入的调查研究是掌握资料、了解情况、发现问题和提出问题的基础。研一新生刚进课题组，就要重视这种能力的培养，通过有意识、有目标地布置调研课题任务，并指定对应研究方向的高年级博士进行引导，年轻教师组织讨论，培养研究生的调研能力。研究生在此过程充分独立地显示自己的才干，培养独立收集、阅读、消化资料和文献、整理综述评论等各种能力。

2. 创新能力

科研工作最基本的要求是创新，只有坚持不断创新，才能不断探索新领域、发现新问题、解决新矛盾，才能充分体现工程学科的学术价值。坚决避免简单应付与低水平重复，创新中注意凝练科研方向，保证科学研究的目标明确。近年来，团队紧密围绕土木工程学科发展方向及实际工程应用需求，开拓新的研究领域，进行新材料、新结构、信息化以及学科交叉领域理论与技术攻关，为学生创新能力的培养提供了较大的平台与空间。

3. 归纳综合能力

在研究生的课题研究过程中，既要培养分析能力，又要培养综合归纳能力。论文撰写是培养研究生综合归纳能力的有效途径，也是一个科技工作者应具有的基本功。研究生将课题研究结果，进行总结，撰写成学术论文和学位论文，是培养研究生逻辑思维能力、综合归纳能力的重要过程。通过论文撰写工作，培养研究生既能简明扼要地归纳总结，又能符合规范地整理自己的研究成果，以提文评阅、答辩和公布于众。这让研究生的逻辑思维、综合归纳及文字表述等方面的能力都有明显的提高。因此导师们对研究生的论文撰写都很重视并加强指导。

4. 组织能力

研究生毕业后，在实际工作岗位上，无论从事什么工作，组织管理能力都是不可缺少的。研究生组织管理能力的强弱，直接关系着他们将来的发展。在科研过程中如何加强这种能力的培养呢？以博士生为例，将本科生的毕业设计与科创项目、硕士生和博士生的课题研究，按阶段、分层次有机结合起来，组成一支科学研究队伍，在导师指导下，由博士生具体负责，这是锻炼博士生组织管理能力的一个有效途径。

科研育人，培养研究生的思想作风更加重要。培养学生的团队意识和合作精神，科研工作细致又繁琐，需要大量的调研和试验，这就需要发挥团队协作的精神，项目组分工合作，同心协力，才能形成合力攻坚克难，才能取得创新性的科研成果，研究生在科研集体中学习、研究、锻炼，能够潜移默化地培养他们的团结协作精神。此外，团队定期组织素质拓展活动，并邀请已毕业的学生参加，秉承传—帮—带的优良传统，增进同门感情，发扬团队精神（图4）。

图4　苏谦老师团队素质拓展活动合影

多年来，团队坚持以树立一等品格、索求一等学识、铸就一等事业、培养一等人才为目标，以敦品励学、慎思笃行、求是拓新、刚毅坚卓为育人理念，形成了独具特色的科研团队。高校科研育人的模式还有待进一步探索，需要总结培养具有推广意义的科研育人经验和模式。我们每个科研团队都应结合自己的实际情况，积极探索团队育人模式，在实践中探索科研育人的途径和方法，将科研育人的意识渗透到每一项行动中，以目标为导向，不断努力。

课题进课堂，专家自己当

杨　涛：副教授，博导，岩土工程系主任，2014年教育部新世纪人才支持计划入选者，加州州立理工大学访问学者。主要从事边坡和滑坡方面的研究，擅长数值模拟和室内模型试验研究。主持完成国家级科研课题2项，主研完成国家级项目4项。立项研究锦屏一级水电站工程区右岸边坡、青海玉树地震滑坡、万梁高速公路高边坡、国道317沿线高边坡、武罐高速公路典型滑坡等10余项边（滑）坡工程，积累了丰富的研究经验，形成了系统的精细三维地质力学建模方法、滑坡点安全系数分析方法及边坡稳定性评价方法。在各级刊物发表学术论文90余篇，获10余次省部级及行业协会科技进步奖。担任中国土木工程学会交通岩土专委会副秘书长，四川省岩石力学与工程学会理事。

一、边坡工程课程特点

“边坡工程”是土木学院岩土工程专业本科生的必修专业课程。通过学习本课程，学生能在了解边坡工程及各种支挡结构基本特征的基础上，熟悉边坡工程稳定性分析和支挡结构设计的基本原理，掌握边坡工程地质分析、边坡工程稳定性计算、挡土墙设计、抗滑桩设计、排水工程设计、坡面防护、边坡监测分析等专业知识，树立系统工程分析理念，掌握综合利用多专业领域知识分析问题的基本方法，培养应用基本理论和专业规范从事边坡工程设计的初步能力。可见，课程教学不仅需要让学生掌握系统分析理论，更要提高学生分析解决实际工程问题的能力。

对于“边坡工程”课程而言，研究对象十分明确，就是研究土木工程建设中遇到的边坡问题。研究内容也十分具体，涉及对边坡的勘察、稳定性评价、支护设计、施工工艺及监测等，具有良好的可操作性。

二、现有教学方法的局限性

由于条件限制，传统的教学过程中，主要的教学模式还是“教师讲授+学生作业”。课堂上，教师竭尽所能，梳理出完整的理论体系，准备了丰富的案例，制作了生动的幻灯片（PPT），加上课堂上的激情讲授，这或许可以使课堂变得热烈。这是一种最理想的状态，大多数的时候，不可能全部学生都能将全部的精力用在听课上。即使是学生认真听课了，但由于一周一次课，知识难以巩固复习，更不会应用，不能将教师的讲授变成学生的能力。

课后，学生可以完成一定量的作业，以加深对理论知识的了解。但由于设置的题目过于理想化和简单化，可能会使学生误以为实际工程就如此简单。这不利于提高学生解决实际工作的能力。甚至有的学生根本就不完成作业，更达不到培养实际操作能力的目的。

三、边坡工程科研概况

云南省红河州建水（个旧）至元阳高速公路工程（建水至元阳段）全长125.598km，由建水至元阳段和个旧至元阳段组成。全线存在多处深挖、高填路基边坡，其稳定性状态对高速公路的建设存在潜在安全隐患。据统计，坡高超过30m的路堑高边坡共有58段，最高达74.09m；而高填路基最大填高约44m。为此，中电建红河州建个元高速公路有限公司立项结合工程实际展开研究工作，并实时向项目公司提交阶段研究成果，以便指导施工和优化设计。产、学、研紧密结合，围绕路堑边坡和高填路基施工中的稳定性问题开展有针对性的研究工作。预期研究目标包括：结合工程实际情况，评价边坡岩体稳定性；建立一套评估机制，评价高频度低震级动力作用对边坡稳定性的影响；建立边坡设计方法，进行边坡设计优化；研究制定边坡岩体危险性监测技术，确保边坡稳定可靠；建立边坡安全状态实时监测预警平台；研究陡坡地段土石混合高填路基的变形规律及其控制技术；通过设计优化和施工过程控制，提高工程质量及施工安全，节约工程造价。

西南交通大学承担子课题：陡坡地段土石混合高填路基稳定性及控制技术研究。研究内容有三方面，一是陡坡地段土石混合高填路基的变形规律及优化设计研究；二是陡坡地段土石混合高填路基填筑工艺及压实质量控制技术研究；三是陡坡地段土石混合高填路基的工后沉降预估方法研究。

四、学生课题设置与检验

针对本课程研究对象明确、研究内容清晰的特点，为了提高学生对实际工程对象的认识，深入了解边坡工程的研究内容，培养学生解决实际工程问题的能力和团结协作精神，结合建水-元阳高速公路工程的科研需求，创造性地开展了科研课题进课堂活动。具体实施办法如下：

1. 边坡案例精选

本课题研究的高边坡路段数量众多，就边坡岩性而言，有黏土、粉质粘土、全风化、强风化及中风化灰岩或花岗岩等。就边坡坡体结构而言，有上软下硬覆盖层边坡、软硬岩交互层状边坡、顺倾层状边坡、反倾层状边坡、类均质土坡等。由于边坡原始地表不同，开挖设计的坡比不同，又衍生出不同的边坡类型。填方边坡也有类似的情况，原始边坡坡型差异极大，形成的填方边坡坡体结构也较为复杂。

对于本科生而言，主要的教学目的是让学生通过实际工程的分析，了解边坡工程特性，培养工程意识，达到实训目的。如果选择的边坡案例过于复杂，由于学生知识有限，无法对工程进行准确的分析计算，容易感到迷茫，失去学习兴趣。如果边坡案例过于简单，又达不到实训的目的。通过对众多实际工程案例的精选，结合学生的选课情况，最终选择出10例难度适中的边坡案例。边坡案例特征如表1所示，典型断面如图1所示。总体而言，人工边坡高度较大，位于斜坡地带，涉及覆盖层和下伏基岩两种岩性。

表1　边坡工程特点

序号	工点位置	类型	最大高度	特点概述	学生负责人
1	K34+915~K35+055	高填路堤	34	位于冲沟出口及其右岸斜坡地带，路基长度约140m，下伏花岗岩，坡度约15°～25°	陈嘉辉
2	Z3K33+642~Z3K33+990	深挖路堑	58	位于斜坡地带，路堑长度约340m，路基宽约13m，土状全风化花岗岩，坡度一般25°～35°	代明明
3	K31+700~K31+780	高填路堤	23	位于山脊垭口部位，路堤长度约80m，出露燕山期白垩纪花岗岩，地形坡度一般40°～50°	侯程宇
4	K66+300~K66+600	深挖路堑	60	工点区多为林地，路堑长度约300m，斜坡较陡，坡度30°～40°，山坡坡脚部位分布的覆盖层较厚	金翰林
5	K65+250~K65+450	深挖路堑	41	路线穿越山体斜坡段，路堑长度约200m，坡度30°～40°，出露二叠系下统玄武岩	李博爵
6	K33+842~K34+020	深挖路堑	52	位于斜坡一带，路堑长度约178m，斜坡地形坡度一般25°～35°，出露燕山期白垩纪花岗岩	梁浚义
7	Z3K32+040~Z3K32+140	高填路堤	35	位于斜坡沟谷部位，路基长约100m，斜坡地形坡度一般30°～40°，下伏较厚覆盖层	秦文广
8	K34+720~K34+900	深挖路堑	41	位于一鞍部地形SE侧，路堑长度约160m，坡度一般15°～25°，出露燕山期白垩纪花岗岩	邱铉尹

序号	工点位置	类型	最大高度	特点概述	学生负责人
9	K32+780~K32+860	高填路堤	33	位于垭口附近，长度约80m，坡度约30°～45°，地表植被覆盖较好，出露燕山期白垩纪花岗岩	苏霖虎
10	K32+600~K32+775	深挖路堑	38	场地位于山脊垭口部位，路堑开挖长度约160m，斜坡地形坡度一般35°～40°，地表多为坡积层覆盖	许艳红

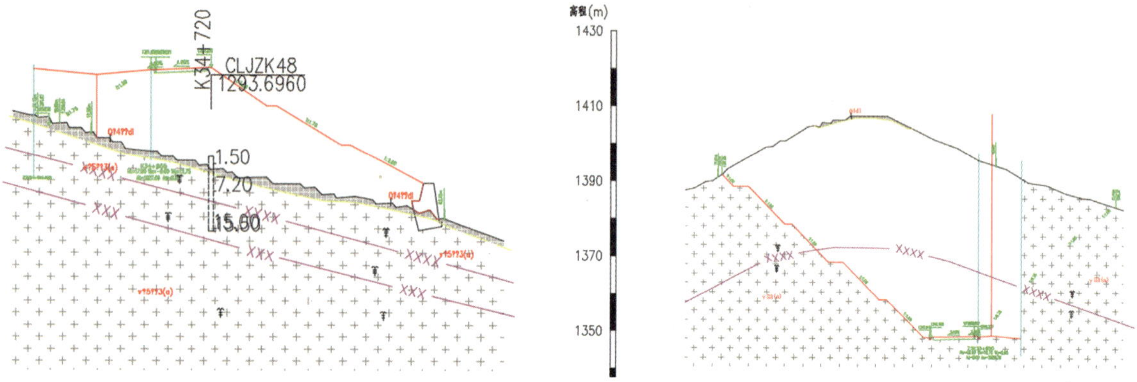

（a）填方路基　　（b）挖方路堑

图1 典型工程断面

2. 学生分组

边坡工程课程选课人数较多，达到97人，覆盖土木全部22个班级以及茅班。如果按照一人一题的原则布置题目，题目数量较多，工作任务较大，学生难以在有限的课程时间内完成所有任务。

为了培养学生的团结协作精神，减轻工作量，同时也要达到既定的训练目的，考虑到方便工作协调，参考了各班学生选课人数，在自然班级组合的基础上进行了课题分组，共分为10组。从分组结果来看，每组班级数1~4个，人数8~14人。各组推选出课题组长，如表1所示。

3. 工作要求

按照完整边坡工程设计的工作流程，各组需要完成的工作任务包括：

①破坏模式分析。根据所提供的边坡工程地质勘察资料，分析边坡在施工过程和工后运营期的潜在失稳破坏模式。

②稳定性评价。采用两种方法进行稳定性评价，一是采用理论公式手算，方法为传递系数法，二是采用理正岩土软件计算。

③边坡设计。基于边坡原型特征，按照工程的路基面设计高程要求，根据计算成果，设计边坡的坡比、分级、台阶。

④支挡设计。若边坡坡型不能满足自然放坡要求，则设计必要的支挡结构，包括结构比选（抗滑桩或挡土墙），选定支挡结构类型后，进行支挡结构设计。

⑤施工工艺。根据设计的边坡工程，撰写必要的设计说明，并说明施工工艺。

⑥设计图纸绘制。绘制必要的设计图纸，至少包括平面图、剖面图和结构图。

4. 成果汇报

模拟设计工作分为三个阶段。

①初步设计。学生根据设计要求，参照课题讲解的设计步骤，阅读教科书和边坡规范，自学excel编程和理正岩土软件，在课题组长主持下，进行分工合作，协同完成初步设计任务。

②设计整改。将初步设计成果整理上交，教师按照相应要求进行批阅，指出学生设计中的不足之处。学生进行整改完善。

③成果汇报。利用完整一讲课的时间，各组汇报设计成果。

成果汇报环节既是学生成果的展示，也是相互学习的最佳机会。通过审查别人的设计资料，听取汇报，再对比自己工作中的不足和问题，可以达到触类旁通、借鉴解惑的良好学习效果。因此对该环节进行了详细的设计。

课题汇报人：每组选出1~3名学生，汇报本组的设计成果，要求完整呈现，讲述清楚。并回答专家组的咨询问题。汇报环节8~10分钟。

评审专家：各组分别推选出一名学生组成专家组，负责进行质询提问，专家组对任一组的质询问题不低于5个。质询环节5~8分钟。

大众评委：自由提问，并记录下所有专家提出的问题，以及汇报人的答案，并作出评判。

现场场景如图2所示。

（a）学习小组的汇报即将开始

（b）课题汇报

（c）专家质询

图2　杨涛老师课堂——基于学习小组的边坡工程课程学习

五、结论

单纯的课题讲授和课后作业容易使学习氛围变得沉闷，学生难以获得对实际工程对象的深刻感知，使学习效果大打折扣，这种方法不适合专业课程的学习。采用课题进课堂的新形式，让学生直接参与课题研究，通过协作研究解决实际问题，既增强了对实际工程对象的认识，培养了工程素养，熟悉了工作步骤，强化了专业知识，又激发了学习兴趣，增强了协作精神，提高了动手能力。学生自己扮演汇报专家和评审专家，锻炼了汇报表达的能力和发现问题的能力，进一步强化了学习兴趣和学习效果。

通过本阶段科研育人的实践，探索出了专业课教学的新思路，得到人才培养的新途径。无疑，这种培养方式效果显著，但对教师和学生提出了更高要求，为确保科研育人的践行，需要教师和学生有更多的付出。

科教新融合，育人显成效

王玉锁：博士，副教授，硕士生导师。获四川省优秀共产党员、四川省“王玉锁劳模创新工作室”等荣誉。主要研究方向：隧道及地下工程结构可靠性、崩塌落石防治理论与技术、混凝土、岩石等准脆性材料断裂力学。

自1998年留校至今，已在学校工作23年，先后主讲了“建筑材料”“隧道工程”“地铁与轻轨”等本科生课程。在本科教学和研究生指导方面，一直按照思想教育为先、教学与科研并重的理念进行教学与科研指导，取得了一定的收获。

一、基于本科毕业论文，助学生提升科研水平和发掘创新思维

目前工科院校大部分毕业论文题目属于设计类题目，设计选题内容较为固定，研究性和创新性有待提升。部分学生在做毕业设计过程中缺乏动力，投入的时间和精力不足。这样就导致毕业设计的质量不高、学生的创新能力没有机会展示，老师也失去了发掘人才的机会（有些学生专业课成绩低，但科研能力并不差，教学与能力培养不协调）。

（一）方法与手段

针对上述问题，主要从以下三方面进行了本科毕业设计环节的改进与探索。

① 科研性质本科毕业论文的选题适用对象。

研究哪类学生适合选择科研类毕业论文，并能在大四毕业论文工作期间取得较好成果。通过几年来的工作经验，发现现在考研和出国留学的学生越来越多，保研率也越来越高，保研和

准备出国的同学在大四不需要准备考研复习，有较多课余时间从事科研活动。因此，应在这些同学中进行宣传交流，动员他们加入科研团队参与项目研究。

② 科研类本科毕业论文选题研究内容及工作量。

研究本科生在进行科研类毕业论文工作中，合适的研究内容、工作量及难度的确定。通过几年来毕业设计指导，对于土木专业的本科学生，科研类毕业设计研究内容应主要为基础性的机理研究，加强对学生的数学、力学等基本功的训练，题目难度适中的同时，要鼓励学生大胆尝试、勇于创新。

③ 科研类本科毕业论文指导模式及成果评价。

研究科研类本科毕业论文的评价方法，总结出论文指导模式及评价方法，总结成功经验，形成可持续的本科科研创新教学模式。

科研类毕业论文选题对象的适用性，即到底哪些、哪类学生适合做科研类毕业论文，在其大四期间能充分利用时间，并取得良好效果，是我们高校教师关心和研究的关键问题。

（二）工作成效

王玉锁老师所指导的毕业设计（论文）近五年每年都有被推荐为学校优秀毕业论文或毕业设计的。在2018届的土木专业毕业论文期间，他所指导的 5 名本科毕业生，其中有 2 人出国留学，2 人保研，5 人的科研类毕业论文均取得 90 分及以上的优秀成绩，2 人论文被推荐为校优秀毕业论文。在论文工作期间，共撰写科研文章 5 篇，取得软件著作权 1 项，取得了非常好的效果。（见图1~图2）

基于本科毕业论文环节，王玉锁老师提出了一套学生与教师共同提升的教学新模式：为本科生提供了科研平台，提升了学生的科研素养和创新意识；充分发挥学生的创新思维的同时也为教师科研工作提供了新思路和新方法。（见图3~图4）

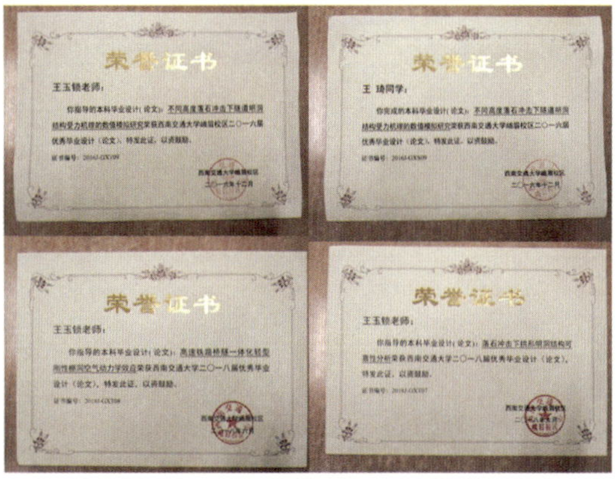

图1　王玉锁老师指导的多位学生获得校优秀本科毕业论文

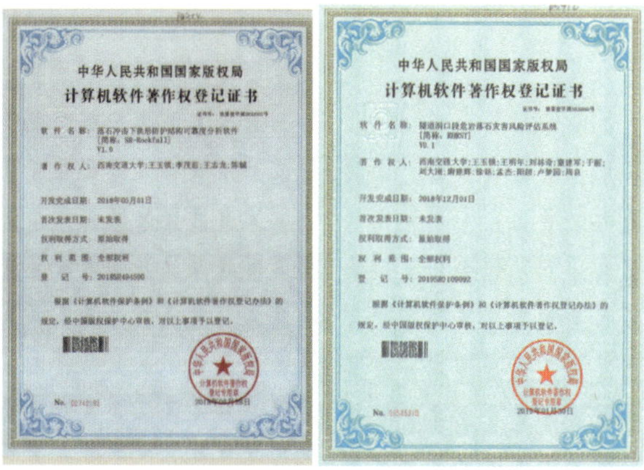

图2　王玉锁老师团队以本科毕业论文为工作基础获得的计算机软件著作权

图3　王玉锁老师团队学生科研工作场景

图4　王玉锁老师与团队研究生一起开展科研工作

二、基于科研育人导向机制，亲力亲为，与研究生共同学习进步

王玉锁老师在研究生培养工作中，坚持把立德树人作为中心环节，把思想政治工作贯穿教育教学全过程，实现全员、全程、全方位育人。

（一）研究生培养中科研育人工作纲领

在研究生教育过程中，主要通过以下三方面工作，建立起完善的研究生科研育人培养模式。

① 建立科研育人导向机制。

把正确的政治方向、价值取向、学术导向体现到科学研究全过程各环节；建立科教协同育人机制，在培养师生至诚报国的理想追求、敢为人先的科学精神、开拓创新的进取意识和严谨求实的科研作风上成效明显。

② 健全科研团队评价制度。

把思想政治表现作为组建科研团队的底线要求，把育人成效作为科研团队表彰的重要参考。

③ 构建学术诚信体系。

项目负责人或科研团队负责人注重对师生开展诚信教育，每年至少开设1场学术规范与学术道德专题讲座。

（二）工作成效

自2010年成为硕士导师，至今共招收、培养了20名硕士研究生，已毕业13名，在读7名。与研究生共同完成了所主持的省部级科研项目2项、主研的国家自然基金2项、主持的横向课题8项，到位经费约100万元。与研究生共同发表论文20余篇，其中SCI、EI检索15篇，出版专著1部，申请发明专利2项，获计算机软件著作权2项。已毕业工作的研究生中，有1人在读博士、2人在中国铁路设计集团有限公司城市轨道设计研究院、2人在中铁二院、2人在建设单位等，工作积极，均取得了优良成绩，其中有1人获“成都铁路局优秀共产党员”荣誉、1人作为基层选调生从事农村基层工作等。在读研究生中，1人获校优秀毕业生及国家奖学金。（见图5~图7）依托科研育人，王玉锁老师团队荣获2018年四川省“王玉锁劳模创新工作室”荣誉称号。（见图8）

图5　何俊男，2018年毕业。于广安市广安区方坪乡人民政府任方坪乡人民政府民政所干部，梨园村党支部副书记（主持工作）。

图6　杨超，2015年6月毕业。工作单位：中国铁路成都局集团有限公司。现任职务：铁路工程专业工程师、注册结构工程师。分管工作及相关经历：成昆铁路峨眉至米易段、米易至攀枝花段扩能改造工程的施工组织、重大方案变更等工程技术管理工作，2018年被评为公司“优秀党员”。

图7　周良2016级，中铁二院国际后备人才培训班，发表科研论文5篇，获2018年西南交通大学研究生国家奖学金，2019年西南交通大学优秀毕业生。

图8　依托本科、研究生科研育人，加强了团队建设，获2018年四川省劳模创新工作室荣誉称号。

探索创新型人才培育的新模式和新机制，服务“三全育人”综合改革试点

张清华：博士，教授，博士生导师，西南交通大学桥梁工程系副系主任，系党支部书记，四川省学术及技术带头人后备人选，西南交通大学“竢实之星”，西南交通大学“唐立新优秀学者奖”获得者。中国钢结构协会桥梁钢结构分会理事，四川省科技青年联合会常务理事，国际桥梁及结构工程协会（IABSE）会员，世界交通运输大会（WTC）结构工程学部桥梁加固与维护学科“桥梁快速更换技术的开发与工程实践”技术委员会联合主席。2015年8月—2016年8月国家公派美国科罗拉多矿业学院访问学者（Visiting scholar）。*Journal of Structural Engineering*、*Engineering Structures*、*Journal of Bridge Engineering*、*Journal of Constructional Steel Research*、《土木工程学报》《中国公路学报》和《工程力学》等期刊审稿人。张清华老师系助力港珠澳大桥建成通车的交大“梦之队”之一的团队负责人。

张清华老师从教以来，始终严格要求自己，孜孜追求，敢于担当，乐于奉献，忠诚于人民的教育事业并以教书育人为己任，在工作、学习、生活等诸方面发挥党员的先锋模范作用。张老师作为一名全校党员人数最多的基层党支部书记，在基层党建方面主动作为，率领桥梁工程系党支部积极探索新时代条件下用党的先进理论指导学科竞争力提升的创新实践工作。该实践以桥梁工程系党支部与马克思主义和党的理论研究前沿的知名学者交流互动的形式进行，通过深刻学习领会党的先进理论，与桥梁工程一流学科建设的构想、实践以及所面临的突出问题，进行深入交流和碰撞，砥砺全系党员和群众在科研创新、人才培养、学科建设等多个层面进行创新性思考和开拓性实践，探索加快一流学科建设可行的战略对策、新途径和新方法。上述实践开展以来，成效显著，获得学校各级党组织的一致好评。（见图1）

张清华老师自2006年5月以引进人才身份进入西南交通大学任教的15年来，恪尽职守，爱岗敬业，以强烈的事业心和责任担当，全身心投入教学和科研工作。张清华老师认真学习践行习近平新时代中国特色社会主义思想，坚持不懈地提高自身道德修养，爱岗敬业，无私奉献，严格遵守教师的职业道德规范，坚持以诚实、严谨、热情、耐心的态度进行教学和科学研究工

作。张老师不但担任“桥梁工程概论”“桥梁工程”“混凝土桥”“钢桥与组合结构桥梁”和“桥梁结构分析理论与方法”等课程的主讲教师，还积极参与本科毕业设计、试验竞赛、创新讲座和大学生科研训练计划（SRTP）等的指导工作。2017年6月5日，张清华老师率我校代表队参加2017“中交公规院杯”世界大学生桥梁设计大赛，我校9支代表队入围全国50强，共获得包括最佳组织奖和一等奖在内的10个奖项，获奖总数位列全国高校第一的佳绩。（见图2）2018年11月7日，张清华老师作为第29期眷诚大讲堂主讲人，以“港珠澳大桥背后的交大力量”为主题做创新讲座，向研究生详细讲解了港珠澳大桥恢弘的建造过程，介绍了我校科研团队为港珠澳大桥建设所提供的技术支撑、所攻克的科学难题、所贡献的交大力量，激发了研究生强烈的科研兴趣，并寄语在座研究生“爱国爱校、敬业尽责、勤学深思、求真务实”。（见图3）

图1　校网主页报道桥梁工程系党支部党建与创新能力双提升新模式探索

张清华老师作为负责人建立了高性能桥梁研究团队，目前已发展成长为包含教师4人、研究生40余人的科研创新型团队。团队坚持科研育人导向机制，为激发团队研究生的积极性和创造性，切实有效地提升团队研究生的综合能力，培养具有扎实基础理论和专业知识、较强实践能力和创新能力、宽广国际视野和强烈社会担当意识的卓越人才，制定了《“创新·卓越·英才”研究生培养章程》（见图4），并根据研究生培养过程中出现的新情况逐年修订，该章程以切实有效地提升团队研究生的综合能力，培养具有扎实基础理论和专业知识、较强实践能力和创新能力、宽广国际视野和强烈社会担当意识的卓越人才为目标，对于团队研究生能力培养的导向、实现方式、基本要求、组织模式、培养质量保障体系、团队文化和学术氛围建设、人

图2　张清华老师率校代表队获2017“中交公规院杯”世界大学生桥梁设计大赛骄人成绩

图3　张清华老师主讲第29期眷诚大讲堂创新讲座并寄语

文素养提升途径等给出了全面具体的规定，探索并制定了科研攻关小组制度、重大问题联合攻关制度、定期学科交叉融合学术研讨会制度、论文预答辩制度、学位论文进展定期汇报研讨制度、团队文化建设制度等一系列制度，探索并建立了一整套理念先进、模式科学、体系完善、可操作性强的研究生创新能力培养制度体系。《“创新·卓越·英才”研究生培养章程》实施多年来成效显著，团队创新性研究成果数量和质量大幅度提高，团队研究生培养质量稳步提升，学位论文质量不断提高。研究生作为团队创新性研究的重要梯队和生力军（见图5），发挥越来越重要的作用，参与撰写的学术论文在*Journal of Structural Engineering*、*Journal of Bridge Engineering*、*Engineering Structures*、*International Journal of Fatigue*、*Journal of Constructional Steel Research*、《土木工程学报》《中国公路学报》《工程力学》等期刊发表。团队研究生荣获国家奖学金5项，省、校级奖项40余项，获国家留学基金委资助赴国外知名高校进行联合培养的团队成员人数和获评西南交通大学优秀毕业生的团队成员人数稳步提高，团队毕业研究生的综合能力受到用人单位的一致肯定。

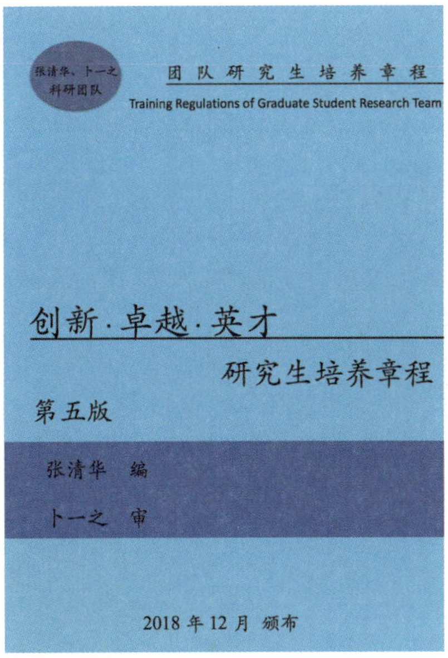

图4 张清华老师团队制定“创新·卓越·英才”研究生培养章程

图5 张清华老师团队研究生预答辩现场

张清华老师积极学习践行“三全育人”综合改革试点精神，坚持科教协同育人机制，开拓创新，锐意进取，时刻以科研育人为己任，采取“以人为本”的开放式、个性化、多样性、递进式人才培养模式，引导团队研究生树立“精勤笃行、锐意进取、超越自我、止于至善”的人生观和价值观；建立并完善以学术创新为基础的多能并举的全新培养模式，实现综合能力和团队培养质量的全面提升；带领研究团队长期致力于高性能钢与组合结构桥梁研究，依托包括自然科学基金项目、国家重大工程科技攻关项目等在内的各类科研项目，围绕高性能钢与组合结构桥梁结构体系、安全与质量综合控制、性能劣化及劣后性能强化三方面所面临的重大挑战，指导团队研究生开展了卓有成效的创新性研究。（见图6）研究成果为我国在全球范围内率先实现斜拉桥主跨突破千米提供了直接支撑，在常泰过江通道、苏通长江大桥、深中通道、港珠澳大桥、武汉青山长江大桥、武汉军山长江大桥、泰州长江公路大桥、肇庆西江特大悬索桥、宜昌伍家岗大桥、济南长清黄河大桥、云南金安金沙江大桥、虎门大桥等重大桥梁工程中得到了成功应用，创造了显著的经济及社会效益。发表论文100余篇；出版专著2部。获四川省科技进步二等奖1项，中国公路学会科学技术奖特等奖2项、一等奖1项，中国公路建设行业协会科学技术进步特等奖1项、中国钢结构协会技术创新奖一等奖1项，2020年获评中国钢结构协会创新人才奖。获包括第三届中国科协优秀科技论文奖在内的优秀科研论文奖多项，2篇论文入选领跑者5000中国精品科技期刊顶尖学术论文（F5000）。与此同时，作为团队负责人致力于团队成员的沟通协作、现场实践等综合能力的培养和社会主义核心价值观的培育，定期开展现场学习交流和优秀传统精神学习（见图7），大力弘扬爱国主义精神，立志培养有社会担当和健全人格，有职业操守和专业才能，有人文情怀和科学素养，有历史眼光和全球视野，有创新精神和批判思维的“五有”英才。

图6　张清华老师带领研究生开展科研试验

图7　高性能桥梁研究团队赤水河大桥现场学习交流

全方位践行科教育人，助推铁道工程专业高质量人才培养

杨荣山：博士，教授，博士生导师。长期致力于轮轨系统动力学与高速、重载轨道结构及其维护等方面的研究，对CTRSⅢ型板式无砟轨道结构有较为深入的研究。先后承担并完成国家级、省部级及企事业单位合作科研项目50余项，取得高水平的研究成果30余项，发表学术论文140余篇、专著4部、主编教材5本、专利15项，获得省部级以上科技奖9项。在轮轨系统动力特性、无砟轨道结构、高速道岔结构、轨道变形失效理论与维修技术等方面，有较丰富的研究经历。

作为有120多年传承的铁道工程专业的一名教师，杨荣山老师始终把为国家培养优秀的铁道工程人才作为工作的核心。为达到对学生全面培养的目的，杨荣山老师结合自己的日常科研和教学工作，重点在价值导向、工作能力、专业素质等方面培养学生。在日常生活中，杨老师经常和同学们讨论一些轨道交通相关的新闻事件，指导学生全方位地搜集资料，客观看待行业发展面临的问题，使学生认识到轨道交通行业所承担的社会责任，引导他们把握正确的价值取向。在学生专业学习过程中，杨老师注重学生责任心和事业心的培养，激发学生的主观能动性，培养他们的团队合作意识和能力，鼓励他们在学习中互帮互助共同提高，并在相互协作中养成良好的工作习惯。在日常科研工作中，杨老师注重培养学生的专业素质，带领他们在解决具体问题的同时关注该问题的专业内涵，使学生深刻地理解现场的需求和科研的意义，激发了他们的科研热情。

一、依托科研课题培养高端人才

科研工作是高等学校教师的中心工作之一，是高端人才培养的重要载体。杨荣山老师在科研课题实施过程中，坚持问题从工程实际中来、学术成果到工程实际中去的核心理念，依托所研究

的科研课题，带领学生们深入现场，有效地锻炼了同学们解决实际问题的能力。在锻炼学生能力的同时，杨老师注重对学术思想、学术态度、学术道德等方面的培养，从自身做起，为学生树立榜样，以负责任的、积极向上、严谨治学的姿态引导青年学生走好学术的第一步。

近几年来，杨荣山老师依托自然科学基金项目，协助刘学毅教授，指导了多位博士的科研工作，为几个高校培养了轨道交通方向的师资力量。杨老师指导徐桂弘博士在无砟轨道水致伤损方面开展研究，开创了无砟轨道水损害研究领域；指导刘丹博士在无砟轨道长期疲劳特性，氯离子侵蚀下长期耐久性方面开展研究，为优化我国无砟轨道结构提供了理论基础；指导曹世豪博士进行车辆荷载与水耦合作用下无砟轨道伤损研究，其博士论文获得了西南交大优秀毕业论文荣誉。杨老师用心的指导换来学生丰硕的成果，徐桂弘、刘丹及曹世豪博士在学术上都取得了较好的成果，三位博士毕业后分别到贵州工业大学、长安大学和河南工业大学工作。

二、在课堂中注重学术引导

课堂是科研育人的重要战场。在主讲的课程中，杨荣山老师注重理论结合实践，课本结合科研项目，深入浅出地讲解现代铁路轨道的专业思想，及时将最新研究成果引入到课堂和教材，在本科生心中种下学术的种子。（见图1）

图1　杨荣山老师的课堂学生学术汇报综合培训

以杨老师主讲的本科生课程“轨道结构新技术”为例，为了促使学生主动发现和解决问题，锻炼他们的分工合作与团队协作能力，在每次课后杨老师都会根据最新研究成果布置相应的选题，让学生分组完成。在课堂上，各小组每次派出不同的学生代表对课后的选题进行汇报，锻炼学生的演讲与口头表达能力。每次汇报结束时，杨老师会对学生未学到的内容以及重、难点进行补充说明，完善学生应当掌握的课程内容。同时，杨老师结合实际工程案例，针对工程难点，不仅向学生阐述如何去解决，更注重解释为何这样做，以“授人以渔”的教学方式来培养学生。

三、科研团队是人才培养的摇篮

杨荣山老师的科研团队中目前有博士3人，研究生15人。团队具有活泼团结、乐观进取、勤奋健康的学术生活氛围。在生活上，杨老师关心学生的精神与生活状况，定期约学生谈心。在每半月定期的生活交流会上，杨老师团队经常就近期网络或新闻上的高校研究生生活状态的报道进行研究探讨，对反面案例引以为戒，对正面事件则汲取经验。此外，杨老师经常向学生强调健康规律的作息生活方式，建立了早睡早起健康生活监督机制，督促大家珍惜每天的清晨时光。

在团队内部，为避免团队管理变得僵硬化、程式化，杨老师和学生之间，博士与硕士之间，高年级与低年级之间都是自然交流的主体、虚心合作的好伙伴。杨老师团队坚持在学习进步的路上共同成长，通过定期安排学术交流会，互相讨论所做、所思、所想、所得，在共同提高知识、扩展视野的同时锤炼个人风采与口才表达能力。

针对部分学生“工作能力强，表达能力弱”“害羞内向”的特点，杨荣山老师在合适的时候总是尽量给予学生锻炼自我的机会。在成贵线CRTSIII型普通钢筋混凝土板联调联试试验项目课题需要向专家进行总结讨论的时候，杨老师引导学生让他们把自己的计划、进度和业内专家进行探讨。实践证明，经过这样的锻炼，学生再次面对这种情况时会变得更有信心，不会胆怯，能够清晰明朗地阐述自己的思路与见解。

为了提高团队凝聚力，加强同专业各老师团队之间的交流，活跃学生的身心，杨老师定期让学生自主举办策划素质拓展户外活动，在学习科研的同时也锻炼了学生的组织策划、统筹安排等整体素质，对个人的集体意识、协作能力也是一种提高。（见图2）

图2　杨荣山老师团队开展户外素质拓展

总之，人才培养是一个全方位的循序渐进的过程。杨荣山老师以科研为依托，以问题为驱动，通过持续的交流和引导，使学生们始终保持积极向上的精神面貌，对学习和研究保持了浓厚的兴趣，综合素质得到了很大的提高。杨老师指导的学生毕业后大部分都服务于轨道交通领域，为我国的铁路事业发展贡献青春力量。

凝心育人，奋楫笃行

余志祥：教授，博导。2011年6月至今任教于西南交通大学土木工程学院，主要从事结构冲击与防护、风雪环境灾害作用、钢结构与装配式建造技术等方向的教学与研究；兼任中国力学学会结构工程专业委员会委员、中国钢结构协会理事、中国钢结构协会焊接与连接分会副秘书长、中国岩石力学与工程学会滑坡与边坡工程分会理事、中国工程建设焊接协会工业建构筑物副理事长兼专委会副主任、香港钢结构学会会员，四川省装配式建筑业协会副会长等。

余志祥老师自任职以来，积极开展教学科研工作，以科研促教研，用教研促课改，不断提升自己的科教融合水平。在本科教学方面，余老师主讲了“高层结构设计原理”“钢结构设计原理”“房屋钢结构设计”等课程，作为副主编出版了教材《房屋钢结构设计》。余老师在教学内容、教学方法等方面认真研究，积极开展教学改革和教学研究，教学综合评分93.73分。在研究生教学培养方面，余老师主讲了“高等钢结构”“建筑结构数值分析”等专业课程，主编了研究生教材《结构工程数值分析》，获得西南交通大学“校级教学成果奖”二等奖。余志祥老师在导师工作中坚持与研究生在学术上共同学习、共同进步；工作上潜心教导、全面培养；生活上积极引导，以身作则；与学生建立起深厚的情谊，促进学生全方位发展。余老师指导硕士研究生30余人、博士研究生7人，协助指导博士生7名（毕业5人），指导的研究生发表SCI论文近30篇，获得四川省优秀研究生论文1次。

近5年来，余志祥老师致力于环境灾害与防护结构的研究，围绕灾害安全防护需求，密切结合环境灾害防治技术，开展了大量的基础研究和应用研究，主持和参与了包括国家自然基金项目及国家重点研发计划课题在内的科研课题30余项，经费累计超过千万；以第一作者或通讯作者发表SCI论文30篇，担任国内外多个期刊审稿人。获四川省科技进步一等奖（排名第1）、军队科技进步二等奖（排名第4）、四川省金属结构行业科学技术奖一等奖（排名第1）、中国冶金科工集团科技进步奖一等奖（排名第3）、四川省金属结构行业杰出人才奖等多项科研奖励。

余志祥老师不断探索将教学科研融合付诸教学科研实践，积极参与教学改革研究工作，主持校级一般教改项目1项，参与校级重点教改项目1项。2013—2021年，余老师结合自己的研究课题指导国家级大学生科研训练计划项目5项（见图1），共计25人；指导学生参与校级大学生科研训练计划项目2项，共计10人。此外，余老师还将专业研究融入本科毕业设计，承担建筑工程专业的毕业设计指导工作，先后指导6届土木工程本科毕业设计，指导学生人数超过30人，获得校级优秀毕业设计4次。2014—2017年，连续3年担任土木工程学院“科技月结构竞赛”活动建工组指导老师，将防护结构、空间结构等方面的前沿专业知识融入科技月竞赛活动，激发了土木本科生在工程研究上的兴趣。2015—2019年，连续4年指导学生获得“四川省结构设计大赛”第一名。（见图2）2018年担任我校“全国大学生结构设计大赛”指导组组长，指导学生获得国赛一等奖。

（a）　　　　　　（b）

图1　余志祥老师带领学生参加科研创新项目试验

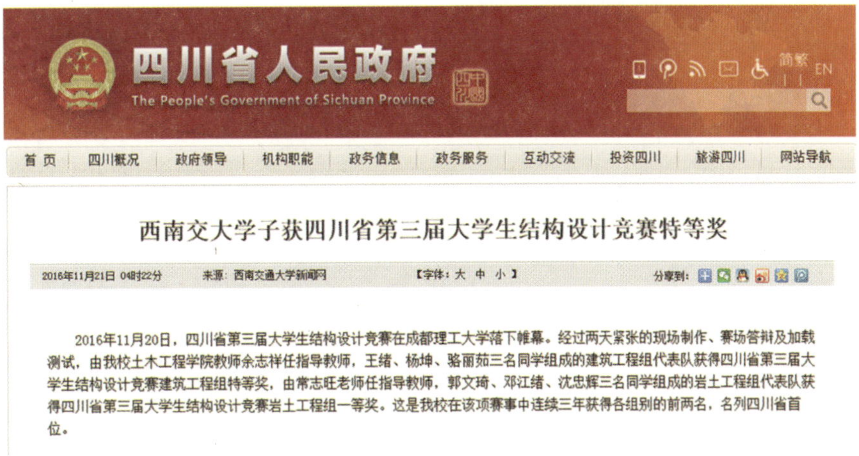
四川省人民政府

The People's Government of Sichuan Province

简 繁 EN

首 页 | 四川概况 | 政府领导 | 机构职能 | 政务信息 | 政务服务 | 互动交流 | 投资四川 | 旅游四川 | 网站导航

西南交大学子获四川省第三届大学生结构设计竞赛特等奖

2016年11月21日 04时22分　来源：西南交通大学新闻网　【字体：大 中 小】　分享到：

2016年11月20日，四川省第三届大学生结构设计竞赛在成都理工大学落下帷幕。经过两天紧张的现场制作、赛场答辩及加载测试，由我校土木工程学院教师余志祥任指导教师，王绪、杨坤、骆丽茹三名同学组成的建筑工程组代表队获得四川省第三届大学生结构设计竞赛建筑工程组特等奖，由常志旺老师任指导教师，郭文琦、邓江绪、沈忠辉三名同学组成的岩土工程组代表队获得四川省第三届大学生结构设计竞赛岩土工程组一等奖。这是我校在该项赛事中连续三年获得各组别的前两名，名列四川省首位。

图2　余志祥老师指导学生获得四川省结构设计大赛特等奖新闻报道

余志祥老师关心学生成长，积极支持学生工作。2013—2021年，担任本科“钢结构设计原理”教学期间，为了培养学生对工程结构的具象认知，多次自费带领学生参加生产认知实习。2015—2017年，多次为土木工程本科生开展创新讲座，将专业讲解和人文引导相结合，帮助学生规划学业生涯，绘制人生色彩，努力培养和提高学生的创新意识和实践能力，倡导学生努力提高整合知识的能力，提高发现和解决问题的能力，以及提高学术交流与专业竞争的能力；在教学科研之余，余老师时常与学生们开展人文历史知识交流，引导学生塑造优秀品格和人格魅力；余老师指导和组织研究生开展课外科技文化活动和社会实践活动，以现代教育理念为指导，开展多种形式的科研学术交流活动（见图3），牵头组织并建立了“结构名家讲堂”系列学术讲座活动，提升研究生的专业视野，训练学生的专业实践技能；带领学生们走进实验室，指导学生们展开试验技能与计算机分析技能的训练，以期学生们在科研技能上获得快速成长。

图3　余志祥老师带领团队参加学术交流

余志祥老师积极承担班主任工作，任2016级土木工程20班班主任以来，注重师生双向交流，指导学生选课，帮助学生规划学业生涯、培养工程人才理念、正确认识和处理遇到的各种问题；通过互动交流、座谈等，让学生们熟悉所学专业开设的主要课程及专业特点，专业考研就业情况，学院师资以及学院的学风、教风等，培养学生专业兴趣，促进学生创新意识和创新能力的培养。

科研与育人工作任重而道远，余志祥老师说他将不断大胆求索，积极思考，向更优秀的教师们学习，汲取他们在教学科研融合上的经验与智慧，在科研与教学育人工作中努力奋进提升自己，适应现代教育教学改革之路。

心灯引路，技能导航

申玉生：工学博士，教授、博士生导师，西南交通大学“雏鹰学者”，四川省海外高层次留学人才，美国OSU访问学者，抗震工程技术四川省重点实验室副主任，软岩工程与深部灾害控制分会第七届理事会理事、12个国内外学术期刊审稿人等。主要从事高烈度地震区山岭隧道抗减震理论、地铁工程近接施工安全评估等研究领域。主持完成了国家级、省部级和重大工程科研课题20余项，在国内外期刊发表学术论文80余篇，发明专利10项，教材与著作8部，获得省部级一等奖2项、二等奖2项。

2006年留校以来，申玉生老师主要从事隧道与地下工程方面的教学与科研工作，在教学、科研中认真听取教授们的建议，学习别人的长处，弥补自己的短处。在学习工作中，不断提高自身的思想政治素质，并积极向党组织靠拢，非常注重学习国家、学校的思想政治理论知识，严格要求自己。同时不断加强共产党员先进性教育，提高自己的思想政治觉悟。申玉生老师一直在各方面严格要求自己，努力地提高自己，以便使自己适应新的教育形势的发展。

一、科研育人

在科研工作过程中，申玉生老师参加完成了国家级、省部级和重大工程技术科研课题30余项，研究课题主要涵盖大跨度隧道施工力学特性、地下工程信息化施工技术、地铁工程近接施工安全评估、山岭隧道地质灾害超前预报与施工对策、高烈度地震区山岭隧道抗减震技术等领域。在不同的科研项目研究过程中，获得四川省科技进步奖自然科学类二等奖1项以及其他省部级奖项一等奖2项、二等奖1项。在国内外期刊先后发表学术论文70余篇，三大检索论文近30篇，发明专利8项，教材与著作6部。

申玉生老师在取得科研成绩的同时，始终贯彻的一个思路和理念就是科研育人，以培养学生为基本目标。根据学生每个人的知识储备及性格特点，有针对性地安排其参加不同的科研项目，尽可能最大限度锻炼学生，让学生在实践中学习，在工程中得到锻炼与认知。他尤其注重学生的动手能力的培养，在每次模型实验过程中，亲自带领学生设计试验中的细节与关键点，尽可能减少人为误差以获得试验真实数据（图1）。同时针对每个学生学习过程中遇到的问题，课题组每个月定期开展学习交流活动，每个研究生需进行项目汇报，并提出遇到的问题，及时将问题解决、消灭于萌芽状态（图2）。由于隧道工程属于实践性较强的学科，并且在隧道设计与施工过程中具有很强的经验性，因此，申玉生老师带领所有研究生不定期进入实际隧道工程施工现场（图3、4）。针对具体隧道工程中的问题结合教材中的知识点，点对点进行教授知识，并鼓励学生自己动手，将医学“望、闻、问、切”的理念应用于隧道施工过程中，观察每一个环节与关键控制性工序，写成读书报告。这样学生能在实践中快速成长并取得优异成绩，也就实现了科研育人的真正目的。

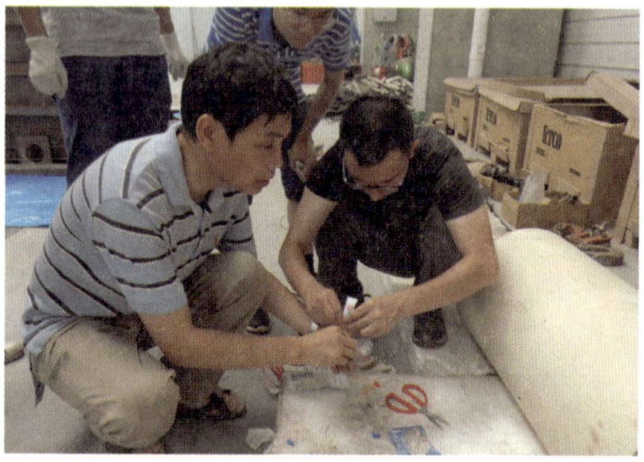

图1　申玉生老师带领学生进行模型实验

图2　申玉生老师召集学生进行学术研讨

图3　申玉生老师带领研究生现场教授知识

图4　申玉生老师带领学生地铁实习

二、课程育人

时代在发展，社会在变化，但教师的职责没有变化。自古以来，传道、授业、解惑就是教师的职责。教师的责任是通过教学活动传授知识、开启智慧、启迪灵感。2018年6月21日，教育部在四川成都召开新时代全国高等学校本科教育工作会议。会议强调，坚持“以本为本”，推进“四个回归”，特别强调了本科教育教学的重要性。

申玉生老师自参加工作以来，积极参与了“地下铁道与轻轨”“地下工程概论”“地下铁道”“地铁文化漫谈”“地下空间利用”等课程教学与建设。在教学过程中，他积极向有经验的教师学习，开拓教学思路，学习如何把一些先进的教学理论、科学的教学方法及现代教学手段灵活运用于课堂教学中，如何培养与学生的合作交流、勇于创新的能力。在2007年，申玉生老师参加了国家级精品课程“地下铁道”课程教学与课程建设，并作为团队成员获得了“2014年度西南交通大学教书育人先进集体”称号；2010年首次开设了“地铁文化漫谈”课程，2015年主编了《地铁文化与艺术》教材，入选了西南交通大学交通天下模块通识课程；2014年作为《高速铁路桥梁与隧道工程》MOOC课程主讲教师，荣获“2014—2015年度中国MOOC优秀教师”称号。

教学竞赛一直以来被视作提高教师教学水平和教学思想的重要平台，申玉生老师踊跃报名参加了2017年西南交通大学第八届青年教师讲课竞赛（图5），并荣幸取得了三等奖。在“地铁文化漫谈”通识课程建设中，他积极融入中国优秀的传统文化元素，提高学生学习兴趣，让学生能够了解学习地铁工程与文化艺术结合的思路，对理工科学生来讲，能够提升艺术审美能力，对文科学生来说，能够提高地铁工程力学美感的鉴赏能力。同时通过地铁文化的讲解能够让学生轻松了解各国地域文化特色、风土人情，为中国的地铁文化建设与发展提供一定的借鉴与参考。

图5　申玉生老师参加青年教师讲课比赛

针对“地铁文化漫谈”课程的特色以及授课过程中出现的问题，申玉生老师反复进行推敲、演练、设计课程内容的细节，力求做到教学理念先进，思路清晰，方式能吸引学生，以期将课程铸造成我校精品特色课程。同时收集、整理上课过程中学生反馈的信息资料和部分视频，形成了介绍课程概要、授课思路，汇集同事、学生的评价影像视频。经过反复思考、琢磨课堂授课技巧的锤炼，初步形成了一切以学生为中心的教学创新模式，形成了适合于本课程授课的教学手段：不同授课分组模式、多种教学手段、大量采用实际地铁文化案例（图6）、现代互联网工具的应用（课程QQ群与微助教APP），调动了学生主观能动性和积极性，大大提高了教学效果与质量。

图6　申玉生老师带领课堂学生参观地铁车站文化

申玉生老师不断地提醒自己：只有虚心地学习，不断积累，才能真正提高和充实自己。如果把时间放在学习上，成就了智慧；如果把时间放在教学上，成就了学生，成就了未来。

心灯引路，技能导航。只有一切为学生着想，以他们喜欢的方式把过硬的知识技能传授给他们，才是最好的教学方式。申玉生老师表示在今后的教学工作中，将始终坚持“以学生成长和发展为中心”的教育教学理念，致力于为学生创造有意义的学习经历，提高学生的人文素养和工程力学知识的普及；力争做到知识够硬，思路够新，方法够吸引学生，不忘“教书育人”的使命。冰冻三尺非一日之寒，申玉生老师将继续努力提升自己的教学水平、思路方法，更好地为学生的未来服务，为交大的教学努力，为中国的教育奋进！

不忘初心，努力培养更多的优秀学生

蒋　鑫：教授、博士生导师，主要致力于路基路面工程、道路工程精细化数值模拟等方面的教学与科研工作。主持国家自然科学基金项目、四川省科技计划项目、四川省教育厅科研项目等；在*International Journal of Pavement Engineering*、《铁道学报》《中国铁道科学》等发表科技论文90余篇，出版学术专著3部、研究生教材1部；获中国铁道学会科学技术奖铁道科技奖二等奖2项、中铁二院工程集团有限责任公司科学技术成果奖一等奖1项；指导的6篇硕士学位论文获评为西南交通大学优秀硕士学位论文。

蒋鑫老师近年来立足巴蜀大地，紧密围绕我国道路工程建设对科技创新提出的迫切需求，在路基路面工程、道路工程精细化数值等领域开展了有针对性的基础理论和工程应用研究，依托所承担的国家自然科学基金项目、四川省科技计划项目、四川省教育厅科研项目、中央高校基本科研业务费专项资金资助项目等，积极采取各种举措，在科研育人工作方面开展了一些探索。

一、精心培养研究生，师生齐奋进，勇攀科研高峰

蒋鑫老师自2010年担任硕士研究生指导教师、2017年担任博士研究生指导教师以来，已独立指导毕业全日制硕士研究生15名（含2名外国籍留学硕士研究生），另指导的2名全日制硕士研究生被成功遴选为硕博连读研究生；全程协助道路工程学科带头人邱延峻教授指导毕业博士研究生3名、全日制硕士研究生多名。

蒋鑫老师坚持奋战在研究一线，精心育人，坚持严肃活泼、教学相长的指导风格，坚持对每位博士生、硕士生开展严格、科学、完整的科研训练，高度重视学生科研成长中的第一次，从科研选题、方案设计、具体实施到论文撰写、投稿发表、学术演讲等方面，均采用一对一、

面对面方式予以及时、有效的指导；如若干位同学的论文研究方向具有某种共性，则以小组为对象开展共性层面的集中指导。如针对论文撰写过程中需经常使用到的ORIGIN、SURFER等数据处理、图形绘制工具软件，入学时即组织全体新生集中细致研讨、充分交流，后续过程中则多以宏观性的个别指导为原则。

蒋鑫老师坚持因材施教，因人而异，密切结合每位学生的实际情况，如性格、身体状况、擅长技能、受教育背景、志趣爱好、未来职业发展规划等，开展富有针对性的选题，鼓励他们挑战自我、追求卓越。如入学时经过与2011级硕士生朱奇炯交流，知晓其数理功底较为扎实，故安排其从事边坡稳定可靠性分析这一理论性较强的课题研究，取得较好的突破，在读期间分别于《铁道科学与工程学报》《西南交通大学学报》上发表论文2篇，并提前半年答辩，所完成的硕士学位论文《基于可靠度的斜坡软弱地基路堤稳定性研究》被评选为西南交通大学优秀硕士学位论文。

蒋鑫老师坚持“做中学、学中做”的指导理念，鼓励学生自主创新，勇于挑战。每届学生入学伊始，即明确安排难度适中的课题，让学生在紧密围绕此课题核心工作的基础上，不断拓展、延伸，确保目标清晰，并尽力构建形成相对完整、合理的知识体系，要求其知其然知其所以然。以沥青路面结构非线性分析课题为例，不仅要求学生熟练使用MICHPAVE、ILLIPAVE、KENLAYER等沥青路面结构力学分析专用软件，还督促他们细致钻研、调试前人在该方面所编制的程序源代码，追根溯源，深刻理解背后算法、原理，进而利用这些工具解决实际工程问题。

蒋鑫老师坚持安排研究生适度参与本科生、研究生教学工作，包括担任课程助教、协助指导实习（含认识实习、生产实习、毕业实习）和本科毕业设计（论文）、大学生课外科技创新实践活动、参与教学研究与改革项目等，通过这些教学实践，研究生不仅业务上有所进步，还很好地锻炼了口头表达能力、协调组织能力，受益颇丰。师生共同合作完成的教研论文还先后发表于《西南交通大学学报（社会科学版）》《中国建设教育》等期刊。

蒋鑫老师指导的6篇硕士学位论文获评为西南交通大学优秀硕士学位论文，除了遴选为硕博连读的学生之外，基本上实现了自担任硕士研究生指导教师以来连续每届都有毕业生获校级优秀硕士学位论文奖励的全面覆盖。蒋鑫老师所指导的研究生在学习期间，均就其研究领域取得较好的科研成果，如：2010级硕士生耿建宇分别于《中外公路》《重庆交通大学学报（自然科学版）》《岩土力学》上发表论文3篇；2011级硕士生高小峰入学一年内，即完成3篇论文，后分别发表于《2011年全国土木工程研究生学术论坛论文集》《铁道学报》《中国铁道科学》；2014级硕士生梁雪娇获批主持2015年西南交通大学研究生创新实验实践项目1项，于《铁道学报》上发表论文1篇。

蒋鑫老师所培养的研究生在校攻读学位期间，多人次还获得各级奖励与荣誉，如：2009级博士生刘晋南获2010年“菁菁土木”研究生学术论文竞赛二等奖2项、2011年“菁菁土木”研究生学术论文竞赛三等奖1项、2012年“菁菁土木”研究生学术论文竞赛一等奖1项；2010级硕士生耿建宇获2011年“我心目中的导师”研究生征文比赛优胜奖；2011级硕士生高小峰获2012年“菁菁土木”研究生学术论文竞赛三等奖2项、2011—2012学年西南交通大学卡特彼勒专项奖学金；2018级硕士生姚康获2020年研究生国家奖学金等。

蒋鑫老师所培养的研究生毕业参加工作，在各自工作岗位表现出良好的后劲，发展势头喜人。如2014级硕士生梁雪娇于2017年毕业后进入中铁第一勘察设计院集团有限公司上班不到一年，即脱颖而出，获中铁一院第三届青年方案汇报大赛冠军。

同时蒋鑫老师还主讲“工程计算实践”研究生课程，主要负责路面结构分析模块，全面采用启发式、研讨式授课模式，受到同学们的好评。蒋鑫老师以主要参与完成人身份获得西南交通大学研究生教学成果奖一等奖2项、二等奖1项。此外，蒋鑫老师参编了交通土建研究生工程计算实训系列教材《道路与铁道工程数值计算及工程应用》，并交由西南交通大学出版社正式出版；三次获得西南交通大学研究生教材（专著）建设项目资助，所出版的《斜坡软弱地基路堤力学行为及工程对策研究》一书被纳入“十三五”国家重点出版物出版规划项目——高速铁路线路工程关键技术丛书。

蒋鑫老师参加研究生学位论文答辩会（右三）

二、精心培养本科生，科教共融合，力促学生成长

蒋鑫老师热爱教学，曾先后主讲过道路工程、道路工程材料、交通工程、交通规划与管理、路面工程课程设计、道路工程施工与维护技术、土木工程概论A（研讨课）、土木工程概论等8门本科生课程，其中6门为道路工程专业方向核心课程，以科研促教学，有机将最新研究成果、心得体会融入课堂教学，独立制作的课件《沥青混合料的高温稳定性》《沥青及沥青混合料》分别获得第十三届、第十五届全国多媒体课件大赛高教工科组优秀奖；先后获2009年西南交通大学教师讲课比赛优胜奖、2011年西南交通大学教师教学技能竞赛暨第五届青年教师讲课竞赛三等奖、2013年西南交通大学第六届青年教师教学竞赛二等奖；所负责的《道路工程》本科生课程被纳入西南交通大学土木工程学院“三全育人”（全员育人、全程育人、全方位育人）课程思政育人试点课程，将系统工程论、自然辩证法等融入课程讲授当中，获得同学们的

蒋鑫老师担任本科班级导师

认可与好评；积极承担多项教学研究与改革项目，已发表第一作者兼通讯作者教研论文8篇；尽力将所承担的科研项目、课题科学拆分，用于适合本科生的毕业设计（论文）选题，已指导数十名本科生完成毕业实习与毕业设计（论文），其中3人获校优秀毕业设计（论文）奖励；积极举办创新讲座，用本科生易于理解接受的方式讲解最新研究进展；指导四川省大学生创新创业训练计划项目、重点实验室向本科生开放工程实践项目、个性化实验项目等大学生课外科技实践创新活动，其中3项大学生科研训练计划项目（SRTP）结题验收时被评为学校优秀，获2019年第十一届课外创新实验竞赛活动优秀指导教师荣誉称号；先后担任土木工程专业2个本科班级的本科生导师，其中土木工程2013届12班十余人获推荐免试攻读硕士学位研究生资格，本科毕业后进入多所知名高等院校、科研机构继续深造。蒋鑫老师还以主要参与完成人身份获得西南交通大学本科教学成果奖一等奖1项。

三、热情关心年轻教师，传帮带，齐推学科专业建设

蒋鑫老师关心研究团队年轻教师的成长，在其学位提升、上岗、科研教学等方面提供大力帮助与支持，共同为道路工程学科、专业的发展贡献力量。如峨眉校区交通土建系刘红坡老师近年来先后获批资助各级教学研究与改革项目数项，参编出版教材数册，已成长为我校道路工程学科的教学新秀。来自西华大学土木建筑与环境学院的在职博士生王文奇顺利于西南交通大学完成博士学业，还获得西华大学第三届青年教师讲课比赛理工科组三等奖。

践行“科研育人”，助推新时代人才培养

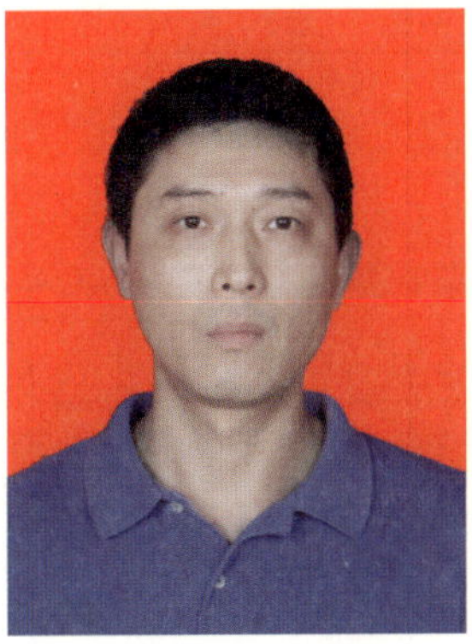

杨庆华：工学博士，副教授、硕士生导师，流体力学教研室主任、基础课部党支部书记。主要从事流体力学和市政工程方向的教学与科研工作。先后主研国家重点基础研究发展规划（“973”计划）、国家自然科学基金、国家科技重大专项、省科技厅、省住建厅等科研项目10余项、校科研基金项目2项。发表学术论文30余篇，其中SCI、EI收录10余篇。

杨庆华老师热爱教学工作，主要讲授了本科生专业课“工程流体力学”和“市政工程”、硕士生专业课“市政工程流体力学”和“水处理理论与技术”等课程。杨老师积极参与创新实践教学指导工作，近5年指导大学生国家级创新训练项目2项、校级大学生创新训练项目（SRTP）5项。从教16年来，杨庆华老师在科教融合、教书育人的道路上奋力工作，为培养优秀的新时代人才不断前行。

一、切实强化思想政治教育

党的十八大报告指出：“以增强党性、提高素质为重点，加强和改进党员队伍教育管理，健全党员立足岗位创先争优长效机制，推动广大党员发挥先锋模范作用。”大学生思想政治教育是一项重要任务，关系着祖国的未来，而高校基层党组织是大学生思想政治教育的重要阵地。学生党员的思想政治素质高低，直接关系到党和国家事业的长远发展，也关系到学校和学生自身的发展前途。切实强化思想政治教育是“科研育人”的重要组成环节，其指导思想是将正确的政治方向、价值取向、学术导向体现到科学研究全过程各环节，引导学生树立学术诚信、严谨求实、开拓创新、敢为人先的科研精神，提升学生创新意识和专业兴趣。

杨庆华老师科研团队博士生1人，硕士生12人，其中党员8人，作为基础课部党支部书记的杨老师，在学生思想政治教育中，积极发挥党员的先锋模范作用，以学生党员为切入点，通过与学生党员的思想管理和沟通交流来推动团队学生思想政治教育工作扎实有效开展，既为培养和锻炼学生党员提供平台，又加强了学生思想教育，使党建工作在学生的成长成才中发挥更重要的作用。

杨庆华老师定期与学生们进行组会沟通交流

二、把握时代动向，引领学生成长

杨庆华老师结合自身的工作经验，在践行“科研育人”的道路上，经常跟学生们讨论人生理想问题，树立正确的人生观和价值观。他指出，同学们在大学的学习和生活中要做到“五个善”，一是善认知，同学们应该正确定位自己，形成清晰明确的自我认知，了解自身的优势与不足，合理运用人生的加减法，从点滴做起，努力学习和提升，就一定可以成为人才；二是善规划，同学们可以结合自身情况，制定可实行的计划从而实现自身系统综合的改变；三是善学习，抓紧每一分钟，认真对待每一门课，平心静气，从学习中获得力量；四是善守规，不以规矩，不能成方圆，同学们应当遵纪守法，遵守校规校纪，约束自身行为；五是善共处，时刻以健康积极的心态面对生活和学习，处理好人际关系，正确面对外界环境。

土木工程行业作为传统的工科行业，是国民经济非常重要的方面，在中国快速城镇化的进程中做出了巨大贡献。杨庆华老师结合土木工程和市政工程专业的特点，在日常学习和生活中向学生们解读国家相关政策方针，鼓励同学们以兴业报国为己任，投身祖国未来的基础设施建设中去。此外，杨庆华老师通过大量调研学习，密切关注行业发展动向，并结合本专业特点有的放矢，培养中国新时代的专业型人才。

杨庆华老师带领学生赴广州考察学习东濠涌排水深隧工程

杨庆华老师带领学生赴深圳考察学习前海-南山排水深隧系统工程

三、强化创新意识、提升创新能力

杨庆华老师与同行之间开展学术交流

习近平总书记在党的十九大报告中指出，“加快建设创新型国家，创新是引领发展的第一动力，是建设现代化经济体系的战略支撑”。在这种新形势下，导师除了要有战略思维，还必须有创新性思维；要有敏锐的问题意识、机遇意识、大局意识。创新思维就是要能够跳出传统思想的束缚、跳出眼前事物的羁绊、跳出思维空间的局限，就是要善于跳出局部看全局、跳出战术看战略、跳出眼前看长远。尤其是高校教师，就应该强化系统性学习，强化创新思维，提高创新能力，带领学生推动科研创新。

杨庆华老师通过多年科研探索和实践积累，在工作中通过实际行动践行“科研育人”，指导同学们如何强化创新意识，提升创新能力。首先，汲取前人的成功经验。任何一项创新都不是无源之水、无本之木，因此，如何利用前人的知识和智慧在创新工作中是非常重要的。其次，总结前人失败的创新经验。通过前人失败的经验我们可以发现很多问题，还可以通过改变方法和途径，成功地解决一些我们目前遇到的问题。再次，要培养科学的学习习惯和思考习惯，这要求学生根据自身的条件，切实发现自己的真正兴趣，并把自己的兴趣推而广之，坚持不懈地思考才能更好地发现问题、解决问题。又次，持续积累夯实基础知识，没有坚实的知识积累和深厚的知识底蕴，是不可能孕育出优良科研成果的。最后，必须坚持思维的相对独立性。思维的相对独立性是创造性思维的必备前提。提高创新思维能力必须在思维实践中不迷信前人，不盲从已有的经验，不依赖已有的成果，独立地发现问题，独立地思考问题，在独辟蹊径中找到解决问题的有效方法。

四、身体力行，实践笃行

作为人类灵魂的工程师，教师肩负着教书育人、培养社会人才的神圣职责。这就要求教师具有崇高的职业道德，以身作则、为人师表、身体力行则是教师职业道德最基本的体现。回忆往昔，放眼现代，任何一个富于创造、勇于开拓的人才的成长，任何一位仁人志士、民族英雄的出现，都是老师用自己丰富的思想和智慧教育与引导的结果，都是老师用炙热的感情、顽强的意志和坚韧不拔的毅力感染和熏陶的结果。展望未来，教书育人和培养新时代人才的重任责无旁贷地落在每个教育工作者的肩上。

杨庆华老师指导学生开展科研试验

杨庆华老师在践行“科研育人”的过程中，首先树立崇高的人生理想和坚定的信念，提升个人的思想政治素养，坚持正确的政治方向。其次，杨庆华老师做到言传身教，在教育教学过程中用自己的言论和行为为学生把握正确方向，并树立学习的榜样，引导学生们不断进步。再次，杨庆华老师做到以身作则、为人师表，并具有高度的自觉性，这是做到为人师表的基础。最后，杨庆华老师是做到加强自我修养，任何人道德品质的善恶优劣不是先天就有的，而是后天养成的，要做到“贵在自觉”，把“身体力行、以身作则”当作是一种强烈的道德要求和自我人格完善。在科研实践过程中，杨庆华老师“身体力行、以身作则”，现场指导学生每项试验的原理、方法和过程，自己也参与试验装置的设计、布置、调试和数据采集等全过程中。

五、丰富业余生活，增强工作凝聚力

学生的思想工作一直都是导师的重要工作方向，学生的业余文化生活对陶冶学生的情操、调节科研学习压力、激发学生的创新热情、促进团队文化建设有十分重要的作用。长期关注学生的业余文化生活，不仅有利于培养学生的责任意识与集体荣誉感，还能够增强学生队伍的凝聚力。开展学生的业余文化是加强学生思想工作的重要保证，通过开展不同形式的文化活动，能够给学生营造一个展示自我的平台，能够用丰富的业余文化生活提升学生的创新创造能力。将思想政治教育工作与业余文化生活结合起来，能够达到寓教于乐的目的，让学生在不知不觉

杨庆华老师与团队学生

中受到熏陶，思想政治的教育工作也在潜移默化中得以实现。

在杨庆华老师的积极倡导下，团队不定期地开展羽毛球健身活动，在球场上挥洒汗水，在欢笑声中和喝彩声中体现团队的和谐。在科研工作之余，丰富的业余生活将进一步增强团队的凝聚力。此外，团队还组织春季、秋季野外活动，为团队学生组织庆生活动，密切关注学生们的生活状态，通过相互沟通交流增进师生之间的友情，为新时代多元化复合型人才的培养奠定良好的基础。

弘扬抗震精神，专注抗震研究，培养抗震人才

潘　毅：教授、博士生导师，长期致力于工程结构的抗震设计、鉴定与加固的教学、科研与工程应用。作为抗震救灾的亲历者，参加了汶川地震、芦山地震、尼泊尔地震、长宁地震等多次国内外强震的抗震救灾和科学调查；作为抗震研究的践行者，主持国家自然科学基金、国家科技支撑计划、国家重点研发计划、四川省科技计划等多项抗震课题，发表论文120余篇，授权专利6项；作为抗震工程的实践者，参与了成都规划展览馆、卧龙中心医院、库尔勒市民艺术中心等重点工程的抗震设计与分析；作为抗震标准的编制者，参编了《四川省建筑抗震鉴定与加固技术规程》《四川省震后建筑安全性应急评估技术规程》《四川省城市抗震防灾规划标准》《建筑结构抗倒塌设计规范》等技术标准10余部；作为抗震知识的科普者，常年为四川科技馆、四川省防灾减灾教育馆、汶川特大地震纪念馆等公益机构进行科普讲座，宣传和普及抗震防灾知识，为四川省的抗震防灾事业做出了突出贡献。2010年获四川省科技进步二等奖，2013年入选四川省学术和技术带头人后备人选，2018年获上海市科技进步二等奖，2019年入选全国建筑结构行业杰出青年，2020年获住建部华夏建设科技进步一等奖。

党的十八大以来，习近平总书记对抗震防灾工作做出了多次重要批示，围绕抗震防灾发表了多次重要讲话，多次提到了要弘扬抗震精神。什么是抗震精神？就是通过抗震，形成万众一心、众志成城的伟大民族精神；形成人民利益、国家利益高于一切的革命大局精神；形成了一方有难、八方支援的民族团结精神；形成了自强不息、艰苦奋斗的进取向上精神。抗震精神是中华民族精神的重要体现。弘扬抗震精神，就是为中国梦注入强大精神力量。作为一名高校教师，弘扬抗震精神，专注抗震研究，培养抗震人才，是义不容辞的责任。

10余年来，我国及周边地区多次发生强烈地震，特别是四川省。自2008年来，潘毅老师主动参加了汶川地震、芦山地震、尼泊尔地震、九寨沟地震、精河地震、长宁地震等多次抗震救灾和科学调查，并参与国际抗震科研合作。在震害调查的基础上，结合国家和地方的抗震防灾战略需求，潘毅老师带领研究生，就建筑结构抗震与隔减震设计、抗震鉴定与安全评估、抗震

加固与施工方法开展了大量的基础理论和试验研究、规范编制及工程实践。

一、科研的天地最广阔，奋斗的青春最美丽

习近平总书记在纪念五四运动100周年大会上指出，青年只要志存高远，就能激发奋进潜力，青春岁月就不会像无舵之舟漂泊不定。奋斗不只是响亮的口号，而是要在做好每一件小事、完成每一项任务、履行每一项职责中见精神。“见微以知萌，见端以知末。”从小事情上，磨炼自己的心性，锻炼自己的能力。奋斗才是青春最亮丽的底色。

潘毅老师以身作则，严格要求自己，在培养研究生时，坚持传承西南交通大学“严谨治学、严格要求”的“双严”传统。他经常和研究生一起分析问题、完成实验、撰写论文，时常一起奋战到深夜。2012级硕士研究生高剑同学入学时已经是某设计单位的结构专业负责人，但忙于工作而未达到学校的毕业要求，本人希望按期答辩。潘老师坚决不同意其答辩，要求其达到毕业要求。因此，高剑同学延期半年毕业，对此颇有怨言。但2年后，他主动联系潘老师说，他们单位的高层领导由于论文抄袭，被撤销了学位，导致其就地免职。他感谢当时潘老师的严格要求，让他练就了扎实的专业能力，也让现在的他心里觉得很踏实。目前，他已主持了多个石化项目的抗震减震设计，是所在单位的结构专业负责人。2015年，潘老师刚刚从美国访学归来，就利用暑假，带着即将入学的高宪、陈侠辉、阎勋章和饶明航4名2015级研究生新生，自费前往峨眉山，进行为期8周的入学前集中培训，让同学们系统地学习抗震知识，培养创新意识。同时，潘老师十分注意关心学生的发展。以平和心态，面对研究中遇到的挫折，甚至失败，潘老师经常鼓励同学们：奋斗的道路不会一帆风顺，往往荆棘丛生、充满坎坷。路虽远，行则将至；事虽难，做则必成。不畏困难，坚持努力，念念不忘，必有回响。面对学生出现的困难，潘老师也会循循善诱，善加劝导：“望远方知风浪小，凌空始觉海波平。”帮助学生走出困境，勇敢面对暂时的不顺利，积极寻求解决方法。2014级硕士研究生王忠凯同学由于本科毕业学校名不见经传，担心将来就业难的问题。潘老师就积极引导他，并加强平时的科研训练和工程实践，更利用研二的暑假实习，送他去云南某设计单位，专门学习减震隔震的专项设计和审查。在求职季，王忠凯同学顺利被基准方中设计事务所录用。目前，他已经是该单位的结构设计业务骨干。

抗震精神要有大局意识和团队精神。“大鹏之动，非一羽之轻；骐骥之速，非一足之力。”一个人的力量是有限的，单枪匹马难成大事。因此，潘老师注意培养学生的团队精神，以更好地做好科研，培养学生完整的人格。为了培养学生的协同合作，按照研究方向，他将同学们分为几个研究小组。每个小组由不同年级的同学组成，形成了互相学习、比学赶超、共同进步的良好学风。在团队协作下，2010级硕士研究生季晨龙、2011级硕士研究生李玲娇、2013级硕士研究生谢丹、2014级硕士研究生袁双、2015级硕士研究生王晓玥、2017级硕士研究生蔡联亨等多人获得国家奖学金，十多人次获得特等、一等奖学金，多人次获得优秀研究生称号、优秀毕业生称号、优秀学生干部、校级优秀毕业论文。2019年，潘老师培养的博士后郭阳照入选四川省人才计划，被授予四川省特聘专家的称号。

二、以国际视野做研究，以家国情怀做实践

科学技术是第一生产力，是国家强盛之基。国家之间的竞争更多的将是科技力量的竞争。做好基础研究，才能提高科技竞争力。而做好基础研究，不能闭门造车，更不能故步自封，必须要有全球视野。但也不能孤芳自赏，而是要结合国情、省情，深入地震灾害现场，走到抗震工作的第一线，把科研论文写在祖国大地上，把科研成果应用在国家和地方抗震防灾的伟大事业中去。因此，学生们要眼中有世界，心中有家国，脚踏实地做研究，切实解决抗震问题，实现自我价值，不辜负自己的韶华，不辜负时代赋予的重任。

潘毅老师要求研究生必须阅读英文文献，并带领和资助研究生参加国内和国际学术会议，与国内和国际同行交流，掌握抗震研究的最新动态，学习抗震领域前辈的治学精神。（图1~图2）例如，2014级硕士研究生王忠凯和时胜杰参加中日建筑结构技术交流会，2017级硕士研究生蔡联亨参加在日本东京的CECAR（Civil Engineering Conference in the Asian Region）国际会议，2018级博士生安仁兵参加第五届建筑结构基础理论与创新实践论坛，并做学术报告。2018级硕士生任宇参加中国土木工程纤维增强复合材料高峰论坛。

图1　潘毅老师带学生参加学术会议

图2　潘毅老师的学生在日本东京CECAR国际会议上做报告

2013年芦山地震后，习近平主持中共中央政治局常务委员会会议，进一步部署四川芦山抗震救灾工作。会议上强调“全面准确做好灾害评估，科学编制灾后恢复重建规划，帮助受灾群众尽快重建家园”。抗震防灾工程建设标准，是保障工程结构抗震能力的技术支撑，是实践党中央地震后“科学评估、科学规划、科学重建”决策的重要基石。因此，潘毅老师带领研究生参加了国家、行业和地方工程建设标准的编写，将抗震科研成果纳入技术标准，解决抗震工程中的具体问题，指导抗震工程的实际应用。十年来，他带领研究生参与编制了十几本国家、行业和地方标准。其中，十年磨一剑，他作为主要人员，编制了《四川省建筑抗震鉴定与加固技术规程》（DBJ51/T 031–2014）、《四川省城市抗震防灾规划标准》（DBJ51/T 066–2016）、《四川省震后建筑安全性应急评估技术规程》（DBJ51/T 068–2016）等地方规范，参与构建了四川省建筑抗震防灾标准体系，提高了四川省建筑抗震防灾综合水平。例如，2012级硕士研究生刘延年同学参加了《钢结构加固设计标准》（GB/T 51367–2019）、《四川省建筑抗震鉴定与加固技术规程》（DBJ51/T 031–2014）的编制，并发表多篇论文；2014级硕士研究生王初翀参加了《四川省城市抗震防灾规划标准》（DBJ51/T 066–2016）的编制，并参加相关学术会议；2015级硕士研究生袁双同学参加了《四川省震后建筑安全性应急评估技术规程》（DBJ51/T 068–2016）的编制，并在《土木工程学报》发表学术论文；2016级硕士研究生王子超同学参加了《四川省低层轻型木结构建筑技术标准》（DBJ51/T 093–2018）的编制，并完成了相应的木结构试验研究。

为弘扬抗震精神，进一步增强责任感、使命感，潘毅老师经常带学生去防灾减灾教育馆、北川地震遗址纪念地、四川科技馆参观和学习，现场进行教学和讲解，让同学们感受地震震害，体验抗震科技，提高同生们抗震学习的兴趣，激发同学们投入抗震防灾事业的热情。同时，潘老师带领学生们，热心抗震公益事业，积极服务社会公众。（图3）“一花独放不是春，百花齐放春满园。”潘老师和学生们多次在防灾减灾教育馆、北川地震遗址纪念地、四川科技馆做抗震防灾公益报告和座谈，向公众宣传抗震防灾知识，提高民众的防灾抗灾意识。

图3　潘毅老师带领学生参与抗震防灾公益活动

10余年来，作为抗震救灾的亲历者，抗震研究的推动者，抗震规范的编制者，抗震工程的参与者，潘毅老师带领学生们做了大量工作。“敢做惊天动地抗震事，甘为默默无闻科研人”，他在参加全国防震减灾法执法工作座谈会时，向全国人大常委会副委员长张春贤同志报告的结尾如是说：抗震防灾事业，路漫漫其修远兮。“一代人有一代人的长征，一代人有一代人的担当。”誒实扬华，自强不息，弘扬抗震精神，顺应时代召唤，专注抗震研究，培养抗震人才，为提高国家抗震防灾能力、推进防灾兴川战略而努力奋斗！

基于团队的全过程科研育人实践探索

占玉林：工学博士，教授，博士生导师。四川省学术与技术带头人后备人选，四川省青年科技创新研究团队带头人，西南交通大学“雏鹰学者（B类）”入选者，“唐立新优秀教学教师奖”获得者。四川省科青联理事、中国钢结构协会钢-混凝土组合结构分会副理事、四川省建筑业协会混凝土分会科学技术专业委员会副主任。ASCE学会大中华地区理事、*Journal of Bridge Engineering*（*ASCE*）、*Engineering Structures*、《中国公路学报》《西南交通大学学报》等多个期刊的审稿人。教育部学位论文评审专家、注册安全评价师，注册桥梁检测师。4·23芦山地震桥梁方向安全评估专家，成都铁路局顾问专家，四川省、广东省等科技项目评审专家。

占玉林老师主要研究兴趣为先进复合混凝土材料（FRP、玄武岩纤维等）研究、大跨度混凝土及钢-混凝土组合结构桥梁结构行为研究、山区桥梁震灾防治研究等方面。近年来发表论文80余篇，出版专著1部，参编四川省地方标准1部。主持国家自然科学基金2项、省部级和其他级别纵向科研项目5项，主研国家级和省部级重大纵向项目20余项，主持及参与了60余项横向项目，包括雅-西高速公路超高墩大跨桥梁、上海高速磁浮项目、株洲中低速磁浮项目、广东佛山东平大桥等。获得中国公路学会科学技术奖1项、中国土木工程詹天佑奖1项、中国交通运输协会一等奖1项、住房和城乡建设部华夏建设科学技术三等奖1项、四川省教学成果二等奖1项、西南交通大学教学成果二等奖1项。

近年来，占玉林老师所带团队始终坚持在科研过程中培养学生良好的学术素养和独立健全的人格，将学生培养、团队建设和学生发展作为科研的首要任务。团队定期开展学术讨论会，组织讨论科研方法和科研问题，积极提升团队协作科研能力和实践能力。并同时邀请校内外同行开展辅助指导，进一步提高学生和团队的科研水平。

占玉林老师每周定期指导研究生和本科生开展科研活动。他对研究生的论文撰写和发表进行积极指导和技术探讨，对参加本科SRTP的学生进行悉心指导和科研素养训练，皆取得了较好的成效。（图1）

占玉林老师积极鼓励学生参加学术交流和各类竞赛活动，使学生的科研素养和综合能力在参加活动过程中得到锻炼和提升，制定团队激励办法，完善团队建设；指导团队学生通过科研项目激励发表高水平学术论文，办法不仅获得同行的认可，也得到了不错的成绩，如指导研究生赵凌志获得2018年度恢先地震工程学优秀学术会议论文奖（图2），指导学生张志强等获得茅以升公益桥优胜奖（图3），指导学生张磊获得2018年度西南交通大学优秀硕士论文（图4）。

图1　占玉林老师指导本科生开展SRTP科研训练

荣誉证书
CERTIFICATE OF HONOR

赵人达、赵凌志、占玉林、张磊：

您们的论文“桥梁地震易损性中一种考虑动轴力的损伤指标”获2018年度恢先地震工程学优秀学术会议论文奖。

恢先地震工程学基金会
2018年8月24日

图2　占玉林老师团队指导学生获恢先优秀学术论文奖

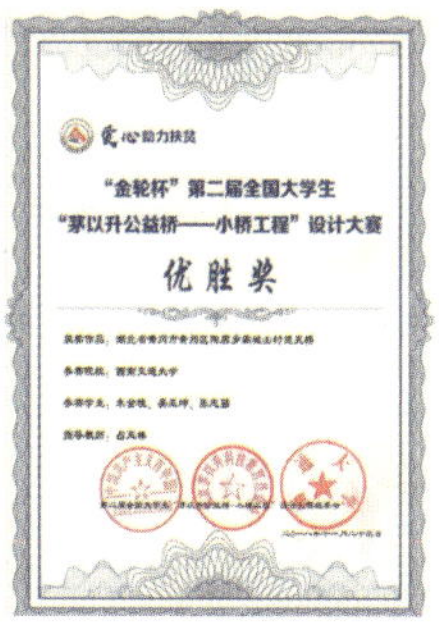

爱心助力扶贫

“金轮杯”第二届全国大学生
“茅以升公益桥——小桥工程”设计大赛

优胜奖

图3　占玉林老师团队指导学生获茅以升公益桥优胜奖

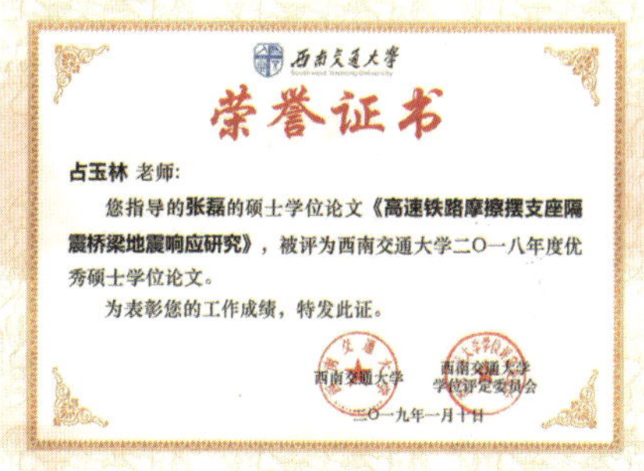

西南交通大学

荣誉证书

占玉林 老师：

您指导的张磊的硕士学位论文《高速铁路摩擦摆支座隔震桥梁地震响应研究》，被评为西南交通大学二〇一八年度优秀硕士学位论文。

为表彰您的工作成绩，特发此证。

西南交通大学　　西南交通大学学位评定委员会
二〇一九年一月十日

图4　占玉林老师团队指导学生获校优秀毕业论文

作为桥梁专业的教师，占玉林老师始终坚持科研活动理论联系实际，积极带领团队研究生参与实际工程项目，在实际工程中提高学生的科学研究素养和学术造诣，并将实际工程中积累的问题需求反馈到理论学习中来。近年来，占玉林老师团队除完成国家自然科学基金、国家重点研发等国家级纵向课题外，还承担了广西柳州官塘大桥、武易高速跨成昆铁路转体桥梁、银西高铁大跨度钢桁加劲混凝土连续刚构桥等重点工程的科研工作，其中官塘大桥和武易高速跨成昆铁路转体桥梁均得到了CCTV现场直播（图5）。团队学生在参与过程中不断成长，综合能力不断提高，得到了科研与实践育人相结合的效果；学生通过接触并完成这些科研项目，各方面综合能力大大提高，并得到现场相关单位的一致好评，很好地达到了科研育人的效果。

（a）转体施工中的武易高速跨成昆铁路桥梁（新闻报道）　（b）整体提升中的柳州官塘大桥（新闻报道）

图5　占玉林老师团队结合重大工程完成的科研项目

静待花开

于　丽：工学博士，教授，博导，地下工程系副主任，四川省学术和技术带头人后备人选，中国铁道标准专业委员会委员，中国土木工程学会隧道与地下工程分会运营安全与节能环保技术论坛副秘书长。主要从事隧道及地下工程理论以及通风防灾的研究。主持国家自然科学基金2项、省部级项目6项，横向课题20余项。主持完成了川藏铁路隧道防灾救援技术研究、重载铁路隧道修建关键技术研究、高海拔公路隧道建设关键技术、公路隧道抗震与减震技术研究、盾构重叠隧道设计与施工关键技术研究等多项科研项目。发表论文150余篇（其中SCI文章15篇，EI文章30余篇），参编规范3部、专著6部、教材2部，获发明专利5项，软件著作权3项。获中国铁道学会特等奖2项，二等奖1项；四川省科技进步一等奖1项，三等奖1项；中国公路学会一等奖3项，二等奖1项；中国岩石力学与工程学会一等奖2项，其他7项。获全国城市地下空间工程专业教师讲课比赛特等奖1项。

与其说这是一篇育人总结，倒不如说这是自己从教以来的心得或收获。1996年，我来到西南交通大学，开始了为期4年的本科学习。那时候最大的愿望是本科毕业以后住进扬华斋，继续硕士研究的学习。可谁知，这一来就已经25年了，我不仅在这里完成了研究生阶段的学习，而且以后的所有生活都和西南交通大学息息相关。

2009年1月博士毕业以后，我开始在土木工程学院地下工程系工作，从此在王明年教授团队开始了我亦师亦生的新阶段。

最初带着学生做事情也是摸不着头绪，在分配任务的时候也做不到因材施教，通常是眉毛胡子一把抓，结果多半不理想。这时候也会想到放弃，甚至也会抱怨，觉得是学生不给力。可是无意中在师弟传给我的毕业文件里看到了当时王老师指导研究生的过程文件，每一次的指导里，王老师都会告诉学生具体的目标是什么，在哪里可以找到类似的方法，有好的文献，王老师都会发给学生学习，然后在每周的例会上做交流。我这才意识到原来并不是我的学生不够好，而是我自己的方法不到位，指导得不够细致，或者说是自己还没有找到方法，而只知道把问题留给学生。就这样，跟着团队，学着自己老师的样子，慢慢地成长，也慢慢地学会了怎样更好地让学生成长。

在高校当老师最大的好处就是自己的心会一直保持年轻，而最大的挑战就是要一直面对新面孔，每一张面孔的背后都是不一样的学习基础和性格特点。如何求同存异，确实是对教学的很大考验。为了让每一个学生都尽量不辜负这三年的时光，团队的几位老师在学生培育这件事上做了非常用心的规划。

一、按时间、分层次，因材施教

每年，团队大概会新招硕士研究生10~12人，博士1~2人。这10多位新成员有的来自本校，有的从其他学校过来；有的学生力学基础比较好，有的数学比较好；有的擅长数值计算，有的擅长试验。所以在研究生的第一学期，通常会花2~3个月的时间，布置一些相似的内容，主要是找出学生的差异，发现学生的兴趣点和特长，便于因材施教，因人设题。这样，到了研究生第二学期，就能根据学生的特长和兴趣分配相应的科研任务。经过了一个学期的磨合，在这个学期开展课题研究就比较充分。

二、重视过程管理，不问收获，但问耕耘

对于学生做科研来说，没有头绪是很正常的事情。每个课题的时间要求、内容及深度都不一样，在科研过程中需要解决的问题也差异很大。加上每个学生在主动解决问题的能力上也有很大差别，所以过程管理就变得尤为重要。为了让学生在遇到问题时能得到及时的解决，不定期的单独探讨以及定期的例会成为团队管理的不二法宝。和同学就课题等内容进行单独探讨的时候，会结合课题研究中的重点问题和难点问题找方法，甚至是某一个公式的推导、参数的选取等都可能进行充分的讨论。

三、把舞台留给学生

于丽老师指导的研究生田源
在2018中国隧道与地下工程大会做口头报告获奖

我们团队有每周例会的传统，从我在团队读博士的时候就开始了。之前的例会一般都是整个团队一起开，人多时间有限，每个人介绍一下情况可能一上午就过去了。结果学生觉得没达到例会的效果，老师也觉得没有讨论透彻。为了把例会制度实施得更好，我按课题内容对学生进行了分组，形式上也从单一的汇报改为专题汇报。这样，就把汇报的舞台交给了学生，让他们成为例会的主体。除了需要制作PPT汇报工作进展以外，

自己学到的新方法和心得体会都可以在例会上进行交流，课题组成员可以相应提出问题。这样一个学期下来，每个小组的同学一般都有2~3次的机会做主体汇报。在这样的过程里，学生不仅提高了学术水平，也提高了表达能力。

四、细节决定成败

研究生阶段除了学会做科研、做汇报以外，科研文章的发表也是一大挑战。对学生来说，写报告本身已经不是一件很轻松的事情了，如何将科研成果凝练成学术文章，这无疑是另一大挑战。都说万事开头难，事实也确实如此。在开始写文章之前，我们会通过讨论的方式将课题中的创新点提炼出来，在经过多次研讨之后就开始文章的写作。文章初稿通常不是那么美好的，不管是摘要、结论还是章节的布置。但正是这样的一个开始，加上反复加工的过程，才会有一篇好文的诞生。一般来说，一篇文章从成稿到发表，至少要经过3~5遍的修改。中文相对简单，但SCI文章就不一样了，细到每一个语法、每一个专业词汇的精准使用。我们团队的学生就是这样在不断地、反复地完善中成就了自己。研二的吕城，在读研究生的近2年时间里，已发表SCI文章1篇、EI文章4篇。

五、有文有武，一张一弛

一个团队的成长和进步总是要依靠每一个成员的全心合作。为了让团队学生有更好的精神面貌迎接越来越有挑战性的工作，团队定期地举办文体活动，包括篮球赛、羽毛球赛、PPT比赛等。在这些活动中，我们会看到这些年轻的身影迸发出的青春与热情。

王明年、于丽老师团队学生开展文体活动

王明年、于丽老师团队学生举行PPT演讲比赛

最近3年，我共指导了7名硕士研究生，协助团队指导硕士研究生近20人，博士3人。仅2018年度，团队共发表文章近50篇，其中EI文章20余篇，SCI文章7篇（硕士发表2篇，另有两篇发表在土木工程一区TOP杂志）。指导的学生中有2名硕士获得了优秀硕士论文。

从2009年回到土木学院任教至今，一转眼就是10年。十年树木，百年树人。这10年里，是团队的每一位老师——王明年、刘大刚、王玉锁、童建军、严涛等，成就了我的成长，给了我进步的机会。而同时，更是团队里这群朝气蓬勃的小伙伴们，伴随我一起成长。是他们，陪我一起上高原跨河流；是他们，陪我欣赏过交大凌晨3点的灯光；也是他们，在我懈怠不前的时候，给了我前进的勇气和力量！

不图人生多炫丽，甘做搭梯守望人

曾　勇：工学博士，博士后，副教授，硕士生导师，美国Colorado School of Mines访问学者，主要从事铁路与城市轨道交通线路设计理论与方法领域的教学与研究工作。2000年7月参加工作，至今已从教21年，期间主持和参与了国家、省部级、企业等各类科研项目20余项，发表科研论文20余篇，参编部级标准一部，主编参编专著、教材6部；参与了全球首批高铁MOOC课程、国家精品在线课程等课程建设，获得国家教学成果二等奖、中国电建集团科技进步一等奖、河南省工程建设协会科技创新成果一等奖、中国公路建设行业协会科技创新成果三等奖等多项奖励；荣获“优秀共产党员”“骨干教师”以及“优秀毕业设计指导教师”等荣誉称号；曾参与国家重点工程项目京沪高速铁路工程建设管理和科研工作。

一、用科研道德引领学生

2014年5月4日，习近平总书记在北京大学师生座谈会上谆谆教导：“道德之于个人、之于社会，都具有基础性意义，做人做事第一位的是崇德修身。”长期以来，曾勇老师始终把立德树人放在育人的第一位。科研工作是一个循序渐进、量变才能产生质变的过程，需要沉得下去、静得下心、不畏艰难……产出有意义的创新成果实属不易。因此，不乏性急之人，想办法“走捷径”，科研界“科研造假”等现象时有发生。不论对于本科生还是研究生，曾老师给参与科研的本科生和研究生团队见面的第一课就是教育学生要坚守科研诚信。每周科研指导见面会或研究生工作例会，曾老师强调最多的就是诚信做人的重要性。此外，曾老师还采用项目协作、研讨活动、庆祝活动、工程实践活动等多种形式，创造学生们之间沟通交流和合作的平台，不断给学生们注入和谐与团结的元素。通过开展科研的各个环节和一切机会，在学生心中树立和不断加强“爱国守法、明礼诚信、团结友善、勤俭自强、敬业奉献”的道德观念，守护学生健康成长。

曾勇老师指导研究生团队科研工作

曾勇老师指导本科生SRTP项目

二、用科研心态对待学生

每个人的科研道路也许并不相同，但是绝大部分人都会碰到千般困难，历经万般磨炼。在科研中会有收获成功的喜悦，也会遭遇失败的沮丧。因此，在科研过程中一定要持有正确的心态、保持平常心和包容心，这也是曾勇老师对待学生的心态。学生们刚开始踏入科研的大门时，专业基础和领悟能力或多或少存在差异，在科研的道路上会碰到很多困惑。这个时候，尤其需要导师的关心、鼓励、支持、肯定和帮助。曾老师会想方设法找时间利用见面、电话、网络等多种方式关注学生的成长，和学生交流，努力和学生做到沟通无障碍。学生在研究过程中碰到问题，大到研究的思路，小到句子的表达，曾老师会不厌其烦地帮助学生。当学生思想懈怠、有畏难情绪甚至犯错误的时候，导师应该要少一点批评和指责，多一点宽容和鼓励；当学生在生活中遇到难事情绪低落的时候，导师应该多一点关注和开导，帮助学生尽快走出情绪的低谷。以学生为本，关爱学生，作为导师责无旁贷。老师是学生的榜样，用关爱和包容的心态去对待学生，学生也会用同样的心态去对待这个世界。

三、用科研精神武装学生

科研之花越鲜艳美丽，科研之果越甘甜可口，孕育的过程越是艰辛。科研工作需要科研精神的支撑，中科院前任院长路甬祥院士认为科研精神包含求实、创新、协作、牺牲、自律。求实是科研的根本，创新是科研的灵魂，协作是科研的捷径，牺牲和自律是科研工作者的本分。学生刚进入科研的大门，导师应该告诉他们什么是科研精神，如何汲取科研精神的精髓，使之成为科研工作的利器。对待科研工作必须实事求是，来不得半点虚假。倘若学生遇到难题影响到研究进程，一定要多点鼓励，少点批评，应给他们充分的时间和空间思考解决问题，否则，学生可能为了顾忌自己的面子，用应付的心态对待科研，对学生的培养将起到非常消极的作用。创新是科研最难的一点，导师要学会和善于引导学生打开思维的大门。曾勇老师会经常鼓励学生们多看文献，多找问题，多思考解决方法，多听听专家讲座，多参与学术会议，多和别人交流。现在的学生大多为独生子女，得到的多付出的少，考虑自己的多考虑别人的少，协作意识淡薄，牺牲和奉献精神不够。对于协作问题，曾老师的做法是分配科研课题时，把高、低年级学生编到一组，让高年级学生耐心指导低年级学生，这样低年级学生不但缩短了入门的时间，更重要的是他们懂得团队协作的作用，自然也就学会了今后和下一届学生协作和相处的方法。奉献精神是为科研献身的执着，要培养学生的奉献精神，应该想办法让学生充分认识到自己在科研团队的价值，看到个人与团队之间的重要依存关系。导师要善于捕捉团队中关于奉献精神的案例，并适时进行宣传和激励，充分发挥榜样的作用。至于自律精神的培养，可以在导师的指导下让学生自己讨论制定科研工作公约，一旦发现有学生不遵守条款，导师要及时约谈了解原因，如无特殊情况应依照规定进行处罚，并要求团队学生一起进行重点监督，从而让不够自律的学生逐步养成自律的习惯，在科研团队中形成自律的氛围。

四、用科研力量改变学生

科研的力量非常强大，可以改造自然、改变世界、创造未来。导师需要做的是让学生在科研过程中感受到这种力量，并学会用这种力量改变自己，强大自己。首先，科研的力量在于可以开拓学生的思维，人的思维模式甚至可以改变人的一生。从事科研工作需要严谨、系统、逻辑性强的思维能力，在科研活动中，导师应该帮助和加强学生的思维训练，引导学生多观察，多思考。其次，科研的力量在于可以拓宽学生的视野。曾勇老师通常会让每个学生负责至少一个科研项目，全面参与科研项目的各个环节。学生在参与科研的过程，通过查阅论文、建立仿真模型、室内试验、现场试验等各个环节了解到之前没有触及的领域，看到之前没有见过的工程，学到之前没有学过的知识，用到之前没有用过的方法。导师要正确地引导和监督学生真正参与到科研中，让他们亲身体验到历练之后登高望远的感觉。再次，科研的力量在于可以提高学生的专业能力。科研的过程实际上就是不断遇到问题并想办法解决问题的过程。导师要鼓励学生独立思考，在有针对性地学习知识的同时，要对学生进行点拨，学生的能力就是在一次次解决问题的过程中建立并提高的。最后，科研的力量还在于可以提高学生的综合素质。科研是一个智商与情商、脑力与体力，独立与协作相结合的过程。曾勇老师经常鼓励学生走出工作室，每天坚持锻炼身体；刻意让学生和业主单位联系，锻炼他们的沟通能力；创造一切交流合作的机会成就学生的团队协作能力。

育人如同科研，付出之后一定会有收获。作为导师，最值得骄傲的收获莫过于一代又一代学生的成长。比如，在本科生科研指导工作中，曾勇老师利用2018—2019年度SRTP项目“山区齿轨铁路齿轨系统选型与创新研究”，指导本科学生发表了1篇科研论文，申请了1项实用新型专利，考核结果为优秀；在研究生导师工作中，据不完全统计，所培养的研究生获奖情况如下：

① 2013级研究生段晓晖：代表《高铁轨道工程设计建造一体化》QC班组团队参加了2017年度武汉市QC质量小组发布会，获一等奖（第一名），并获2017年度“国家优秀QC班组”称号。

② 2013级研究生马麟：2015年获“四川省优秀教师”称号。

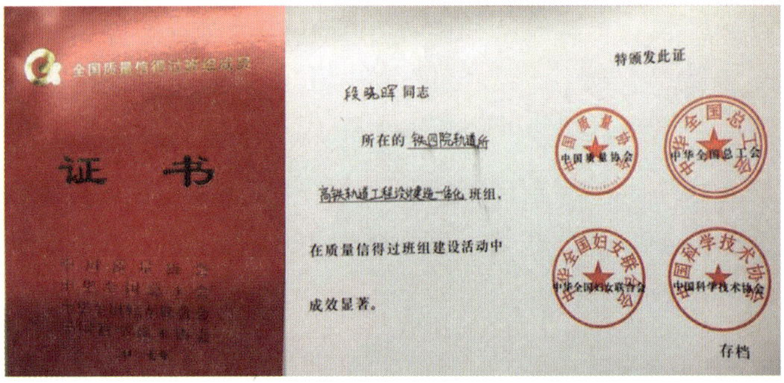
证书

段晓晖 同志

所在的 铁四院轨道所

高铁轨道工程设计建造一体化 班组，

在质量信得过班组建设活动中

成效显著。

特颁发此证

存档

曾勇老师指导的研究生段晓晖工作后获得
全国质量信得过班级成员荣誉称号

荣誉证书

马 麟同志：

被评为四川省优秀教师，特发此证。

2015年8月

曾勇老师指导的研究生马麟工作后获得
“四川省优秀教师称号”

③ 2014级研究生刘瑶：2015年获“中关村青联杯”第十二届全国研究生数学建模竞赛二等奖；2016年，获硕士研究生国家奖学金。

全国研究生创新实践系列活动

获奖证书

西南交通大学　刘瑶　同学

荣获“中关村青联杯”第十二届全国研究生数学建模竞赛

二等奖

组委会

硕士研究生国家奖学金

荣誉证书

编号：2016 年第 09330 号

刘 瑶 同学荣获2016年硕士研究生国家奖学金，特颁此证。

中华人民共和国教育部

二〇一六年十二月三十一日

曾勇老师指导的研究生刘瑶获得第十二届全国研究生数学建模竞赛二等奖、国家奖学金

④2014级研究生池君惠：2015年，被评为西南交通大学优秀研究生；2016年，被授予西南交通大学优秀学生共产党员称号。

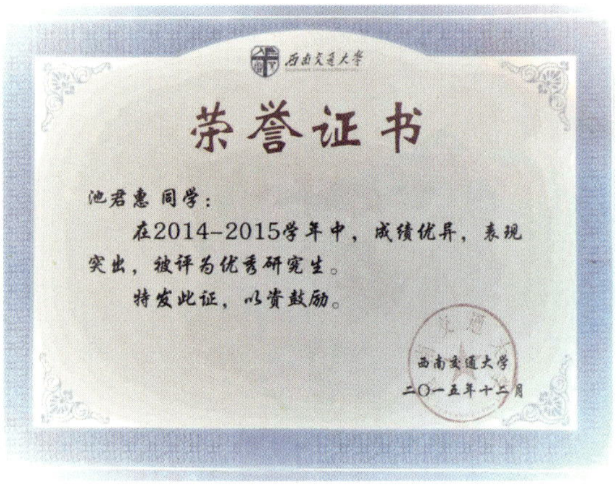
西南交通大学

荣誉证书

池君惠 同学：

在2014–2015学年中，成绩优异，表现突出，被评为优秀研究生。

特发此证，以资鼓励。

西南交通大学

二〇一五年十二月

西南交通大学

荣誉证书

池君惠 同志：

在2014—2015学年“创先争优”活动中，表现突出，荣获优秀学生共产党员称号。

特此表彰

曾勇老师指导的研究生池君惠获得校级“优秀研究生”和“优秀学生共产党员”称号

⑤ 2015级研究生毛代松：2017年，被评为中化泉州乙烯项目部2017年度优秀党务工作者；2018年，被评为中化集团能源事业部2017年度先进工作者；2019年，被评为福建省“2018年度最美青工”。

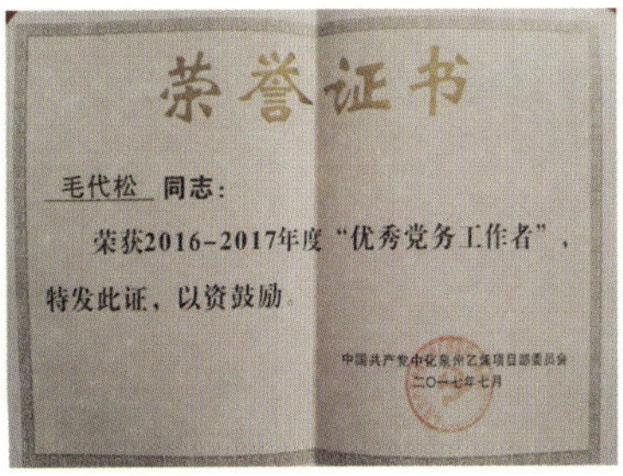

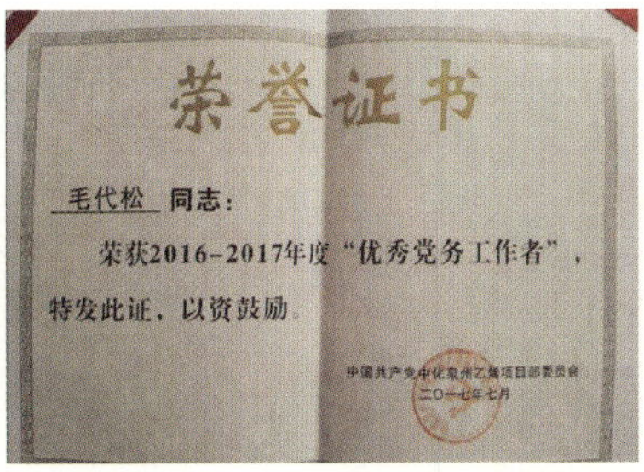

曾勇老师指导的研究生毛代松工作后获得多项荣誉称号

⑥ 2015级研究生蒋兴：2016年，被评为精神文明建设先进个人；2017年，被评为西南交通大学优秀研究生。

⑦ 2016级研究生陈阳阳：2017年，被评为西南交通大学优秀研究生干部。

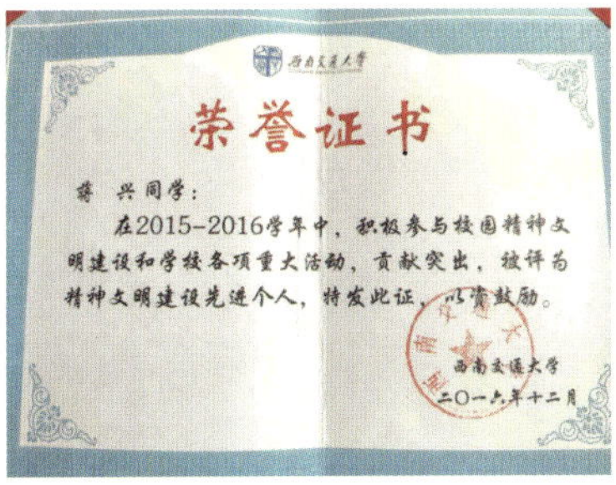

曾勇老师指导的研究生蒋兴获校级“精神文明建设先进个人”和“优秀研究生”称号

曾勇老师指导的研究生陈阳阳获校级“优秀研究生干部”称号

一张张的证书，代表了学生的成长、反映了科研育人的成效。看到学生们的成长和收获，曾勇老师感到由衷的高兴和自豪。不忘教育者的初心，牢记育人的使命，他将继续践行一名教育者的职责，精心培育自己的学生，守望他们的成长。

基于科研素养提升及科研评价制度构建的科研育人实践探索

张俊儒：西南交通大学交通隧道工程教育部重点实验室副教授，博士生导师，主要从事超大断面隧道围岩稳定性及支护理论、复杂工程环境隧道修建技术、地下工程自动监测与无线传输技术等方面的研究。

张俊儒老师结合近年来在研究生培养、科研团队建设以及科研项目成果等方面的心得体会，将其育人理念、育人过程及育人体会进行总结分享。

一、建立科研育人导向机制，激发学生的科研兴趣

首先，学生的培养，从本科到硕士甚至博士，是一个循序渐进的过程，对于有条件本科保送研究生的同学，实行“下沉式”培养，即以SRTP为科研基础，引导学生在大四阶段尽量完成毕业论文；在大四阶段，以科研项目为主导，以大论文的方式完全替代原本科毕业设计，结合科研项目的实际情况，在本科生所学知识的基础上，有针对性地提出一些可以在当前阶段解决的实际科研问题，由学生结合工程实际的情况独立按照科学研究的整个过程来解决问题并完成毕业论文；比如，在2018年的本科毕业论文中，让同学在工地现场跟随施工技术人员、研究生共同开展研究，接近3个月时间，在现场完成毕业论文的同时，让同学对科研项目也有了深刻的认识。其次，尽早开展国家奖学金培训计划，在研究过程中，不管是论文发表、还是发明专利的审批周期都很长，短则1年，长则2年或更长，因此可以尽早让研究生参与科研项目，不断积累研究成果，满足同学们的评奖评优条件的同时，进一步激发同学们参与研究的积极性和主动性。

二、健全科研团队评价制度，提高科研团队凝聚力

首先，对研究工作采取弹性工作制，以目标管理为主，不实行坐班制。科研工作不同于施工生产、也不同于设计工作，任何一个算法的实现、一个程序的调试，都需要很长的时间，而且调试失败常有发生，因此加班加点进行科学研究乃家常便饭，同时还需要研究团队有足够的精力和健康的体魄，所以每个成员可根据自己的工作安排工作时间。其次，实行科研项目全过程负责制，增强责任心。对于研究生一般在研一的第一学期，就基本确定研究方向，让学生从头参与一个项目一直到项目结束，让学生有一个完整的科研经历，如研究生YL，从研一开始参与中国中铁股份有限公司科技开发计划重点课题“城市地铁富水风化岩层大断面隧道矿山法施工风险控制技术研究”，到2019年6月份结题，一直由YL同学负责，说明通过这种方式既增强了学生的科研能力，同时又培养了学生的责任心。再次，实行科研成果激励制度，调动科研团队积极性。进行科学研究确实是一项费神费脑的工作，要想取得一定的成果，需要有锲而不舍的精神以及兢兢业业的工作作风，但大部分人都会有惰性，因此为了调动科研团队成员的积极性，他实行了科研成果激励制度。最后，对科研项目实行定时定期研讨制，发挥团队每个人的主动性，参与科研项目策划、提炼以及报奖评优的讨论。正常情况下，每2周组织一次小型科研项目研讨，每学期组织1~2次大型的学术研讨。针对每一个课题，科研团队成员结合自己的想法谈谈对研讨项目的建议以及意见，在自己增长学术知识的同时，也可为研讨项目献计献策，实现共赢。

三、构建学术诚信体系，发挥科研团队的原创水平

首先，让科研团队成员树立科研诚信意识，从思想上对科研诚信有非常清楚的认识；要想做好学问，先应该做好人，在科研工作中，以目前社会上存在的个别“学术腐败”案例为反面教材，加强对研究团队成员的教育，树立正确的科研价值观。其次，论文撰写中，要充分调研、阅读与论文相近方向的文献，确立高的起点，制定自己的研究方向；俗话说，做学问要站在巨人的肩膀上前进，因此在研究工作中，对前人研究成果的调研与分析，就尤为重要，在此基础上再凝练形成新的研究方向展开研究，才可能研究形成原创性的成果；比如，近期科研团队撰写完成的综述性论文《我国四车道及以上超大断面公路隧道修建技术的发展》，在对目前四车道及以上超大断面公路隧道发展历程、技术研究现状调研与分析的基础上，发现了目前研究中的不足，并展望四车道及以上超大断面公路隧道建造技术向设计标准化、施工机械化、结构轻型化等方面发展，论文得到《中国公路学报》的青睐，审稿不到一个月时间就被录用。

科研团队结合学生的实际情况开展科研育人工作，为西南交通大学土木工程学院的“三全育人”综合改革试点建设项目贡献自己的力量。

张俊儒老师在中国承建的雅万高铁现场段调研

张老师参加全校教职工排球联赛

立德为先，育人为重，学高为师，身正为范

崔　凯：岩土工程系教授、博导，四川省杰出青年，西南交通大学“扬华学者”“竢实之星”，“山区特殊岩土体力学”团队负责人，担任中国土木工程学会、中国公路学会、中国地质学会等12个学术组织的常务理事、理事。以第一作者身份共发表SCI论文40余篇，其中，I区5篇，ESI4篇；主持1项国家重点研发计划子课题、2项国家自然科学基金；授权国家发明专利5项；四川省教学成果一等奖2项。

一、牢固科研育人意识，坚持将科研育人纳入教书育人全过程

牢固树立在教育教学过程中培养学生科研能力、科学素养和科学精神的意识，正确处理教学与科研的关系，围绕教学搞科研、坚持科研反哺教学。在教学过程中，主动从注重知识灌输向注重方法传授转变，引导学生积极实践、自主学习；以相关领域前沿知识、信息以及自身最新科研项目、成果为依托，积极吸收和引导学生进入岩土工程系特殊岩土体力学教学科研团队的科研训练计划，致力于培养学生严谨的学术作风、良好的创新意识、系统的科学思维和正确的行为习惯，切实提高学生的参与意识、竞争意识和主人翁意识，增强学生的历史使命感和社会责任感；在科学素养训练与养成的过程中，有效引导学生树立正确的世界观、人生观和价值观。

二、突出思想价值引领，引导学生树立正确科研价值取向

在指导学生开展科研训练过程中，坚持将思想价值引领贯穿选题设计、科研立项、项目研究、成果运用全过程，将个人思想政治表现作为开展科学研究的底线要求，强化学术评价中的

崔凯老师科研团队

崔凯老师团队学术交流

正确价值取向和社会主义意识形态，对学术规范、学术道德和学术诚信严格要求。此外，积极邀请学科和行业相关大家、名家以及优秀校友来校举行讲座论坛，充分发挥标杆引领、榜样示范作用。

三、注重方法手段创新，引导学生主动参与和自主开展科学研究

采用多种方法和手段，如通过专业课教学、设计研讨课、课程论文、简单的实验设计、班导师等，引导学生开展科学研究，提升学生参与科学研究的兴趣，再逐步结合社会问题引导学生提出研究性项目，进行自主研究。特别是，注重培养并强化学生从不同学科角度、运用多种理论知识和方法进行分析和解决问题的能力。目前，共指导硕士研究生28人、博士研究生5人，其中包括留学硕士研究生4人，留学博士研究生2人，已毕业硕士研究生19人，在校9人。指导的研究生中，15人获国家奖学金，20人获特等学习奖，12人次获专项奖学金，10人获优秀研究生称号，3人获优秀研究生标兵，4人获优秀毕业生称号，2人获四川省优秀毕业生称号，2人获扬华新秀奖，合计约占岩土工程学科奖项与荣誉称号的半数。指导学生以第二作者身份公开发表SCI学术论文20余篇。

对于刚进入团队的学生，更注重引导其认清未来的道路，使其对未来有一个详细的规划，为学生今后的成长与发展奠定基础。有一位2018年入学的硕士研究生新生，在本科求学阶段主修隧道工程专业。虽说隧道工程与岩土工程有相近之处，但专业应用领域有一定差异。因其对岩土的学习研究内容没有充分了解，也没有系统学习过岩土工程方面的专业知识，导致自己不清楚以后的研究内容，甚至有些自闭。作为学生导师，首次见面与该学生交流的过程中，发现了该生目前存在的问题。根据这一问题，主动与其沟通，给出了专业性和前瞻性的指导，讲述岩土领域所涵盖的研究内容，带领他体验各类岩土试验。通过多次沟通和安排实践，解决了该学生内心的困惑，并使其渐渐对岩土产生了兴趣，让其找到了适合自己研究的方向，对整个研究生涯也有了一个初步计划。

崔凯老师与留学生

科研写作水平体现了科研工作总结表达的能力，大多数刚入学的新生水平较低，有诸多不足之处。在写作指导过程中，采用科研的不同角度，结合对以往文献的详细讲解以及对现研究内容的分析，引导新生开展科研写作，来提高新生科研论文的写作水平。通过对摘要写作、引言书写及正文写作到最后结论的总结逐一点拨指导，对文章逐字修改，每一个步骤都做清晰明了的讲解。反复循环，引导了新生强化科研写作能力，提高了新生的学术能力和科研素养，最终实现了写作的自我创新。通过对新生科研写作的指导，学生们对科研论文的写作有了更深的认知，从而在入学一年时间内能够发表多篇科研学术论文。

崔凯老师带学生参加学术交流

四、加强育人资源整合，激发学生创新创造热情与能力

一是指导学生参与常规性科研训练活动，如在课堂授课中注重虚拟与实体试验互相辅助，指导学生参与大学生科研训练计划（SRTP）项目，开发多项应用型、创新型实验项目，上线土工虚拟仿真平台，建设“土木工程试验与量测技术”与“土力学”MOOCs课程，在参与式、互动式和研究性的学习过程中帮助学生对接触到的知识和信息进行独立思考、批判、探索和再生产。

二是指导学生参与竞技性科研比拼活动，如指导学生参加实验竞赛月活动、大学生创新创业比赛等，通过竞技性科研比拼活动注重对学生科研能力及综合素养的考察，同时与国内外同行开展科研交流，不断拓展学生学术视野，促进学生科研能力的提升，增强学生参与科研的获得感和自豪感。

崔凯老师指导学生科研创新项目

三是通过引导学生参与课题项目等，让其了解参与面向社会的科研创新活动，鼓励学生开展科研创新活动，不断推动科研成果转化，把实现个人价值与实现社会价值紧密结合起来，不断增强学生参与科研的使命感与神圣感。

例如，在指导学生参加SRTP时，时常会遇到部分学生面对一个陌生的课题无从下手的问题，学生认为课题里所涉及的知识点在课堂上没有学习过，同时也不知道从哪种角度展开研究。此时与其直接告诉他们知识点的来源以及研究具体的方向，不如指引他们去寻找更多的相关课题研究及过往研究，让学生们自己发现课题的研究现状、研究意义和研究空间，从而启发他们开展科研训练。这时应注重学生参与研究的学习过程，而并非期望本科生创造出多少原创性成果。在今年指导的SRTP中，有一组的课题是“季节性冻土路基边坡降雨入渗规律”。作为一个还未学习过专业课的本科学生，组长罗实同学起先非常担心能否顺利完成结题答辩，每一周都带着大量资料来办公室讨论。崔凯老师时常教导这些学生，对于试验过程以及试验结果分析应怎样把控，此外，一个试验在做之前要做到心中有数。但是试验不可能完美，会存在一定缺陷，也必然会出现试验结果与预期不符的情况，此时就需要学生依靠之前阅读的文献，研究资料结合自身所学的知识去解释它。罗实同学组的试验就出现了类似问题，在模拟降雨过程中，边坡温度曲线出现了迟缓现象，这个现象是学生们没有预料到的，觉得不可思议。崔凯老师通过提示学生对试验变量因素的考虑，引导学生继续深入学习冻土的相关知识，最后该组同学发现相变潜热会对温度上升有影响，继而给出了合理的解释。SRTP就是这样一种训练，不在乎成果的正确性，重要的是引导学生们发现问题、激发创新思维、独立完成课题，积极主动地探索新的知识领域，从而体验到一种全新的研究性学习的乐趣的过程。

扎根基础课教学，悉心科研育人

杨万理：工学博士、教授，博士生导师。长期从事土木工程制图教学工作和桥梁结构水动力研究工作，担任教育部高等学校工程图学课程教学指导分委会秘书以及西南地区工作委员会副主任，担任四川省力学学会流体力学专业委员会副主任，中国图学学会高级会员。2006年参加工作以来，先后主持及主研国家自然科学基金7项，承担交通部、四川省交通厅、西部交通建设科技、四川省科技计划等多项项目，申请发明专利、实用新型专利10余项。2015—2016年，由国家留学基金委公派到美国俄勒冈州立大学交流访学，发表SCI、EI等论文50余篇，主编英文教材*Civil Engineering Drawing*，作为主力参与“十一五”“十二五”国家级规划教材《土木工程制图》《画法几何及土木工程制图》建设，以及国家级精品课程“土木工程制图”建设。担任*Ocean Engineering*、*Journal of Fluids and Structures*、*ASCE Journal of Bridge Engineering*、《工程力学》《西南交通大学学报》等期刊审稿人。

杨万理老师从教以来，热爱教育事业，积极上进，时刻用党员的标准严格要求自己，发挥党员先锋模范作用。2008年3月—2008年8月，杨万理老师对口支援西藏大学工学院，经历了拉萨“3 · 14”暴力事件。当时形势严峻，面临断水、断粮，暴乱分子不断冲击校园，身处险境，但是他立场坚定，坚守岗位，坚持在一线从事教学科研工作，坚持团结各族学生，在课后主动为学生补习课程（图1）；并从思想教育、课程学习、生活等各方面引导学生珍惜民族团结，好好学习，报效祖国。在他的引导与帮助下，该班赵玉碧同学被保送到西南交通大学攻读硕士研究生，毕业后就职于甘肃省交通规划勘察设计院，同时在西南交通大学攻读博士学位。杨万理老师敬业爱生，以人才培养、科学创新为己任，甘于奉献，做学生的良师益友。2009—2011年、2011—2013年他两次被评为了西南交通大学优秀共产党员，2015—2017年被评为土木工程学院优秀共产党员。

图1　2008年，杨万理老师和他对口援助的西藏大学工学院学生

在教育工作中，杨万理老师一直爱岗敬业，忠诚党和人民的教育事业，在基础课教研室脚踏实地地做好本职工作，积极上进，甘于奉献。他先后担任了土木学院本科2008级9班、2009级17班、2010级19班、2016级22班、2019级7班和2020级13班的班导师，帮助本科生制定大学规划，引导学生解决思想、学习、生活、就业等各方面问题，得到了学生的信任与尊重。作为基础课教研室一线教师，除了投身于本科教学之外，杨老师还开展了深入的科学研究工作，并将科研和教学紧密结合起来，用科研反哺教学，将科研中试验完成之后的模型用于教学，将科研成果以创新讲座的方式介绍给本科生，激发学生的科研热情，培养科研素养，近年来共给本科生开设了12次创新讲座，指导了5次SRTP项目，3次本科生个性化试验项目。

作为基础课教研室一线教师，杨万理老师十年如一日，从2009年到2020年，指导本科生约80人参加了“高教杯”全国大学生先进成图技术与产品信息建模创新大赛，共获得团体一等奖1次，二等奖10次，个人一等奖、二等奖等几十次（图2）。在这数10次参赛过程中，他带领学生克服了无数艰难曲折：如担心参赛学生安全问题，2011年暑假与学生一道坐火车从西南历经几十小时到东北参赛；2013年带领队员到华南农业大学参赛，去程经历列车严重晚点，回程遭遇台风影响班车取消等困难。整个备赛期间，学生的安全、生活和比赛的保障工作，他始终放在第一位。

图2　杨万理老师指导本科生参加“高教杯”全国大学生先进成图技术与产品信息建模创新大赛及获奖

在研究生指导方面，杨万理老师先后指导了硕士生20名，博士研究生2名；协助李乔教授指导博士生4人，硕士生5人；协助秦顺全院士指导博士生1名。其中，已毕业的硕士研究生中文志彬、吴承伟、赖文杰获得西南交通大学优秀硕士论文奖，博士研究生杨绍林荣获“第十四届中国大学生年度人物”入围奖，首批全国高校“百名研究生党员标兵”等荣誉。另外他还带领研究生参加各种国内会议、国际会议几十人次（图3）；指导硕士研究生参加国内、国际BIM竞赛多次，并获得了2017年四川省第二届“李冰奖 · 开明杯”BIM大赛特等奖，2017年第二届“华春杯”全国BIM技术应用大赛三等奖，2017年第三届“科创杯”中国BIM技术交流暨优秀案例作品展示会大赛一等奖，2018年第四届“科创杯”中国 BIM技术交流暨优秀案例作品展示会大赛三等奖，2018年第四届国际BIM大奖赛获最佳应用特等奖（图4），2019年第八届“龙图杯”全国BIM（建筑信息模型）大赛二等奖等。

图3　杨万理老师团队成员参加各类会议

图4　杨万理老师指导的学生获得国际BIM大赛最佳应用特等奖

依托重大工程实践，探索科教融合育人新模式

刘大刚：工学博士，副教授。国家二级注册安全评价师，交通运输部注册隧检师。成都地铁、中铁二十四局入库专家。主持和参与国家级、省部级及大型企事业科技攻关项目累计达50余项。在国内外核心学术期刊发表论文30余篇，参编专著2部，教材1部，省级地方标准1部，获授权发明专利1项，软件著作权3项。获各等级科技奖励近20项。

科研育人是“三全育人”的重要组成部分，旨在通过构建科研育人典型示范体系，建立科教融合体系，构建师生科研素养培养机制，增强科研开放实践机制，探索科研育人评价机制，实现全方位、全员、全过程的三全育人目标。

刘大刚老师是土木工程学院 “交通隧道工程”教师团队——首批全国高校黄大年式教师团队的核心成员，同时也在土木工程学院兼职协管科研管理相关工作。刘老师通过对前期科研育人相关政策的拟定和学习，对科研育人具有较为深入的认识，其对科研育人的相关理解主要有以下几个方面：

一、积极参与各层次科技攻关工作，投身国家重大工程实践活动，接触科技动态发展前沿，获取科研育人创新动力源泉

刘大刚老师工作期间，凭借学院隧道工程学科方向资源优势，主持和参与国家级、省部级及大型企事业科技攻关项目累计达50余项，年均到账科研经费近百万元，参与的国家重大工程科技攻关载体包括秦岭终南山公路隧道（世界最长双洞高速公路隧道）、新关角铁路隧道（世界高海拔第一长隧）、新二郎山公路隧道（川藏公路第一长隧）、川藏铁路桑珠岭隧道

刘大刚老师及团队老师在川藏线工程现场指导（右二）

刘大刚老师及研究生科技奖励获奖证书示例

（国内地温最高隧道工程）、兰新二线防风明洞隧道（世界唯一防风明洞工程）、翔安海底隧道（国内第一座海底隧道）、横琴马骝洲交通隧道工程（国内首座海相地层超大直径盾构海底隧道），等等，依托上述科技攻关成果，获各类省部级科技奖励近20项。刘老师通过上述科技攻关，了解了重大工程科技需求，掌握了科技动态发展趋势，促进团队研究生接触科技发展前沿，为团队研究生科技创新培育提供持续创新动力源泉。

二、积极承担学院教学及科研实践工作，实施科教融合教学体系，注重学生基础知识与创新能力并重的综合培养

刘大刚老师积极承担研究生、本科生等各类学生的教学及科研实践工作，先后讲授了“城市轨道交通地下工程设计与施工”“土木工程概论A”“明挖法地下空间工程”“隧道与地下

刘大刚老师参加本科生科研创新项目宣讲会

工程施工方法”等课程，指导本科生SRTP科研实践项目10余项，并均以优异成绩结题。刘大刚老师在教学和科研实践指导过程中，注重科教融合的工作实施方式，除传授学生基础理论知识外，同时以科技攻关积累的丰硕研究成果为基础，兼顾学生知识创新的引导和启发，培养学生对知识创新的感性思维和兴趣，助力学生知识创新能力的提升，以达到科研促教学、科教并重的学生综合能力培养目标。

三、以学院科研管理机构为平台，系统学习和贯彻科研育人相关政策，拟定科研育人工作实施方案，助力学院科研育人工作稳步推进。

刘大刚老师在土木工程学院兼职协管科研管理相关工作，同时也是学院科研育人工作小组成员，为助力学院科研育人工作全面开展和稳步推进，刘老师及所在服务团队系统学习了科研育人相关政策，同时拟定了学院科研育人工作实施方案，包括构建科研育人典型示范体系，建立科教融合新体系，构建师生科研素养培育机制，增强科研开放实践机制，探索科研育人评价机制等，并全面开展科研育人各工作内容、各工作环节的组织和推进工作，如科研育人先进示范团队及先进个人的组织遴选工作、本科生科研素养训练项目设立及师生对接宣贯工作、土木-数学青年教师联合科研基地创建工作、川藏线青年教师工作小组筹建工作、科研育人实验室实践基地开放对接工作等，为学院教师科研育人提供良好的外在环境条件，营造学院科研育人良好的环境氛围，尽力做好学院科研育人全方位服务工作。

“理论扎实基础、实践提升能力”的科研创新育人机制

徐　华：博士，副教授。长期从事隧道工程、边坡工程及环境岩土工程的基础理论与应用研究，研究方向涉及：边坡稳定性研究及支挡结构设计、边坡生态防护机理及技术应用、特殊地基处理及基础工程、隧道地震动力响应与抗减震技术。近年来，主持（主研）国家级和省部级科研项目20余项，包括：国家重点研发计划、国家自然科学基金、国家973项目子题、国家交通运输部重点科技项目教育部博士点基金以及国家重大工程建设项目——京沪高铁、港珠澳大桥、川藏铁路、川藏高速公路等相关的科研项目。

徐华老师在国内外重要学术刊物发表高水平论文40余篇，SCI收录20篇，EI收录20余篇，中科院SCI大类分区1区前1%~3% TOP期刊文章4篇，2区文章5篇，在国际环境岩土工程、岩石力学以及地震工程领域顶级期刊，发表5篇高被引论文，累计100余次。获国家发明及实用新型专利8项。2011年，荣获四川省优秀博士论文奖；2013—2021年，荣获省部级科技进步奖励4项；2021年，入选第十三批四川省学术和技术带头人后备人选，主编中国公路学会《隧道软弱浅埋段地表高压旋喷桩加固技术标准》，出版专著2本——《隧道围岩高压旋喷地表加固技术与实践》和《钢波纹板及其复合结构在大基建中的创新研究与应用》。国际土力学与岩土工程学会会员、美国土木工程师协会（ASCE）会员、中国土木工程学会会员，中国岩石力学与工程学会岩石动力学专业委员会委员。

四川省科学技术进步奖
证　书
为表彰四川省科学技术进步奖获得者，特颁发此证书。
奖励类别：科技进步奖
项目名称：高海拔地区复杂地质条件下公路隧道设计与施工技术研究
奖励等级：三　等
获奖者：徐　华
证书号：2017-J-3-35-R06

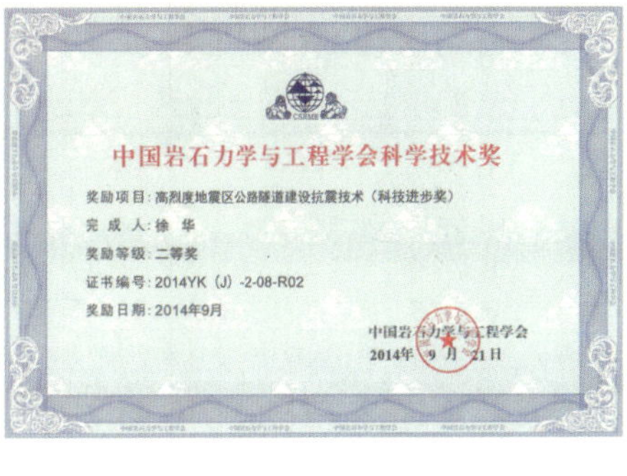
中国岩石力学与工程学会科学技术奖
奖励项目：高烈度地震区公路隧道建设抗震技术（科技进步奖）
完 成 人：徐　华
奖励等级：二等奖
证书编号：2014YK（J）-2-08-R02
奖励日期：2014年9月
中国岩石力学与工程学会
2014年 9 月 21日

徐华老师科研成果获奖

一、以身作则，建立科研育人导向机制

徐华老师以身作则，积极学习党的各项方针、政策和纲领，为研究生发挥模范带头作用。在研究生和本科生的科研培养过程中，他强调科研与实际相结合，以解决科学问题和具体的工程问题为目标，坚持实事求是，做好理论基础知识储备和试验方案的规划，认真开展试验的每个步骤，对于异常数据要充分分析原因。坚持一颗做科学研究的初心，把握正确的价值取向和学术导向。

徐华老师时常带领学生前往工程一线参与科学研究，旨在拓宽学生眼界，培养学生动手能力和解决问题的能力；在科研论文写作中拓展学生的创新能力，他以身作则，在科研的各个环节与学生开展讨论，以培养团队师生勇于质疑、认真求证，开拓创新的进取意识和严谨求实的科研作风。

徐华老师指导研究生制作离心机模型试验模型

徐华老师指导本科生SRTP开展边坡稳定性试验

徐华老师工程现场指导研究生安装传感器

徐华老师指导研究生开展高压旋喷桩现场试验

徐华老师指导的2016届硕士研究生许劲松，在校期间获得多项奖学金，硕士论文被评为西南交通大学优秀硕士论文，参加工作后，踏实肯干，勤于钻研，凭借其扎实的理论和技术功底，现已在云南省公投集团投资建设的跨境高速临清高速公路项目中担任副总工。2017届硕士研究生夏磊，在校期间获得特等奖学金和西南交通大学优秀毕业生称号，并与徐华老师一起在国际环境岩土工程领域三大顶级期刊之一的*Science of the Total Environment*（IF：4.900，WOS分区：1区期刊）发表高水平SCI收录论文。工作中，他凭借务实的工作态度和突出的工作能力，获得了领导和同事的一致好评，被评为先进个人。

在指导本科SRTP项目过程中，徐华老师指导学生搜集阅读文献，规划和开展试验，整理和分析数据，完成报告编写。这让学生对科研的过程有深入的了解，从而逐步掌握了科研的思路和方法，培养了学生严谨的科研精神。

在指导学生参加全国竞赛时，徐华老师细心指导学生们在竞赛中应用科研的思维和方法，取得了优异的成绩，徐华老师也被评为优秀指导教师；在2012年全国大学生加筋土挡墙及砌块面板设计竞赛中取得全国总冠军，在2015年全国大学生岩土工程竞赛中取得三等奖。

2012年徐华老师指导学生获得全国大学生加筋土挡墙及砌块面板设计竞赛总冠军

2015年徐华老师指导学生获得全国大学生岩土工程竞赛三等奖

二、奖惩结合，健全科研团队评价制度

目前，徐华老师带领的科研团队有2位青年教师，10位研究生。团队的管理及评价制度主要包括：思想政治、科研成果、安全及考勤四个方面。团队把思想品德和政治表现作为考察的重要标准，在近年来招收的研究生中有一半以上是中国共产党党员，又有部分学生在团队文化的熏陶下，努力后成为中共党员。

团队十分注重对青年教师科研能力的提升和学生科研素养的培养，通过联合研究的形式帮助青年教师建立自己的科研方向和思路，积极帮助团队青年教师出国交流访问，以提升科研能力、开阔科研视野；同时，鼓励并资助学生参与国内外学术会议，将科研成果发表至高水平期刊、申报国家专利。团队把“育人成效”作为团队内科研表彰的重要标准，建立表彰奖励制度，对于获得重要成果的老师和同学，如发表高水平论文、授权专利、获得科技奖励等，均给

徐华老师团队参加全国第三届环境土工大会
（2016年南京）

徐华老师团队参加第15次中国岩石力学与工程学术年会
（2018年北京）

予不同等级的奖励。

同时，团队对安全问题十分重视，每年为所有团队成员购买保险，外出需向导师请假并按照研究生院管理制度完善请假手续；要求最后离开工作室者关好门窗，关闭所有电器设施，保障试验室和工作室的安全；要求在校研究生周一至周五须按规范的作息时间到工作室学习和工作，并不得从事与工作和学习无关的事情。对每一个学生每一个月都发放生活补助，对于困难学生在学费上进行帮助，但对于平时懒散，不能积极科研，未能完成任务的学生，将取消部分生活补助作为惩罚。

三、严把学术关，保障学术诚信

徐华老师团队非常注重对师生的诚信和品德培育，每月开展至少两次组会，组会不仅讨论科研项目的进展情况、试验安排以及遇到的问题，而且强调对于学生的学术诚信教育，要求团队师生不论是在科研工作中还是在日常交往中，实事求是，脚踏实地，尊重科学。

徐华老师团队邀请台湾暨南国际大学的刘家男教授
开展科学研究及学术写作讲座

团队每年还专门开展两次学术规范与学术道德的专题讲座，并邀请国际知名专家就科研思路、方法、论文写作等方面开展讲座进行交流，团队师生受益匪浅，长期以来形成了良好的学术氛围，养成了求真务实、开拓创新的科研精神。

不忘初心立德树人，脚踏实地科研育人

郭　春：工学博士，地下工程系副教授、博士生导师，美国乔治梅森大学访问学者。获评第十四届詹天佑铁道科学技术青年奖、第八届中国公路百名优秀工程师、第三届中西部土木建筑杰出工程师、第十一批四川省学术技术带头人后备人选。主要研究方向：隧道及复杂地下工程环境控制与节能技术、防灾减灾及交通控制技术，TOD规划与设计等。任土木工程学会隧道及地下工程分会地下铁道专业委员会、青年工作者专业委员会委员，四川省反恐怖工作专家、成都市地下空间规划专家。主持国家自然基金2项，主持、主研60余项各级科研项目。发表论文100余篇，其中SCI检索7篇，一区TOP期刊5篇，最高单篇IF12.11。合作出版专著6部，申报、获得专利、软件著作权30余项，获省部级以上科技奖励12项。主讲本、硕、博课程5门，主编中、英文教材各1本，主持教育部协同育人、省教育科研资助金等教改项目6项，发表教改论文10余篇，指导城市地下空间工程专业竞赛获全国特等奖等4项。担任国际期刊*Renewable & Sustainable Energy Reviews*、*Tunnelling and Underground Space Technology*、《中国公路学报》《西南交通大学学报》《铁道标准设计》《隧道建设》等期刊审稿人。最新研究论文相继发表于*Renewable & Sustainable Energy Reviews*（影响因子：12.11）、*Journal of Cleaner Production*（影响因子：7.246）等学术期刊。

郭春老师长期从事隧道与地下工程的通风、防灾、节能控制方面的理论及技术研究，对当前学科交融和跨专业合作的场景深有体会。他坚持科研育人，持续推进研究生科研能力、科研行动和科研管理的体系创新，积极开拓学生的国际视野，传承西南交通大学“严谨治学，严格要求”的优良治学传统，培养学生对求知和艰苦奋斗振兴中华的历史使命感。郭老师以交通隧道工程教育部重点实验室为依托，结合在研的国家级、省级等重大科研项目，指导在读研究生充分参与解决重大工程需求的科学研究工作，探索将思想政治教育与科研活动相融合，在研究生的科研活动中塑造研究生的价值观、人生观和世界观；以科研育人为导向，不断满足研究生对更高学术水平和更高精神需求的追求，塑造研究生在科研活动中的全面发展，培养具有爱国主义情怀、综合素质好、科研创新能力强、攻坚吃苦本领高的优秀本科生与研究生。

郭春老师积极推进实践育人和教学改革。他经常带领本科学生到工程现场实习（图1），请设计院、施工单位、运营管理单位的技术人员、管理人员给学生讲解实际工程中的各项问题、细节，让学生对课程内容有了由表到里，由浅到深的认识把握。

图1　郭春老师带领学生工地实习

针对本科教学及相应管理工作方面，郭春老师建立起“地下工程通风与防灾”课程体系，并编写了中、英两部教材，目前已被国内多所院校使用。（图2）他主持了教育部科技产学合作协同育人项目、四川省教育科研资助金项目等多项国家级、省部级教改研究课题，并已发表多篇教改论文，其中代表论文《一带一路背景下的“地下工程通风与防灾”课程全英文课程建设探索》发表于中文核心期刊《现代隧道技术》。

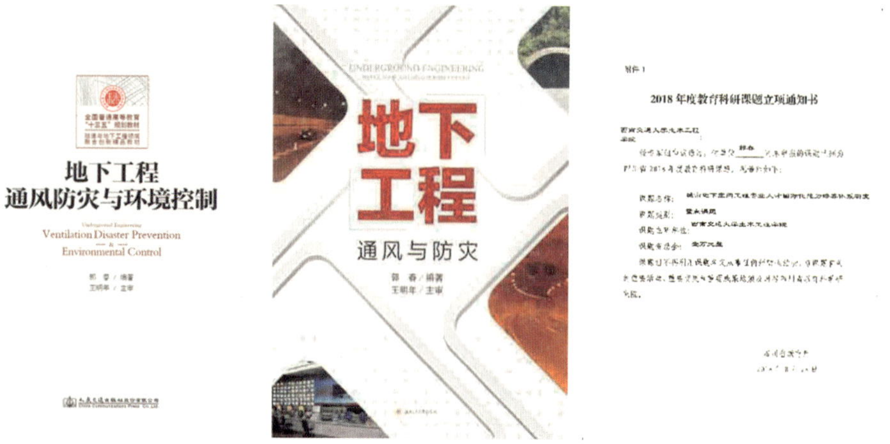

图2　郭春老师主持的教材编著与教学改革

为了应对新时代的科技挑战，满足新时期的育人需求，郭春老师响应国家新工科建设的号召，组织开发了“隧道通风虚拟仿真实验平台”（图3），以适应新技术、新产业、新业态和新模式为特征的新型工科格局，满足新时期土木工程与城市地下空间专业学生课程学习和专业认知的需求，提升课堂教学的认知效率。

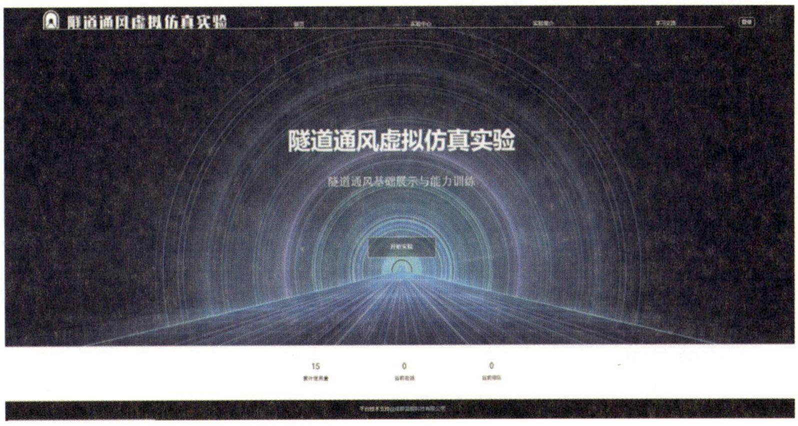

图3　郭春老师组织开发的隧道通风虚拟仿真实验平台

郭春老师共指导了8项国家、省、校等各级大学生创新创业训练计划，指导300余人次本科生、研究生参加多项各级竞赛。作为指导教师取得了全国高校城市地下空间工程专业大学生模型设计竞赛特等奖、二等奖、优秀奖各1项，中国城市轨道交通科技创新创业大赛三等奖1项（图4）。

图4　郭春老师带队参加全国高校城市地下空间工程专业大学生模型设计竞赛

郭春老师认为立德树人教育不仅在于言传身教，重在通过合理管理手段实现育人目的。管理手段主要有以下类：

①建立课题组定期例会制度。郭春老师通过定期组织研究生进行工作汇报，对研究生科研学术、课程学习、日常培养进行总体把握，指导研究生开展科研学术工作，推进课题组研究工

作和学生培养工作有序发展。

②建立完善的课题组研究生管理办法。课题组依照课题组管理规定规范研究生的科研、学术和生活。郭春老师认为研究生的管理要面向过程，鼓励研究生在日常生活中多做积累，按期汇报学术论文阅读成果，帮助研究生持续成长。

③深化学术道德和品德修养培养。郭春老师在日常课题组管理中融入对学生品德修养、科学精神和社会价值精神的培养。

④培养坚定使命与信念。郭春老师在定期例会和日常生活中关爱学生，通过意义阐释、价值追寻和精神引领使得学生积极向前，让研究生思想有活力，内心有力量，生命有意义，远离社会中不良“丧”文化，争做和谐社会正能量。

⑤在科研实践中培养研究生的科学精神。科学精神是实现社会文化职能的重要内容，郭春老师组织课题组探讨自然科学发展的优良传统，认知方式、行为规范和价值取向，在实践中检验学科理论和内在机理，让研究生们培养出求知和探索的学术品质，促进研究生养成自由探索的开放学术态度，不迷信权威，提倡批判和怀疑。

课题组当前在培研究生11人，其中硕士研究生9人，博士研究生2人。郭春老师十分重视研究生的科研和学术训练，组织研究生进行科研写作分享，写作练习，专利撰写培训等活动，在学术训练中挖掘研究生的科研能力，帮助研究生全面发展自我。课题组某博士研究生在2018年10月、11月和2019年4月连续发表3篇中科院一区国际期刊论文（影响因子：7.246），在所在院系引起热评，科研训练成果初显。

郭春老师高度重视研究生学术交流，倡导研究生开阔视野，开展多学科交叉互动、跨国家跨区域学科交流，组织研究生参与各项国内外高水平学术会议以及校际交流互访，通过交流学习增强对文化的胜任力和创新力。他认为开阔的国际视野是开展科研工作的重要基础，尤其注重博士研究生参与跨国跨文化交流，熟悉各国科研发展动态，具体包括动员博士研究生参加本学科最高层次国际盛会即世界隧道大会，参加西南交通大学“双一流”学生全球胜任力提升项目暨建候海外实践（日本）项目，在芝浦工业大学、千叶大学和大阪大学等世界知名学府进行参观学习，培养研究生对我国大交通产业文化的热忱和积极进取、不懈奋斗的科学精神。郭春老师积极引导研究生参与国内多项重大技术攻关项目，在重要国内会议做汇报展示，形成对研究生综合胜任力、创新力、科研能力和科研精神的全面培养。

课程育人重在发挥专业教师课程育人主体作用，郭春老师积极开展思想政治与心理健康教育活动，充分融合思政教育与理工科教育，通过创新思政教育理念，主动转变思路，充分挖掘地下工程课程在思政教育中的潜能。在文化教育中融合思政教育，郭春老师帮助学生对工程从整体到细节建立丰富感官体验和理论认识，培养学生对“一带一路”重大战略工程的热爱并接受了艰苦奋斗精神的洗礼。新形式的大思政教学拓宽了学生思政教育的范围，拓展了思政教育的内涵与外延，得到了学院的大力支持和学生的充分响应。

郭春老师认真学习习近平总书记关于新时代高校育人工作的讲话精神，围绕以德树人的根本任务，深入贯彻中共中央和国务院关于“三全育人”的工作理念，提高业务素质水平，加强自身政治修养，提高站位，把握思政教育核心价值理念，增强做好“三全育人”的行动自觉，

郭春老师听取课题组学生专项科研汇报

真抓实干，推动科研育人事业见常态出实效。通过多项措施并举，定期科研训练、科学的团队管理和不定期的学术交流活动，课题组研究生多次获得西南交通大学优秀研究生标兵、优秀研究生和优秀研究生干部等称号，课题组博士研究生凭借丰富的学术成果获得2019年度研究生国家奖学金。郭春老师的课题组形成了人人有专利、个个发论文的浓厚科研氛围，科研育人成果初显。郭老师将巩固优势，落实育人成效，继续探索科研育人长效机制，为新时代立德树人这一教育根本任务贡献力量。

依托平台及科研全心育人，服务“三全育人”综合改革

李福海：工学博士，高级工程师，硕士生导师。四川省学术与技术带头人后备人选，国家级土木工程实验教学中心副主任，西南交通大学建筑材料实验室副主任。中国混凝土与水泥制品协会教育与人力资源委员会理事，四川省混凝土协会理事，中国硅酸盐协会固废分会青委会委员，教育部学位与研究生教育发展中心论文通讯评议专家，浙江省、河北省科技奖评审专家，国家注册安全工程师，交通部检测工程师（桥梁、材料）。发表学术论文100余篇，授权国家专利12项，先后主持主研的科研项目共12项。目前主要研究方向为水泥基材料与混凝土科学；工业固废及建筑垃圾再利用；混凝土结构及材料耐久性；水泥基材料及其微观结构；地聚物混凝土、超韧性混凝土。担任*Engineering Structures*、*Construction and Building Material*、《土木工程学报》期刊审稿人。

自参加工作以来，李福海老师一直从事教学实验一线工作，教学工作热情认真、细致周到，教学成效优良，得到了教研室老师的肯定，为建筑材料教研室及土木工程实验教学中心的发展贡献自己的力量；在土木工程学院评估及学校本科教学评估期间，李老师放弃休息，协助教研室老师完成多项工作。他为人正直，做事干练，不计较个人得失，2009—2011年度及2015—2017年度2次获得西南交通大学校级优秀共产党员称号。

一、依托教学平台，积极探索实践育人

李福海老师一直承担土木工程学院土木工程专业、建筑学院建筑学专业及经济管理学院工程管理专业“建筑材料”理论及实验教学。在具体工作中，李老师踏实勤奋、热情认真，把好教学环节的每一关。为了更快和更好地提高建筑材料理论及实验课堂的教学效果，传授学生更多更新的知识，他还非常重视专业知识的学习和工作技能的提高。无论是重复的实验课还是新开的实验课，他都认真准备，培养学生严谨的治学作风，极大地提高了课堂的学习效果。李福

海老师还非常重视建筑材料课程教学改革，不断探索和尝试新的教学方法，主持省级教改项目2项，校级教改项目4项。在繁琐的日常教学中，他不忘总结经验，发表教改论文《建筑材料试验预习系统的建设与效果》《土木工程材料课程实验创新探讨》及《建筑材料实验教学三位一体模式探索》。自2007年以来，他指导学生SRTP项目20余项、个性化实验10余项，并多次获得SRTP项目优秀证书（图1）。自2010年至2021年，他作为指导教师带队参加了第一至第六届全国大学生混凝土材料设计大赛，多次获得特等奖、一等奖及优秀指导教师奖，并指导土木工程学院本科生以第一作者发表SCI及核心论文多篇。（图2~图5）

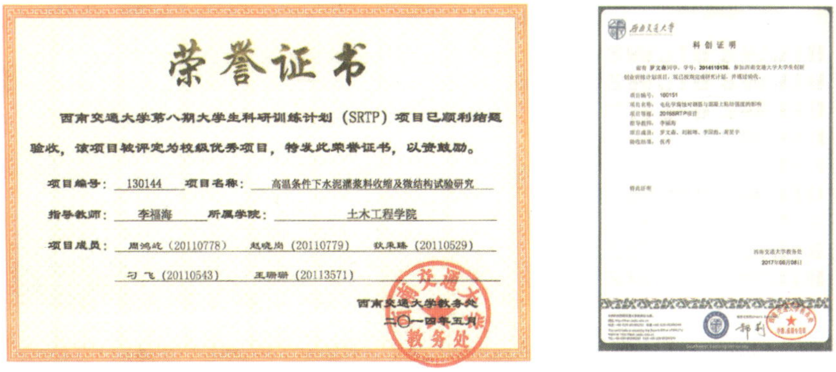

图1　李福海老师指导的本科生SRTP项目获得优秀

图2　李福海老师指导第一至四届全国大学生混凝土材料设计大赛

荣誉证书
HONORARY CREDENTIAL
申伟 同学：
在2010年"金海岸建材"杯首届全国（U30）大学生混凝土材料设计大赛中表现突出，荣获三等奖。
特发此证，以资鼓励。
中国混凝土与水泥制品协会 教育与人力资源委员会
全国高等学校建筑材料学科研究会
二零一零年八月

奖 状
西南交通大学 万璐 同学：
在2014年"苏博特"杯第三届全国大学生混凝土材料设计大赛中表现优异，荣获团体二等奖。
特发此证，以资鼓励。

奖 状
西南交通大学 周鸿屹 同学：
在2014年"苏博特"杯第三届全国大学生混凝土材料设计大赛中表现优异，荣获团体特等奖。
特发此证，以资鼓励。

图3 李福海老师指导的学生获得的全国大学生混凝土材料设计大赛部分获奖证书

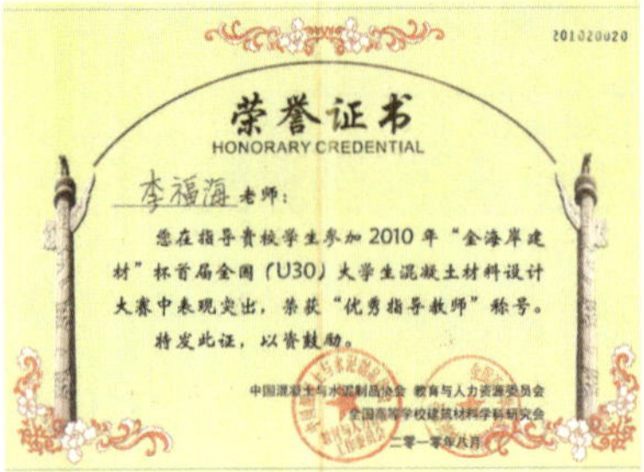
荣誉证书
HONORARY CREDENTIAL
李福海 老师：
您在指导贵校学生参加2010年"金海岸建材"杯首届全国（U30）大学生混凝土材料设计大赛中表现突出，荣获"优秀指导教师"称号。
特发此证，以资鼓励。
中国混凝土与水泥制品协会 教育与人力资源委员会
全国高等学校建筑材料学科研究会
二零一零年八月

荣誉证书
李福海 老师：
在2012年"苏博特"杯第二届全国大学生混凝土材料设计大赛中表现突出，荣获优秀指导教师奖。
特发此证，以资鼓励。
中国 南京
CCPA 教育与人力资源委员会
全国高校建筑材料学科研究会
二零一二年五月

证 书
西南交通大学
李福海 在"苏博特"杯第四届全国大学生混凝土材料设计大赛中，荣获
优秀指导教师奖

图4 李福海老师多次获得全国大学生混凝土材料设计大赛优秀指导教师称号

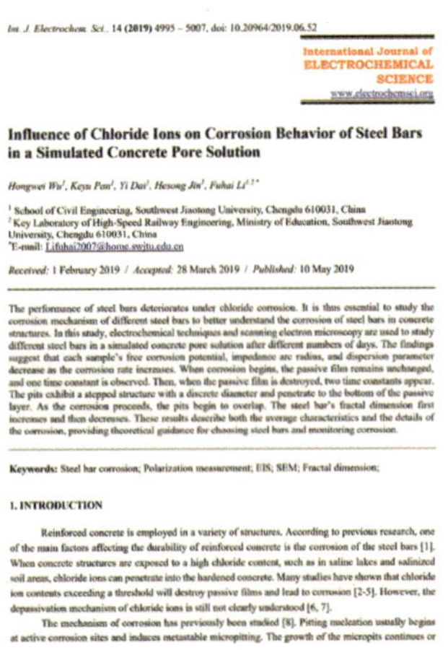
Influence of Chloride Ions on Corrosion Behavior of Steel Bars in a Simulated Concrete Pore Solution

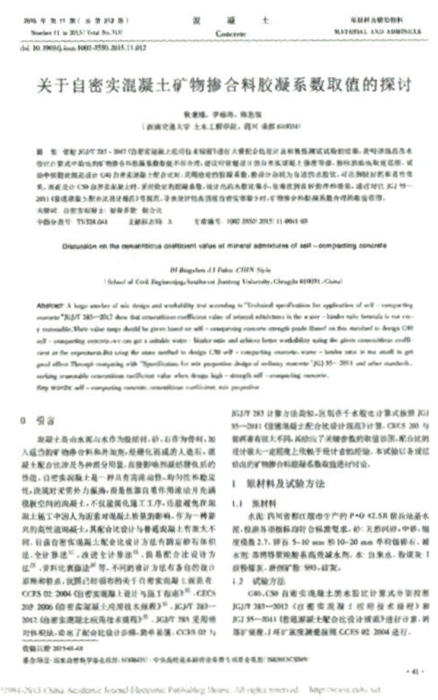
关于自密实混凝土矿物掺合料胶凝系数取值的探讨

电化学腐蚀对钢筋与混凝土粘结强度的影响
Influence of Electrochemical Corrosion on Reinforced-concrete Bond Strength

图5 李福海老师指导的本科生以第一作者发表SCI及核心期刊收录文章

二、依托科研项目，积极探索科研育人

在科研方面，李福海老师先后主持并参与国家自然科学基金、省部级科研项目多项；发表论文100余篇，其中SCI和EI论文30多篇；受邀参加亚洲混凝土国际会议及香港混凝土年会并做大会报告，并建立起亚洲泰国理工、亚洲混凝土协会与四川的合作关系，为我国融入"一带一路"共建贡献自己的力量。在开展科研的过程中，李福海老师将科研项目转化成本科生与研究生的科研内容，定期每周一下午与青年教师、访问学者及研究生开展组会交流（图6），研究生分别汇报科研项目进展、文献资料心得，定制科研计划。为拓宽学生的学术视野，他带青年教

师及学生参加行业内学术会议（图7），多位研究生获得国家奖学金。（图8）此外，他还与学生交流学习及生活中的困惑，与学生亦师亦友。

图6　李福海老师组织学生每周组会交流

图7　李福海老师带学生参加学术交流

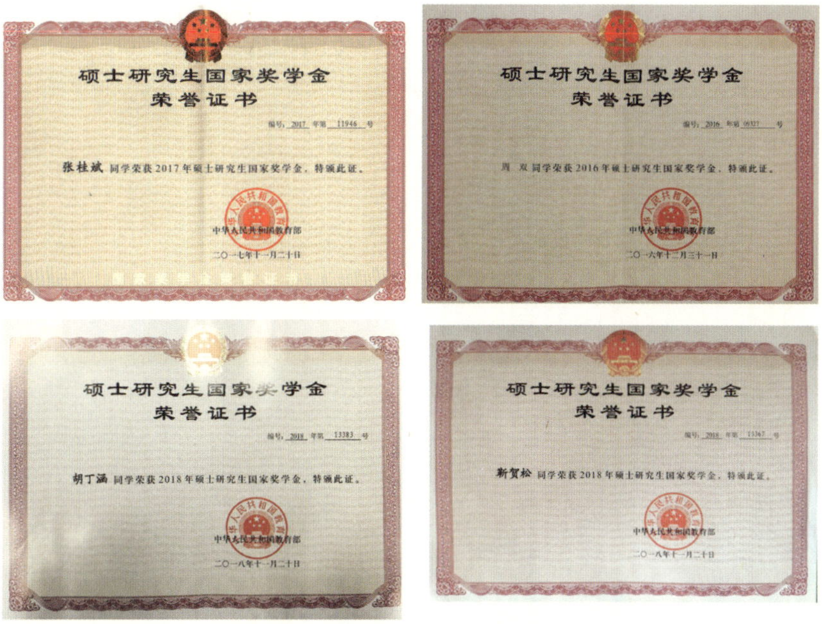

图8　李福海老师指导的硕士研究生获得国家奖学金

三、支教西藏大学，助力培养藏大学生

除了自身的工作和学习之外，李福海老师还积极服务社会，用自己的知识回报社会与学校。2008年及2012年，西南交通大学选派他两次作为援藏教师在西藏大学工学院支教，为西藏大学的建设出力。（图9）根据西藏大学工学院的工作安排，李福海老师负责“建筑材料”课程教学及“建筑材料”实验课程的设置、实验场地的布置及实验内容的培训。

图9 西藏大学主页报道李福海老师援藏工作

在西藏，除了工作之外，李福海老师体会到自然的美丽、生命的坚强以及教育的艰辛。为了西藏的教育事业，许许多多的老师坚守西藏，坚守教育，克服了高原反应及极端的气候，按计划、按要求圆满地完成了自己的援藏工作。两次的高原锻炼，总结援藏工作的点点滴滴，品味其中的酸甜苦辣，李福海老师体会到雪域高原独特的性格——坚毅、刚强、豁达和忍耐，这也让李福海老师终身受益。

志以科研，德以育人

韦　凯：研究员，教授，博导。主持国家自然科学基金面上项目2项、青年项目1项以及四川省科技支撑计划项目、中国博士后基金特别资助项目和面上项目等各1项，铁路总公司、地铁公司、设计院等企事业单位的横向课题50余项。发表SCI、EI收录论文70余篇，授权发明专利20余项（其中主持授权发明专利10项），软件著作权3项。兼任中国振动工程学会随机振动专业委员会委员、世界交通运输大会（WTC）轨道交通“振动噪声”技术委员会主席。

2015年，中共中央办公厅、国务院办公厅印发的《关于进一步加强和改进新形势下高校宣传思想工作的意见》强调科研育人是高校在新形势下响应党和国家号召，将科教相融合，使人才培养紧跟国家创新发展主题，发展出的更具时代意义的新型育人理念与育人模式。科研育人通过将科研与教学相融合，将教学与科研两大资源整合，激发教师教学热情和学生参与科研活动的积极性，促进教学相长，是提升学生综合素质、保障人才培养质量，释放科技创新活力、促进科研成果产出的新型育人模式。因此，科研育人不仅是高层次人才培养的重要途径，也是提升高校科研竞争力与学科发展潜力、创建“双一流”和“高水平”大学的重要支撑。随着基础教育课程改革的不断深入，对教师的要求也不断地提高。建设高素质的教师队伍是我国实现“基础教育从应试教育向素质教育转轨”的关键。科研育人是一项长期且不断学习完善的任务，下面我将结合自身的科研教学经历，将科研育人主要归纳为以下三个方面。

一、学术有德，诚信为本

诚信二字，自古与学术文化相生并存。孟子曰：“车无辕而不行，人无信则不立。”当代大学生作为肩负着中国梦的新时代力量，在求学之路上更应当认真领悟诚信的本质和内涵，积极倡导诚实守信的道德观念，正确认识学术诚信对砥砺品格、升华人格的重要意义。学术科研诚信是指导和促进我国科研事业进步的关键所在，学术道德和科研诚信作为创新文化的核心内涵，渗透在国家创新体系的各个层面。学术道德规范是科学教学研究工作者应遵循的基本伦理和规范。而诚信学术是保证学术正常交流、提高学术水平、实现学术积累和创新的根本保障。所以，学术诚信的重要性是不言而喻的。

科研在于创新，学术在于求真，老师要高度重视并充分认识学术诚信的重要性和学术不端的危害性，并对学生灌输树立求真求实、实事求是的学习态度。学者要做到学术创新，需要明确其论文写作的切入点，了解其在国内外的研究现状，看看哪些问题已经有了较为细致的探讨，哪些问题几乎无人涉猎，那么这部分便可作为切入点。然后需要进行大量的文献查阅工作和实验探究工作，这一环节是十分必要的，而且一定要做到埋头苦干、不弄虚作假，拿事实说话。

“立言先立德，做文先做人”，严谨治学，以德为先。科研人员应陶冶其学术诚信情感，道德情感需要个体在对事物有了认知的基础上进而陶冶其情感，让其从内心形成更加认同此事物的情感体验，这样更有利于学者学术诚信的养成。在科研教学过程中，老师要在学术道德上率先垂范，并引导学生牢固树立学术诚信意识，加强学术规范锻炼，提升学术规范素养，努力造就完美的学术品格，掌握硬本领、真技术，努力解决科研实际问题，勇攀科学高峰，实现自身发展，为国家发展和科技进步提供永久的动力支持。

“青年信于世界，则国信于世界”，因此青年大学生应当担当时代重任，做诚实笃信的典范。学术诚信不仅仅是口号与标语，更是良知和理想。图1是本人给课题组研究生常讲的重要议题。

图1　韦凯老师给学生开展学术诚信讲座

二、重视批判思维，培养自主学习

传统的工科人才培养模式的根本问题是课堂教学的还原论范式与毕业后求解现实社会问题的整体论范式之间存在冲突。学生被动地接受知识无助于实际生活中问题的解决，而批判性思维能够使问题清晰化、简单化，创新化，且信息化时代新知识的产生和传播都以前所未有的速度进行，具有批判性思维能够更好地分辨进而选择、利用信息。批判性思维能力能够帮助学生更好地认识和界定问题，从浩如烟海的网络信息中找出问题的相关内容，并且能够分析内容之间的联系，分辨各种观点的利弊，从而增加学生在信息化时代选择、理解、评价运用知识的能力，更好地适应信息化时代。

孟子曾说“尽信书，则不如无书”，说明了读书中“怀疑精神”的重要性。而批判性思维能力不仅是对所学知识提出是非利弊的判断能力，也是日常生活的工具。学生深入研究复杂学问，能够有效培养思维方式和分析问题、解决问题的能力。但是学生精力有限，对问题的思考并不是都要建立在系统知识的基础上，一些常见的逻辑思维和基本的数理推理的学习也能够培养批判性思维。导师在科研教学过程中，不要只让学生当旁观者，将知识填鸭式地都给予学生。如果导师解决所有问题，当学生处理问题的时候，就会不明白需要什么信息，从哪里可以获得信息。而主动学习的环境才能使学生成为自我学习的个体，有利于思维的发展，有利于学生积极探索解决问题的不同办法，能够有效地提高发散性思维能力。

“未来的文盲不是不识字的人，而是不会学习的人。”因此，在平时的科研教学中，要注意学生批判性思维的培养，促进学生养成批判性思维的意识。批判性思维的培养要求导师创造主动学习的环境，包括向学生提出贴近实际的问题，让学生在小组内合作交流，激发学生的好奇心，引导鼓励学生有效积极地思考，自主学习搜集问题相关的资料，学以致用并提出可能解决该问题的假设，检验假设合理性，让学生主动获得解决问题的经验，并且找到解决问题的不同方法。

“城市轨道交通工程”是一门综合土木、机械、电气、管理等学科的交叉课程，传统被动式的教育模式会造成学生的“审美疲劳”，同时又因为书本知识的滞后性而造成与实现目标的脱轨。因此，该课程不仅要让学生对城市轨道交通的基本知识全面掌握，同时需要培养学生对实际问题的批判性思维与自主学习的能力。图2是结合本人自身的教学经历，列举了“城市轨道交通工程”课程中同学们对“我国现有城市轨道交通线网规划设计的创新与不足”议题的自我见解与想法，学生们通过小组讨论的学习方式，结合课本知识与网络信息，针对各城市线网规划的实际问题主观能动地“批判”与思考，此过程不仅有助于学生对既有知识的巩固和强化，同时提高了同学们的积极主动性。

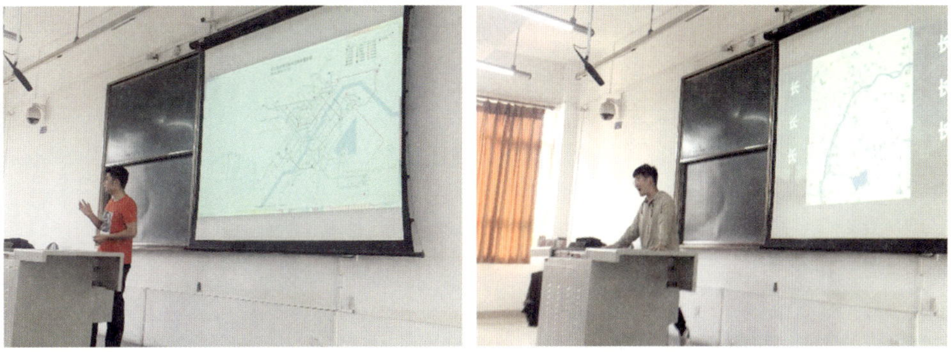

图2　韦凯老师的课堂案例“培养学生的批判性思维与自主学习能力”

三、尊重个体特点，协作共同进步

初为导师，很多青年教师在科研教学过程中也是摸着石头过河。虽然有很多途径可以获得如何带好学生的理论指导，但不论这些理论或规章制度如何详细，也不能准确地写出人与人之间传递知识的确切方式，青年教师只有在与学生的交流中慢慢摸索才能有所收获。科研教学生活中老师需要和学生友好地配合，科研教学需要的是一个团队之间的协作，“三个臭皮匠，胜过诸葛亮”，集体的智慧和能量不可小觑。老师既是学生学习的参与者、引导者，亦是合作者。老师的作用不再只是“教”而应包含“导”，要始终落实“弟子不必不如师，师不必贤于弟子” 的平等民主理念。在整个团队中，老师与学生始终共同探究问题，协作进步。现如今，培养学生早已不是基础教育的范畴，这个阶段更多的是研究和教学之间的平衡。老师的作用不仅仅是集中在观点介绍、文献引用和综合讨论的方法上，最重要的还是要结合每个学生的特点因材施教。

从大的方向上来说，学生入学后至少要与他们做几次思想上的交流，要大致了解学生以后是想终生从事科研行业，还是毕业就准备去企业。根据学生以后的职业方向，在指导过程中的偏重应该是不一样的：愿意一直从事科研行业的就偏重基础知识传授与科研技巧，让他们多做一些更基础的研究，为以后的提高打好基础；而愿意毕业就去企业工作的就要偏重动手实践的能力，有时间的话，也为其留意一下是不是有合适的单位。在具体的指导过程中，由于每个学生的个性、基础知识和学术敏感性都不一样，因材施教是关键。基础好的，研究能力强的，科研积极性高的可以定难一点的题目，甚至用博士生的水平要求他们。对于这类学生导师要做的就是开会、看文献、定方向，在他们需要帮助的时候给予及时的帮助。平时放手一点或许更有利于他们发挥自己的潜质。但对于基础比较差的，学术敏感性不高的学生，可以定简单一点的题目或者指定一个特定的小型项目。另外在他们阅读文献或是进行实验的时候都多给予一些耐心的提点，及时讨论实验中的问题，纠正错误，争取按时毕业。此外，坚持每周与学生开一次会，保持学术上的沟通，形成良好的学术氛围。特别是那种比较被动的学生，要经常叫过来询问一下进度，给他们适当的压力来推动项目的进展。

良好的导师与学生之间的关系，不仅仅是带而是真正的培养，是老师和学生之间的相互协作、相互促进。老师要以自己的智慧、见解给学生的未来提出有价值的建议，使学生的潜质得到最大化的发挥，给学生指出一个明确的未来。表1为本人自2013年担任硕导、2016年担任博导以来，我名下硕士生的主要成果。这些成效反映了本人心中科研育人三要素的教导实践效果。

表1　韦凯老师指导的硕士研究生成果一览表

届数	姓名	主要成果	毕业去向
2013	杨帆	荣获国家奖学金 协助导师完成1篇二区SCI论文	西南交通大学攻读博士
2013	周昌盛	荣获国家奖学金	中国中铁二院工程集团有限责任公司
2013	赵东锋	协助导师授权2项发明专利	中铁上海设计院集团有限公司
2014	张攀	协助导师完成1篇二区SCI论文 协助导师授权1项发明专利	代尔夫特大学攻读博士
2014	梁迎春	荣获国家奖学金 协助导师完成1篇SCI论文	成都市选调生
2014	刘子煊	荣获国家奖学金 协助导师完成1篇二区SCI论文	西南交通大学攻读博士
2015	豆银玲	荣获博士研究生“扬华新秀”奖学金 协助导师完成2篇二/三区SCI论文	西南交通大学攻读博士
2015	杨麒陆	荣获国家奖学金 协助导师完成1篇二区SCI论文	中铁建昆仑投资集团
2015	葛辉	荣获铁79专项奖学金 协助导师申请1项发明专利	上海铁路局建设指挥部
2016	王丰	研一即荣获国家奖学金 协助导师授权3项发明专利 协助导师完成1篇二区SCI论文	奥克兰大学攻读博士
2016	牛澎波	荣获复光铁道奖学金 协助导师申请2项发明专利	中国建筑第七工程局有限公司
2017	赵泽明	研一即荣获国家奖学金 协助导师申请4项发明专利 协助导师完成1篇二区SCI论文	西南交通大学攻读博士
2017	王绍华	协助导师申请4项发明专利	奥克兰大学攻读博士
2017	欧灵畅	申请1项软件著作权 协助导师申请2项发明专利	中铁二院 重庆勘察设计研究院有限责任公司

总而言之，作为导师，在教学的过程中身兼多种角色，责任是重大而艰巨的。在信息飞速发展的今天，社会对导师的角色提出了更多全新的要求，导师要不断地丰富自己的修养，在富有挑战性和创造性的工作中，引导学生“学会做人，学会合作，学会做事，学会发展”，不断为国家培养优秀的人才。

胸怀年轻之心，做伙伴式的老师

孙晓丹： 工学博士，副教授、博士研究生导师，四川省学术和技术带头人后备人选，中国地震学会基础设施防震减灾青年委员会委员，西南交通大学雏鹰学者。主持和参与国家自然科学基金面上、青年项目、重点项目5项、铁道部科技开发项目2项。迄今发表论文30余篇，其中SCI检索10篇，EI检索7篇。

党的十九大强调，建设教育强国是中华民族伟大复兴的基础工程，必须把教育事业放在优先位置，办好人民满意的教育。孙晓丹老师自2010年入校，即开展教书育人工作。不仅承担了多门本科和研究生课程，每年讲授量达180学时以上，还参加了首批西南交通大学全英文教学培训，不断提升自己的教学技能。在10年的教书育人过程中，逐渐形成了独特的风格和思路。

一、关注思想，积极向上

孙晓丹老师忠诚党的教育事业，遵纪守法、爱岗敬业，拥护党的领导，关注国家方针政策，积极参加单位组织的各项政治学习。她始终树立着科研是为了祖国能够站稳在世界之巅的想法，在多次出访国外的经历中始终保持高度思想政治觉悟。坚持“一切始于爱国，一切为了爱国”的原则，树立正确的价值观，并把爱国的赤子之心渗透在生活的方方面面。在每个星期的例行组会中，孙晓丹老师都会首先关注学生们的思想状态，在科研发展趋势讲解中贯穿国家发展的大需求，时时鼓励学生们积极向党组织靠拢，争取早日成为中国共产党的一分子。在国庆时，她与学生相约同看70周年阅兵仪式，共同观赏电影《我和我的祖国》，一起感受阅兵时的旌旗飘扬、铁甲生辉，在电影每一个激动人心的镜头中回味祖国的发展历程，感受祖国的强盛，强化作为一个中国人的民族自豪感。

习近平总书记强调，人类对自然规律的认知没有止境，防灾减灾、抗灾救灾是人类生存发展的永恒课题。在培养研究生的过程中，孙晓丹老师时刻不忘为保障国家科技强国输送人才的责任。教育和引领学生科学认识致灾规律，特别是对自身的科研方向，基于随机理论及波动理论的强地震动破坏作用场模拟、重大工程设定地震动输入、交通线路工程穿越高烈度地震区地震危险性研究等，认清这些研究方向对探究致灾规律、减轻灾害损失、国家发展战略的重要意义，消除学生们对偏地震学研究的疑惑和抵触心理。

二、求真笃行，厚德性平

孙晓丹老师一直认为，培养学生求真务实的科研态度比要求学生多出科研成果更为重要。团队内的每个研究生，在入学的第一次组会上，都会受到关于学术诚信和学术规范的教育。孙老师也以身作则，在研究生培养的每一步都严格要求学生遵守科研道德，从文献的查找和引用，数据的使用和分析，到图表的制作和PPT的准备等，都细致入微地教授学生如何遵守学术规范，保证学术成果质量，宁缺毋滥。面对研究生中存在争取奖学金加分的攀比行为，孙老师鼓励学生树立正确的科研目标，任何以评奖为目标的科学研究都难免归于浮躁。她常常对学生说：“做科研要有一颗能静得下来的心，要在纷繁复杂的环境中按照自己既定的节奏一往无前。”孙晓丹老师一直认为，导师，不仅是学生读书期间的学术引领者，更重要的身份是学生道德品质的培育人。无论学生毕业后继续在高校中从事科研育人工作，还是走入社会成为工程领域从业者，都能够不忘初心，不为利益虚荣诱惑，保持纯净的心灵。

三、深入团队，循循善诱

孙晓丹老师深深清楚，本科阶段教育和研究生阶段教育的差别。很多学生在本科阶段都是以学习课本知识为主，科研方面基础比较薄弱，科研创新的意识也比较模糊。习近平总书记在党的十九大报告中指出，创新是引领发展的第一动力，是建设现代化经济体系的战略支撑。科研需要创新，视野太过局限会失去科研意义。因此，在研究生培养最初，每位学生都是从查找文献、阅读文献、整理文献开始，她要求学生对最新的科研成果和研究热点保持敏感。在每周一次的组会上，孙老师组织学生们将文献调研的结果进行汇报，大胆提出自己的想法及解决方案，同时安排不同研究课题的学生们共同讨论，激发方向交叉的创新灵感。

孙老师自身的研究方向以数据分析、软件编程和数值模拟为主。鉴于大多数土木专业的本科生对科学计算语言不够了解，对每一年新来的研究生，她都亲力亲为，手把手地从软件的安装使用、数据的处理、编程语言的学习方面讲授，引领学生们在很短的时间内快速步入科研轨道。同时不忘锻炼研究生的自我学习和研究能力。孙老师认为，科研之所以被大多数学生认为是枯燥乏味的事，是因为他们并没有发现科研的有趣之处。每当遇到关键的技术问题或瓶颈，她不会直接抛出答案，而是先抛出问题，带领学生抽丝剥茧、梳理技术难题出现的原因，启发学生思考解决技术难题的各种方法，并逐一判断各种方法的可能性和预期成果。把这个过程，转变为有趣的逻辑谜题，令学生慢慢体验解谜的过程，体会成功的兴奋，逐渐培养学生自己解决问题的兴趣和能力。孙老师是一个相对安静、少于外勤的人，除非必要的会议和出差，绝大多数的时间都在办公室工作。每当学生们遇到科研上的瓶颈，总能及时地求教老师。面对研究生新生遇到的调试程序、参数选择等疑惑，她总是不厌其烦、细致入微地带领学生一起调试、共同商定，与学生一起思考运行结果和研究方向等，让学生们在科研路上不会感到孤单无助，也及时避免学生的研究方向出现偏差。（图1）

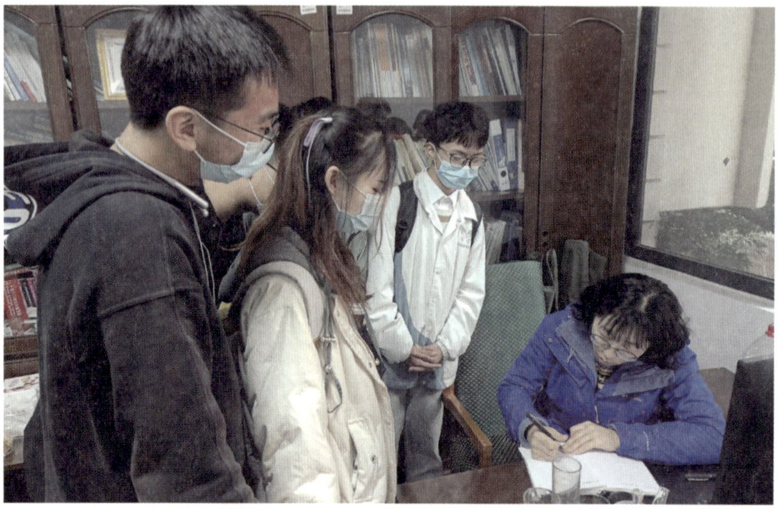

图1　孙晓丹老师指导学生科研工作

四、深造发展，因材施教

孙晓丹老师曾两次前往美国国家地质调查局USGS丹佛联邦中心访学，具有较强的英文学术沟通能力，自2011年起连续10年承担国际留学生全英文专业课“Basic Engineering Seismology”的授课任务，教学效果良好。作为2007年我国第三批留学潮的首届访学受资助人，孙老师深深了解国家开放留学资助背后的期望。而两次的海外留学经历，也让孙老师深深体会到拓宽学术眼界的重要性。我们祖国的科技仍然与世界强国有差距，而每一个中国科技工作者，更要走出去、向世界学习先进的科学技术，报效祖国。在研究生培养过程中，孙晓丹老师也时常培养学生的海外求学意识，督促有意读博深造的学生备考国际英语考试，积极输送学生去科技先进国家和先进的科研院所，并在学生海外读博的过程中不忘定期关心学生的学业进展和身心发展，督促学生珍惜时间、牢记报效国家的使命。迄今为止，已输送多位学生去海外求学，部分学生在独立科研方面已出现质的飞跃。孙老师同时也注意因材施教，对于没有读博意向的同学，在研究生学习阶段，注意增加学生们工程实践的机会，使每个学生都能在感兴趣的和擅长的领域保持专注，最大化地发挥自己的长处和优点。

五、寓教于乐，劳逸结合

孙晓丹老师在科研之外，是一个爱好广泛、富有生活情趣的人。虽然年近不惑，却始终保持一颗年轻的心，在业余时间喜欢关注年轻一代的爱好和追求，以此与学生们打成一片。每周工作日的中午，孙老师团队都尽量保持团队午餐习惯，午餐时与学生们一起探讨最流行的新闻、笑话和游戏。团队每周的组会，也是以温馨的下午茶形式开展。孙老师会买来可口的蛋糕和饮料，师生们在一种自在融洽的环境中开展讨论。另外，孙老师坚信身体健康是报效祖国的基础。学习、工作、休息三者需要均衡，相辅相成，才能保证科研的最大效率。作为团队负责人，孙老师常在闲暇时带领团队学生进行体育运动，特别办理了羽毛球年卡，每周组织团队学生打一次羽毛球比赛，强制要求每位学生上场，增加运动量，增强学生体质。劳逸结合的生活方式使学生们朝着身心健康的方向茁壮成长，也锻炼了他们吃苦耐劳的毅力。

此外，孙晓丹老师特别喜欢推理解谜一类的活动，她认为作为科研工作人员，锻炼逻辑推理能力有助于科研工作的深入。而密室逃脱等一类推理活动，在娱乐中锻炼了逻辑思维能力，是一种很好的寓教于乐的方式。因此，孙老师定期会组织团队活动，共同参与密室逃脱等推理活动。在中华人民共和国成立70周年国庆来临之际，她带领学生参加剧场式密室逃脱《风声》（图2），以国共战争时期地下共产党员的真实经历为背景，运用智慧、发挥勇气，在重重危险中完成接头、寻找线索等任务，将情报成功带出反动政府总部。活动中，学生们亲历亲受，切身体会到了潜伏的革命先辈们身处的危险和恐惧，更加感动于先辈们为祖国统一做出的牺牲，体会到今天的安定幸福来之不易，坚定了学生们报效祖国的决心。在娱乐中锻炼了学生们的勇气和逻辑思维，同时进行了爱国主义思想政治教育，一举多得。

孙晓丹老师这种胸怀年轻之心，与学生们打成一片、融为一团的方法，形成了“80后”教师科研育人的独特风格。

图2　孙晓丹老师与学生一起参加团队活动

勠力践行科研育人之路，着力培养创新型人才，服务交通强国战略

方　勇：教授，博士生导师，青年长江学者，“大型及复杂交通隧道工程教育部创新团队”及“黄大年式交通隧道工程教师团队”核心成员，现任土木工程学会隧道及地下工程分会下属2个专业委员会副主任委员、岩石力学与工程学会软岩工程与深部灾害控制分会和水下隧道分会2个二级分会理事，四川省科技青年联合会理事，获得2019年四川省杰出青年基金、四川省学术和技术带头人、第十三届詹天佑铁道科学技术奖-青年奖等荣誉称号和人才计划，并担任国家自然科学基金通讯评审人，*Tunnelling and Underground Space Technology*、*Computers and Geotechnics*、《土木工程学报》《岩石力学与工程学报》《岩土工程学报》等期刊审稿人。先后获得2019年国家科技进步一等奖（第2完成人）、2015年国家技术发明奖二等奖（第4完成人）、2014年中国公路学会科学技术特等奖（排名第7）、2012年四川省科技进步一等奖（排名第5）等国家和省部级科技进步奖励10余项，发表SCI、EI、CSCD检索论文130篇次，获授权发明专利21件。

一、立足教师本职工作，做合格党员教师

作为一名党员教师，方勇老师自走上教师岗位以来一直积极践行党的教育方针，坚持不懈地提高自身道德修养，时刻牢记教育使命，始终以饱满的热情和无私奉献的精神投入到教学和科研工作中，坚持以严谨、细致、耐心的态度进行教学和科研工作。在一丝不苟推进科研任务的同时，方勇老师也一直坚持进行形式多样的本科生和研究生教学工作。从教以来，方勇老师先后讲授了“隧道工程”“水下隧道”“高速公路隧道”“土木工程概论”和“工程计算实践”等隧道与地下工程系本科生与研究生主干课程。方老师结合所讲课程的特点，在教学工作中不断钻研教学方法，努力改进授课方式，不断优化授课内容，在教学过程中根据所授课程的特点，引入了多媒体辅助教学、工程现场参观等多样化、创新性的教学方式，同时通过广泛调研用人单位需求的人才特质并结合当前学科研究趋势，灵活地进行教学内容调整，保证了教学

内容的实用性和先进性，使教学内容与后续的工作及研究无缝衔接，通过上述措施，激发了学生的学习兴趣，提高了授课效果，获得了学生的广泛认可。方勇老师获得了第三届全国高校城市地下空间工程专业青年教师讲课比赛二等奖。在做好授课工作之余，方勇老师还响应学校号召，积极为学生开展学术讲座，在2017年11月作为第23期眷诚大讲堂主讲人开展了“地铁盾构隧道掘进技术”的讲座（图1），向参与讲座的研究生讲述了我国地铁盾构隧道发展历程，介绍了交大隧道与地下工程系在盾构隧道发展历程中做出的突出贡献。

图1 方勇老师为学生开展第23期眷诚大讲堂创新讲座

同时，方勇老师认为国际交流对于拓展广大学生的国际视野具有重要作用，近年来方老师多次邀请隧道领域国际著名专家来学校开展学术交流，促进学院师生与国际著名专家交流合作。其中在方老师的邀请下，科罗拉多矿业大学Jamal Rostami教授曾两次到访学校开展学术交流，其间Jamal教授进行了多场学术报告，介绍了隧道TBM装备选择与施工性能预测、月球隧道掘进等最新的研究成果，极大地激发了学生的科研兴趣，拓展了研究生的学术视野。（图2）

图2 方勇老师邀请Jamal Rostami教授来学校进行学术交流

学科竞赛是提升学生创新能力，培养学生综合能力的重要手段。方勇老师鼓励学生参加各类学科竞赛，并在仪器、场地各方面给予支持。2018年方老师作为指导教师指导学生参加了第四届四川省“互联网+”大学生创新创业大赛并获得铜奖（图3），此外还指导了多项大学生科研训练计划（SRTP）及土木工程学院科研育人创新训练项目，收到了良好的效果，获得了学生的一致好评。

获奖证书

段宛伶、禹壮壮、熊籽lsquo;lsquo;、李瑾、金钊：

你们的作品《净达—新型隧道净化系统》，在第四届四川省“互联网+”大学生创新创业大赛中荣获 铜奖

指导老师：苗苗、方勇

特发此证，以资鼓励。

二〇一八年十二月

图3 方勇老师指导学生获第四届四川省“互联网+”大学生创新创业大赛铜奖

二、寓教于研，提升研究生综合能力

作为一名研究生导师，方勇老师以培养具有扎实的理论基础、丰富的专业知识、切实的实践能力、大胆的创新精神、宽广的国际视野和强烈的社会责任感的卓越人才为目标，坚持科研育人导向，坚持自强不息、取精用宏的治学精神，坚持学术诚信教育，将科学研究过程与研究生培养有机结合，在研究生培养过程中充分尊重每一位研究生的个体特点，通过全面了解学生的特点和科研兴趣，做到因材施教，以国家战略和产业需求为价值导向，鼓励学生积极进行科研探索，同时结合团队文化建设探索形成了一套覆盖面广、可操作性强的研究生培养机制。目前方老师课题组共分为盾构隧道和山岭隧道两个主要研究方向，包括盾构隧道施工掘进技术、土压平衡盾构渣土改良技术、泥水平衡盾构泥浆成膜机理和复杂条件隧道施工等多个子方向，研究生可根据自己的兴趣爱好、职业规划自主选择研究方向。

针对研究过程中出现的重难点研究问题，方勇老师带领课题组研究生采用“头脑风暴”的形式寻找解决方案，具体实施形式为：在课题研究过程中遇到“疑难杂症”时，召集研究生集中开会讨论，鼓励大家集思广益、畅所欲言，你一言我一语，最终实现针对性地解决相关问题的目标，在解决问题的同时往往还能产生一些新的研究方向或创新点。（图4）

图4　方勇老师与课题组研究生进行科研问题“头脑风暴”探讨

科学研究能力的培养是研究生培养的重要任务，方勇老师通过让学生在学习中参与科研、在科研中深化学习，培养研究生科研能力，夯实理论基础，提升学术水平，形成了寓教于研的协同育人模式，通过采用“传帮带”使新生研究生迅速进入科研状态，融入科研团队。在平时的科学研究过程中，方勇老师全程负责科研项目各个环节的指导，帮助研究生熟悉掌握科研的方法和流程，从课题立项申请、研究大纲制定、试验开展、研究报告撰写到研究成果凝练，方老师都会对研究生进行耐心、细致的指导，鼓励研究生发挥主观能动性和创造能力。方老师通过“问题提出—试验设计—解决方案”的试验思路开展试验研究：问题提出培养研究生在平时文献阅读中发现其中的缺陷，并依托项目现场实际提出具有应用价值的研究问题；试验设计培养研究生在导师的指导下自主完成试验设备及试验材料的设计与准备；解决方案培养研究生在完成试验设备研制的基础上，自主制定相应的试验方案，进而解决相应的试验问题。方勇老师注重试验研究，培养了学生解决工程问题的思维方式，提高了学生对综合试验的理解，加强了试验动手能力的锻炼，让学生领略了科研工作的魅力，深刻理解了科研工作的思路、工作方式，激发了学生的独立创新意识和对科研工作的兴趣。

隧道工程是一门立足于实践的科学，方勇老师鼓励研究生深入工程现场，全面掌握各类隧道的建设特点，深入了解工程实践中所蕴含的科学问题，促进其对隧道工程的认识，同时方老师鼓励支持团队研究生参加各类学术会议，使研究生走出去，了解研究领域国内外最新进展和趋势，开阔学术视野，认识到自己研究的不足，启发新的研究思路。近年来，方老师带领研究生陆续参加了第四届、第五届中国土木工程学会隧道及地下工程分会建设管理与青年工作论坛、2018年中国隧道与地下工程大会等一系列学术会议。（图5）

图5　方勇老师带领研究生参加学术交流

通过一系列举措，方老师团队研究生的创新能力和综合素质不断提高，研究生作为主要完成人在*Tunnelling and Underground Space Technology*、《土木工程学报》《岩石力学与工程学报》等影响力较高的学术期刊发表论文，并申请获得多项发明专利、软件著作权，并获得国家奖学金7人次，其他各类奖学金10余次，并有2名研究生毕业论文获得西南交通大学优秀研究生论文。团队毕业研究生进入工作岗位后工作踏实，表现突出，参与了多项国家重大工程建设，获得了用人单位的高度认可。

近年来我国交通基础设施建设快速推进，交通基础设施对人们生活的影响日益深刻，党的十九大明确提出了建设交通强国的宏伟目标，吹响了交通强国建设的号角，作为一名隧道专业教师和研究生导师，方勇老师在本科生教育以及研究生培养过程中坚持科研育人，坚持综合能力培养，鼓励学生牢记历史使命，投身我国交通行业建设，树立正确的人生观和价值观，要志存高远，脚踏实地，做有责任、有担当的新时代青年。

围绕轨道交通，融于基础和应用，培养“硅酸二钙”

崔圣爱： 教授，博士生导师，第十二批四川省学术与技术带头人后备人选。2009年9月毕业于西南交通大学桥梁与隧道工程专业，获工学博士学位；2016年3月—2017年3月底，美国加利福尼亚大学洛杉矶分校访问学者。主持国家自然科学基金面上项目和青年基金项目各1项、高铁联合基金子课题2项、中国铁路总公司科技计划项目1项、四川省科技计划重点研发项目1项、四川省科技厅中央引导地方科技发展项目1项及成都市科技计划项目1项，发表论文40余篇，其中SCI检索16篇，授权发明专利9项，获中国铁道学会科学技术一等奖1项。主要从事严酷服役环境下混凝土材料性能、损伤机理研究及土木工程新材料研发。

研究生教育不同于本科生教育，本科教育有浓厚的班级概念、系统的课程学习及更具体的生活学习管理，然而研究生教育更侧重于学术科研，由群体性的学习转向于小团体或个体的学习研究，科研的向导恰恰就是导师，因此导师的世界观、人生观及价值观必将深深影响所指导的研究生，这种影响是潜移默化的，更可能影响其一生的定位。

作为一名研究生导师，我充满责任感和使命感，充满动力也深感压力。如何培养研究生是在指导研究生过程中一直思考并需要持续发展和改进的主题。接下来具体谈几点心得：

一、责任和义务是驱动力

每一位研究生，无论是推免的，还是经过奋战考上的，都历经了辛酸和汗水，成为一名研究生他们深感自豪，充满对研究生生活的憧憬，芸芸众生中成为师生关系是一种难得的缘分。作为一名土木工程材料研究方向导师，目前还没有大的团队，没有突出成就，在这样的背景下，如何做好一名导师，更让我充满责任和压力，鞭策自己更深入思考和努力。

有资格带几名研究生和根据自身情况适合带几名研究生不是一个概念，不能盲目追求研究生数量，而应该根据项目需求、研究方向需求、能力情况确定合理的研究生数量，并确保意向研究生清楚导师的主要研究方向，并明确兴趣，把导师和学生的意愿建设好。

此外，带领和导向好研究生小团体，应注重培养团结和谐的气氛，引导学生形成宽容大气的处事风格，建立快乐向上的生活、学习及研究环境。

二、尊重学生研究兴趣、区分研究生定位类别

博士研究生和硕士研究生培养方式不同——博士研究生注重具体研究方向的深入创新和开拓，硕士研究生更强调相对多元化的学习、积累及一定程度的突破。此外，硕士研究生又根据毕业后的意向进行区分，以确定选择更切合工作的研究方向或更适合深入研究的交叉学科的研究等。

从本科阶段的学习到研究生阶段的学习，学习方式发生了本质的变化，刚刚成为一名研究生，对于研究生阶段要做什么、学什么、研究什么、如何学习、如何研究等一系列问题充满疑惑，因此需要从宏观上给学生提供答疑和指导，让他们能够在更快的时间内过渡和转换角色，更好地适应研究生生活。

在此基础上，尊重学生的研究兴趣开展具体指导工作，启发学生："idea来自阅读大量的国内外文献的灵感，而试验和数值分析则是实现idea的方法和途径。"获得idea最重要，其决定了论文研究的意义以及是否能够吸引审稿专家。因此，研究生个体应从老师指导和自身兴趣出发，针对研究方向进行查阅文献并不断积累总结，定期组织组会汇报进展和心得，并进行阶段性的讨论和交流，逐渐理解什么是科研，学会如何去做科研。

三、重视基础研究，推动工程应用

基础研究是实现重大突破的关键。不积跬步，无以至千里；不积小流，无以成江海。因此，以国家自然科学基金项目、中国铁路总公司科技计划项目及四川省科技计划项目以及实际工程中遇到的问题为依托，指导研究生开展基础研究工作，重视机理的探索。以土木工程材料研究方向为例，在严酷服役环境下（如川藏铁路面临的高地温环境、大温差环境、低气压环境、高寒环境等），水泥基材料性能将发生变化，可能严重劣化，甚至失效。针对这一关键科学问题，引导研究生不仅仅停留在对表观现象的了解，而要多角度探究材料发生劣化的机理，剖析材料微观结构的劣化规律，才能从根本上解决问题。博士研究生刘品，以"高地温隧道干热环境喷射混凝土损伤机理"为主题，从喷射混凝土孔结构特征、微观形貌、约束收缩性能、断裂性能角度探索这一服役环境下喷射混凝土性能的劣化机理，基于机理的研究，进一步采取改性措施改善这一环境下的喷射混凝土性能，通过湿喷混凝土试验进行验证，可以有效地应用于实际工程，指导实践。结合基础研究工作，刘品发表了多篇具有重要影响力和引导性的一区SCI论文，获得了国家奖学金及博士生创新基金，并获得国家留学基金委资助，去美国莱斯大学进行联合培养。

再介绍另外一个案例：玄武岩纤维是我国"十三五"战略性新兴产业重点产品，是四川省

优先发展的先进材料产业之一。按照《四川省玄武岩纤维产业发展指南（2016—2020年）》，到2020年，该省玄武岩纤维产量要达4万吨以上，玄武岩纤维及其复合材料总产值达到100亿元。尽管发展前景被各方寄予厚望，但玄武岩纤维产品的市场开拓、应用推广多年来一直发展缓慢。玄武岩纤维本身性能好，并不能代表应用于水泥基材料中所形成的玄武岩纤维砂浆、玄武岩纤维混凝土等性能就可以保障。前期所做的研究表明，掺加玄武岩短切纤维丝后，混凝土试件的抗压强度和抗拉强度基本性能并未完全达到预期的效果。因此，在这种情况下，影响玄武岩纤维和水泥基材料复合效果的一个根本原因，就是玄武岩纤维短切丝与水泥基材料之间的界面粘结性能。因此，针对这一问题，指导研究生仍然应从基础研究着手，开展玄武岩纤维短切丝与水泥基材料粘结性能研究并进行微观形貌分析，针对不同涂层的短切丝的研究，以独特和新颖的视角开展研究工作。我已带领学生于该领域发表一区SCI论文一篇，研究成果可以用于指导生产企业进一步优化，以促进玄武岩纤维更好地应用到土木工程建设中。

每一个系统的研究，都应经历基础研究到应用研究的过渡，打好基础，寻求突破，最后服务工程应用。

四、拓展交叉学科，立足桥隧铁

建筑材料是土木工程建设的物质基础。随着大结构方向的理论和应用研究越来越成熟，其创新和突破点都离不开与土木工程材料，尤其是新材料的结合。纵观国内兄弟院校，如清华大学、东南大学、哈尔滨工业大学、中南大学、华南理工大学等高校都有土木工程材料学科，无论是团队建设、实验室建设及人才建设方面都有独特的优势，在大土木中占有一席之地，其能更好地顺应大土木的建设和发展，更好地促进结构工程、桥梁工程及地下工程等学科的突破和创新。

土木工程与建筑材料是相辅相成的，建筑材料拟研究的热点和拟解决的问题，都离不开桥梁、隧道及铁道工程等大型工程建设中的发现和挖掘。或者说土木工程在发展过程中，不断提出新的材料问题，才能促进材料方向的发展。因此，从创新的角度，鼓励研究生注重交叉学科的研究，注重建筑材料研究应立足于土木工程中，把材料和工程结构有机地结合，才能在基础研究上，把成果更好地应用于实践。

贯穿于桥隧铁的材料研究方向，举例包括严酷服役环境隧道喷射混凝土研究、UHPC和ECC在桥梁及铁道工程的应用、铁道工程绝缘混凝土技术研究等，都属于材料和工程结构结合的方向，可以引导学生多与桥隧铁专业交流，参加会议，开阔视野，重视交叉。

五、严谨求实，树立科学精神和素养

作为一名导师或者研究生，开展研究工作必须首先具备良好的科研素养，培养严谨求实的科研态度和刨根问底的科研精神。科学是严谨的，不能模棱两可，更不能有任何的弄虚作假。在进行科学试验时，指导研究生做好详细的试验方案，尽可能充分考虑试验中需要注意的事项和因素，以求试验结果的有效和科学。由于试验具有很多不确定性，可能存在试验结果非预期或者不符合常规的情况，这个时候不能武断得出结论，而应开展重复性试验，进一步印证结果。试验结果应具有可追溯性和可重复性，所获得的研究成果才具有可靠性。

针对数值分析所获得的结果，指导研究生要根据力学或数学的知识，深入地分析结果的合理性和可靠性，如果结果出现了异常或者不符合科学规律的情况，应从模型着手，列出所有可能的影响因素，通过分解的方式，寻找原因。遇到问题，绝对不能得过且过，而应废寝忘食地解决问题，追求因果。

以上几点是在培养研究生过程中的几点心得体会，不当之处，请批评指正，培养研究生的过程，也是导师学习的过程。指导研究生学问很深奥，本人一直严格要求自己，力求做好，深感责任重大，在可持续性的过程中，将进一步与德高望重的导师们学习，不断积累自己的经验，希望在指导培养研究生这一本职工作中取得更大的进步。

崔圣爱老师课题组

永固育人初心，赓续前行

贾宏宇：博士后，副教授，硕士生导师，中国地震学会–基础设施防震减灾青年委员会委员。2013年至今就职于西南交通大学交通土建系，其中，2016年1月—2016年8月国家公派澳大利亚科廷大学（Curtin University）访问学者。*Journal of Applied Geophysics*、*Soil Dynamics and Earthquake Engineering*、*Earthquake Engineering and Engineering Vibration*、*International Journal of Structural Stability and Dynamics*、《振动与冲击》和《建筑结构学报》等期刊审稿人。

贾宏宇老师自2013年进入西南交通大学任教以来，恪尽职守，爱岗敬业，以强烈的责任担当和严谨耐心的态度全身心投入教学和科研工作。贾老师先后讲授了“桥梁工程”“桥梁抗风与抗震”和“混凝土桥”等课程，并积极指导本科毕业设计、试验竞赛、创新讲座和大学生科研训练项目（SRTP）。2013年指导学生获第七届全国大学生结构设计竞赛一等奖，2014年指导学生陈航（保送西南交通大学研究生）获校级优秀毕业设计，2014年指导学生获第八届全国大学生结构设计竞赛二等奖，2014年指导学生获得四川省结构设计大赛二等奖，2015年指导的学生邱政（保送浙江大学研究生）、朱进波（保送西南交通大学研究生，现浙江大学博士生）、陈银灯（保送西南交通大学研究生）获校级优秀毕业设计，2015年获2013—2015年西南交通大学“十佳”优秀共产党员称号，2015年获2010—2014年西南交通大学科技工作优秀个人称号，2018年指导学生张军政（保送西南交通大学研究生）获校级优秀毕业设计，2019年指导学生张金翔（保送西南交通大学研究生）获校级优秀毕业设计。凭借科教融合成效，贾老师被评为西南交通大学科技工作优秀个人。

“科研唯有爱”，这是贾宏宇老师对待科研的态度，无论是读书期间还是留校工作期间，始终如一。博士期间，贾老师常常为了解决一个学术问题而忘我钻研，走路思考，吃饭思考。通过不懈努力，贾老师的毕业论文《非平稳地震激励下山区高墩桥梁随机响应计算理论及应用研究》被评为西南交通大学博士优秀毕业论文。在此后留校工作的7年间，贾老师依旧热爱科研，痴迷科研，无论遇到什么难题，依然赓续初心，砥砺前行。迄今为止，贾宏宇老师围绕其研究领域发表论文80余篇，其中包括SCI论文15篇，EI论文40篇，以及《基于ANSYS and MATLAB联合快速模拟复杂桥梁结构随机动力响应分析软件》软件著作权1项，申请“非平稳地震作用下桥梁系统碰撞间隙宽度的概率评价方法”发明专利1项。此外，贾宏宇老师还主持、参与了绿汁江大桥抗震分析研究、川藏线折多塘大桥抗震性能研究、基于多维多点非平稳随机振动的山区高墩桥梁抗震计算理论及应用研究和高墩铁路桥梁动力系统可靠度快速计算理论及其应用研究等多个国家级、省级的科研项目，并取得了一定的成果。

此外，贾宏宇老师还特别重视对研究生的培养，他认为一个合格的科研人员不仅要自身实力过硬，更要能培养出优秀的研究生去传承，去创新。17级硕士蓝先林同学是贾宏宇老师的第一个研究生，在贾宏宇老师的悉心教导下，该生在桥梁抗震和扭转地震动合成应用上有了深入的认识和理解，发表SCI论文2篇和EI论文1篇，并在2018年福建厦门桥梁结构防震减灾与工程创新会议和2019年7月广西桂林第4届全国基础设施防灾减灾工程青年学者学术会议上宣读论文2篇，因其成绩优异成果较多，先后获得了国家奖学金和学业奖学金资助和“校优秀毕业生”称号。对于准研究生的培养，贾老师会在本科毕业论文期间就开始对其进行培养：在指导他们选题、软件建模、结果计算以及论文书写的过程中，即对学生的学习情况和能力有所了解，便于量身打造研究生阶段的培养计划，在科研素养提升的过程中激发其科研兴趣。

郑史雄、贾宏宇老师团队PPT大赛

贾宏宇老师始终秉承教育工作育人为本的理念，在博士导师郑史雄教授的大力支持下，组建了抗震研究小组，并从哈工大、北工大引进数名博士组成桥梁结构动力学团队。为了激发团队研究生的积极性和创造性，培养团队研究生自己学习和解决问题的能力，有效提高团队研究生的综合能力，团队每周都要进行一次学习进度汇报，掌握每一位团队研究生的学习进度和学习状况。积极组织团队研究生参加国内和国际会议，拓宽研究生的视野，培养研究生的综合能力。经过几年的不断积累，团队科研育人工作略显成效，科研成果和论文质量都大幅度提升，学位论文质量也不断提高。团队研究生作为创新性研究的主要力量，发挥着越来越重要的作用，参与撰写的学术论文发表在*Soil Dynamics and Earthquake Engineering*、*Shock and Vibration*、

贾宏宇老师团队篮球比赛

贾宏宇老师及其研究生参加学术交流

《土木工程学报》《工程力学》和《铁道科学和工程学报》等期刊。为了丰富团队研究生的生活，贾老师团队还举行篮球比赛和乒乓球比赛，锻炼身体的同时也增进了师生之间的交流和感情；定期组织一些团队建设活动，让学生积极表达自己的想法，发扬团结协作的精神，增强团队的凝聚力。

贾宏宇老师作为研究生导师及科研团队的负责人之一，积极与学生及团队成员进行交流沟通，全面了解每一位学生的科研兴趣和个性特点；积极引导学生了解和认识自己感兴趣的科研方向，为每一位学生制定一个适合自己的学习和科研计划，更加注重对研究生创新意识和思维的训练。以课题研究为核心，鼓励和引导学生在课题讨论中发表自己的观点和意见，并且针对不同的意见进行交流总结。贾老师鼓励学生参加课外活动和比赛，培养自己的兴趣爱好，积极参与社会实践，提高自己的社交和动手能力，提高自身综合素质。贾老师不仅在学术上帮助学生，在生活中也非常关心学生，经常和学生谈心，了解学生的身心健康和个人想法，引导学生正确面对学习、生活中遇到的困难。

“科研育人”是贾宏宇老师一直坚持的理念，他在科研工作开展和学生指导过程中积极塑造学生的科研精神，努力提高学生的科研素养，鼓励学生在学术的道路上越走越远，取得更多的成果、更好地服务社会、服务国家。

潜心研思虑高铁，因材施教育人才

任娟娟： 教授、博导，国家自然科学基金优青项目获得者，四川省学术和技术带头人后备人选。现任美国交通运输研究协会（TRB）铁路轨道学科常务委员会（AR050）委员，国际标准组织（ISO/TC269/SC1/AG03）委员，*Journal of Central South University* 客座编辑，《西南交通大学学报》《重庆大学学报》《铁道标准设计》等杂志审稿专家；美国交通运输研究协会TRB会议审稿人；*International Journal of Non-Linear Mechanics*、*Construction and Building Materials*、*Journal of Rail and Rapid Transit*等国外SCI期刊审稿人；北京市自然基金评审专家、河北省科学技术奖励评审专家、国家铁路局专家库专家。获得教育部科学技术进步一等奖1项（排名第9）、中国铁道学会科技二等奖（排名第1）、中国铁道学会科技一等奖（排名第12）、获四川省教学成果三等奖1项（排名第5）、第十四届詹天佑铁道科学技术奖（青年奖）、西南交通大学“雏鹰学者”、西南交通大学“唐立新优秀学者奖”等。

任娟娟老师所在专业——西南交通大学道路与铁道工程专业为国家级重点学科，具有长期的铁路专业人才培养历史。所属“交通运输工程”一级学科连续3次在国家学科评估中排名第一。自1896年建校（该专业同步成立）以来，涌现了杜镇远、王玉泽等大批专业人才，极大地推动了我国的高速铁路事业的发展。正是在这种良好氛围带动下，任娟娟老师长期坚守在学校科研教学育人一线岗位，依托学校“高速铁路轨道结构理论与关键技术研究”创新团队，探索学生科研基本素养培养机制，引导师生以解决学科前沿问题为己任，树立学术诚信、严谨求实、开拓创新、敢为人先、勇攀科学高峰的科研精神。以在建重大工程为载体，建设精品创新创业实践项目，为研究生提供专业而优良的实训基地，培养其科研精神与科研创新能力，全面提升当前研究生质量。

随着全球一体化的深入开展，为响应“高铁走出去”、“一带一路”共建、擦亮高铁“金名片”的号召，任娟娟老师作为“高速铁路线路工程”教育部重点实验室和“高速铁路轨道结构理论及关键应用技术（2007IRT06）”创新团队的核心成员，长期奋战在科研第一线，在无砟轨道结构设计理论及长期服役性能等科学研究方面取得一定成果。创新人才培养，要推进科教融合，让研究生一入学就可以尽早参与和融入科研，早进课题、早进实验室、早进团队，提高研究生科研实践能力。通过让研究生全面参与、介入任娟娟老师主持及参加的多项国家级和省部级项目，使得研究生能够及时掌握或了解本学科研究的新进展、实践发展的新经验和社会需求的新变化。自评上研究生导师以来，任老师共指导了4名博士生和34名硕士研究生，其中已毕业16名硕士研究生。截至目前，任老师主持了国家级自然基金科研项目3项、铁路总公司科技开发计划重点项目2项、教育部博士点基金项目1项、省部级科研项目4项、其他项目6项，主研国家自然基金项目2项、省部级科研项目4项。每个科研项目中涉及的研究方案指定、试验规划、现场测试、理论分析等工作，任娟娟老师都尽量让每位研究生多方面参与，并予以指导。因此任老师所指导的多名研究生获得各项成果，包括研究生奖学金、国家奖学金、论文、专利等，让学生能够迅速成长。以上成果出版专著4部，授权发明专利12项，实用新型发明2项、软件著作权2项，发表学术论文80余篇（以第一或通讯作者论文30余篇），其中SCI收录17篇、EI收录30余篇。所有这些成果中都离不开学生们的参与，也均增强了学生的科研水平。

为向国家输出高素质人才，任娟娟老师还参与了“专业学位研究生教育实践基地建设”“博士学位授予学科创新提升计划”的四川省研究生教育改革创新等项目，并于2014年获得四川省教学成果三等奖1次：“构建实践平台 提升国际素养 创新教学方法——交通土建类研究生三元联动培养模式”等研究生教改项目。项目以高铁科技创新为导向，构建“交通强国”新型科研育人培养体系，通过科研反哺研究生教学，着力推进课程内容更新，因材施教，及时调整研究生人才培养方案，构建思想政治教育与专业教育有机融合及综合性、问题导向、学科交

任娟娟老师给研究生留学生授课

任娟娟老师指导本科生认识实习

任娟娟老师在遂渝线进行
无砟轨道状态调研与测试

任娟娟老师参加新建连徐铁路无砟
轨道首件评估工作

叉的新型课程体系。力争为祖国提供思想觉悟高、科研能力强的高铁人才，带领他们为国家的高铁事业建设奉献青春、挥洒热血。

不忘初心科研育人，砥砺前行创新跨越

勾红叶： 工学博士，教授，博士生导师，土木工程学院副院长，茅以升科学技术奖桥梁青年奖获得者，四川省“人才计划”青年拔尖人才，四川省海外高层次留学人才，西南交通大学“雏鹰学者”。兼任《铁道标准设计》编委，《中国公路学报》《交通运输工程学报》《中南大学学报（自然科学版）》和*Journal of Central South University*等期刊青年编委，桥梁智能检测联盟副理事长，北京茅以升科技教育基金会桥梁委员会委员，四川省科技青年联合会常务理事等。

勾红叶老师以国家重大战略需求为背景，聚焦“高速铁路桥梁服役安全”，主持国家自然科学基金3项、省部级科研项目5项，主持重大桥梁工程领域科研项目15余项。系统地研究了桥梁-轨道-列车变形映射与安全评价理论及方法，在桥梁-轨道变形映射与形位控制、车-轨-桥耦合振动与桥-车映射关系、高速铁路桥上行车安全评价等方面取得创新成果。以第一、通讯作者发表SCI论文42篇，EI论文38篇；其中ESI高被引论文3篇、JCR-I区20篇。第一作者发表的3篇科技论文入选2020年铁路重大科技创新成果。授权国家发明专利12项、软件著作权8项，出版学术专著2部。获2019年中国交通运输协会科技进步奖一等奖（排名第5）、2019年度茅以升科学技术奖桥梁青年奖（个人奖，全国仅5位）、2020年度交通运输重大科技创新成果库入库成果（重大科技创新项目）等。研究成果成功应用于京沪、沪杭、宁杭、杭长、杭甬等15余条运营高速铁路近万公里的桥梁-轨道变形映射计算、形位精准控制及行车安全评价，实现了对华东片区桥上纵连式无砟轨道变形控制100%覆盖，有效保障了下高速铁路桥梁-轨道系统全生命周期的超高平顺性控制和列车安全运营。以秦顺全院士为组长的鉴定委员会一致认为勾红叶牵头完成的研究成果“整体国际先进，在高速铁路桥梁-轨道变形映射理论与精准控制方面国际领先”。

勾红叶老师是以蒲黔辉院长为带头人的“桥梁服役安全科技创新研究团队”的核心成员（图1）。团队现有教授3人，副教授4人，讲师3人，博士研究生20余人，硕士研究生70余人，

图1　蒲黔辉院长、勾红叶老师科研团队

研究力量投入充足。依托“陆地交通地质灾害防治技术国家工程中心”“西南交通大学结构工程试验中心”和“四川交大工程检测咨询有限公司”，在桥梁智能检测及养护维修加固、桥梁动力学行为及安全评定、车-轨-桥变形映射及行车安全领域取得创新性研究成果，具有很好的前期基础和发展潜力。

秉承“积累、创新和应用”的科学研究态度，勾红叶老师通过主持和参与多个国家及省部级项目资助，取得研究成果的凝练与提升。在整个过程中，严守政治纪律和政治规矩，树牢“四个意识”，坚定“四个自信”，做到“四个服从”，坚决做到“两个维护”，坚持不懈地培育和弘扬社会主义核心价值观，坚持“立德树人”培养理念。引导学生坚定为共产主义远大理想和中国特色社会主义共同理想而奋斗的信念，牢记使命为共产主义事业奋斗；培养学生树立敢为人先的科学精神、开拓创新的进取意识、严谨求实的科研作风，成为德智体美全面发展的高层次专门人才。

具体来说，她坚持“深度融合理论与实践，鼓励高质量创新成果，加强国际合作交流”的研究生培养原则，定期召开学术交流组会，鼓励学生“走出去”参加国际国内学术会议并作报告（图2）；将科研所涉及的内容与国家和行业发展的大环境紧密结合，引导学生了解国家重大需求和重大工程的世界性难题与技术瓶颈，引导学生接触科学前沿、探索科学问题，独立思考、突破瓶颈、解决挑战，激励学生开展原创性、前沿性、跨学科研究，实现科学研究与人才培养的良性互动，为国家基础设施建设的发展储备卓越拔尖人才。

图2　勾红叶老师指导的研究生参加学术会议

截至目前，勾红叶老师共指导22名硕士研究生、2名博士研究生，协助指导4名博士研究生，完整培养研究生5届。5人获得国家奖学金（2016年排名第1，2017年排名第1，2018年分别排名第1和第6，2020年排名第7），8人获得特等学业奖学金，1人获得中国港湾奖学金，1人获得钱冬生教育基金奖学金，2人获得优秀研究生称号，1人获得优秀毕业生称号，3人获得研究生明诚奖。4名研究生获校级优秀硕士论文：许会燕（2014级）、石晓宇（2015级），龙昊（2016级）、周文（2016级）。多人竞赛获奖：1人获得2016年四川省大学生孙训方力学竞赛优胜奖，1人获得2016年第十三届全国研究生数学建模竞赛成功参赛奖，2人获得“交大土木设计有限公司杯”2018土木科技月暨第八届研究生结构设计竞赛优胜奖，2人获得2019年第一届西南交通大学有限元建模与分析大赛三等奖。培养的硕士生就业于各大铁路、公路设计院以及科研部门，并逐渐成为单位上德才兼备的中坚力量，培养成效显著。研究生所获部分荣誉证书如图3所示。

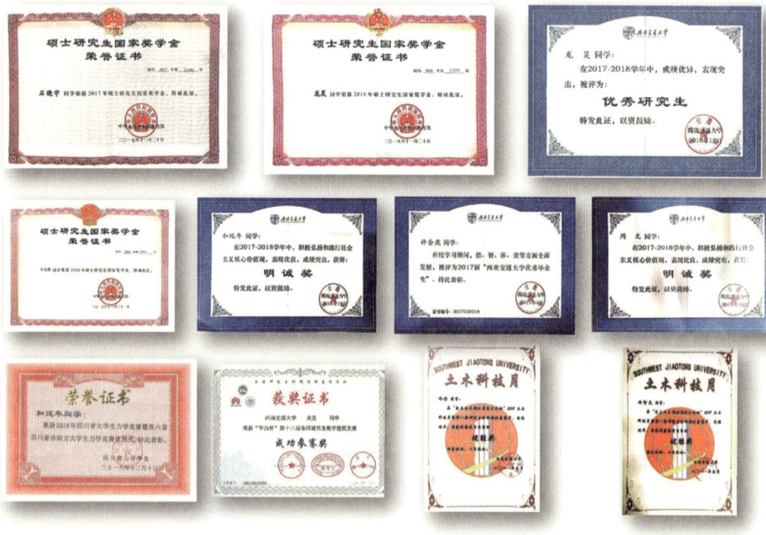

图3　勾红叶老师团队的研究生所获荣誉证书

与此同时，勾红叶老师还注重将最新科研成果融入本科教学、毕业设计和虚拟仿真实验平台构建中，不断更新教学内容，推动教学科研互动。依托科研项目积极指导本科生创新实践教学工作：近5年，指导国创项目1项、校级SRTP项目12项（图4）；主持校级重点实验室开放项目2项；多次进行校内外创新讲座。

图4　勾红叶老师多次指导本科生参与国创项目和SRTP项目

科研反哺于教学，人才培养成效显著。学生宋超林获“铁道教育希望之星奖”，楚得等学生被“西南交通大学–美国伊利诺伊大学香槟分校（UIUC）3+2项目”录取，赴UIUC攻读硕士学位，在国际舞台不断提升自己。所带课程班级学生保研率达到了90%，保研外语面试均取得优秀成绩。学生葛良福作为主要成员之一参加了美国ASCE东南赛区钢桥竞赛并喜获第8名。此次比赛响应了学校“国际化”的办学方针，开拓了学生的国际化视野，在国际上展示了我校学子积极上进的优良风貌。

不忘初心科研育人，砥砺前行创新跨越。勾红叶老师围绕“立德树人”的根本任务，以科学研究为载体，以“人才培养”为本，构建了科教协同育人机制，瞄准国家重大战略，革新了人才培养体系，营造了良好育人氛围，初步形成以科研育人优势为驱动的思政工作新局面。

不忘初心潜心科研，牢记使命教书育人

张迎宾：教授，博士生导师，日本JSPS学者、四川省杰出青年（培育）基金获得者、西南交通大学“扬华学者”“雏鹰学者”、四川省海外高层次人才，现任西南交通大学岩土工程系党支部书记、副主任，岩土地震工程团队带头人。张迎宾教授于2003年至2013年先后获中南大学地质工程专业工学学士学位、中南大学地质工程专业工学硕士学位、日本九州大学岩土工程专业工学博士学位；2013年以优秀学术骨干引进人才（副教授）到西南交通大学土木学院工作，于2018年破格评为教授。

张迎宾老师从事近活动断裂带边坡动力灾变机理、识别及风险评价相关的研究。该方向的研究成果不仅对揭示近活动断裂带重大边坡灾害机理具有重要科学意义，也可为解决强震山区陆地交通工程前期规划、中期建设和后期运营中面临的边坡工程防灾减灾问题提供科学依据。张迎宾老师近5年主持了包括4项国家自然科学基金（青年1项、面上2项、国际合作课题1项）、四川省杰出青年（培育）基金、日本学术振兴会特别研究员奖励基金等在内的科研课题20余项；近5年出版中、英文专著2部，发表学术论文130余篇，其中岩土工程领域权威期刊SCI论文60余篇（第一或通讯作者30篇），Google学术引用1800余次，高引指数24；参编行业规范2部；主持申获国际/国家发明专利20项、软件著作权5项；担任国家自然科学基金等项目评审专家、10个国内外学术机构委员会委员或会员等职、20余本SCI期刊审稿人；组织或参加国内外学术会议20余次、作大会特邀报告12次。

一、寒窗苦读十数载，不忘初心为人师

在勤勉求学的十数年间，张迎宾老师增长了岁月经验，积累了学术知识，而早在义务教育阶段他的心中就先后萌发了成为教师、科学家和企业家的梦想种子。2013年从日本九州大学毕业后，是继续从事科研工作，还是将已有的科研成果投入市场进行创业，“满载而归”的张迎

宾老师面临着诸多选择。“回国时，国内正处于创新创业的高潮阶段，各大创业园区的优惠政策‘纷纷来袭’，但最后还是选择了进入高校从事教学和科研工作。”张迎宾老师坦言，成为一名老师和科学家是自己儿时的梦想，当西南交大向他伸出“橄榄枝”时，他几乎没有犹豫，“我一直从事地震和滑坡方面的研究，成都距离龙门山断裂带只有不到一个小时的车程，而西南交大土木工程专业又享誉中外，最重要的是学校给予了我们这些青年学者和引进人才很大的扶持和帮助，我没有理由拒绝。”除此之外，近年来，西南交大的“职务科技成果混合所有制改革”及其在科技成果转化上所取得的成绩也给了张迎宾老师更多的信心，给了他实现孩提时代梦想的机会——“未来，我教学、科研和创业的梦想，是有机会同时实现的。”在教书育人方面，张迎宾老师秉持奉献自我，照亮前路的思想，他直言“先有教学，再有科研。从小我们受到的教育就是老师可以‘燃烧自己，照亮他人’，我自始至终以成为一名优秀的教师作为人生第一梦想”。在寒窗苦读十数载后，张迎宾老师在西南交大这片热土上一步步朝着梦想前进，他怀揣一颗诚挚初心，在求学问道、诲人不倦的路途上砥砺前行。

二、三尺讲台挥汗水，综合素质重培养

张迎宾老师对为人师有严格要求，注重对学生的综合素质培养。除了理论学识外，张老师也时刻关注着青年学生们价值观的正确树立。他十分注重对学生的思想政治教育，在课堂上灵活引入思政元素，从课堂实践出发，对学生进行爱国教育，鼓励他们在探索未知的同时，积极投身祖国基础设施建设，为祖国奉献青春。作为一名教师，张迎宾老师对自己的教学有着严格要求和细致规划，他潜心钻研教学内容，不断在实践中反思和改进教学方法及手段。作为多门本科生和研究生课程的负责人，他坚持面向全体学生，平等待人，更针对同学们的学习情况因材施教，取得了优良的教学成果，深受学生的欢迎。

同时，张迎宾老师将教书与育人紧密结合，通过丰富多样的方式方法培养学生的综合能力，除了课堂上的讲授（图1），他还曾先后多次指导本科生开展大学生创新创业训练计划（SRTP），为本科生开设创新讲座，指导本科生进行科研育人本科生创新项目，带领学生参加各类结构竞赛（图2）（先后获得2次四川省大学生结构竞赛一等奖），带领学生获得优异成绩的同时，发展了同学们的个性，激发了学生的创新能力。

图1　张迎宾老师的课堂育人：站好三尺讲台，上好每一节课

图2　张迎宾老师带领学生参加大学生岩土工程结构竞赛

三、亦师亦友如家人，殚精竭虑为筹谋

作为一名硕士、博士研究生导师，张迎宾老师对自己的学生有两条要求——“想要做”和“坐得住”。“首先要‘想要做’，就是要有兴趣。然后还要‘坐得住’，就是能踏踏实实地坐下来搞研究。”事实上，这也是张迎宾老师自己求学道路上一直所坚持的。作为一名岩土工程专业的青年学者，他怀揣着刻苦钻研的精神，对学科研究始终抱有浓厚的兴趣。面对每天繁杂的科研项目和研究数据，他用踏实刻苦来回应，他笑称自己是一个典型的“工作狂”，可以把除了吃饭、睡觉的所有时间都投入到工作当中，“一年365天至少有350天处于工作状态”。面对旁人的疑问，张迎宾老师的回答是：“能将自己的兴趣和工作结合在一起并且投入其中，是一件很有成就感和幸福感的事。”在张老师的带领下，他团队的研究生们都有了鲜明的特点——“想要做”“坐得住”。

在与团队研究生的朝夕相处中，张迎宾老师和研究生们保持着亦师亦友亲如家人的关系。张老师不仅关注着团队内研究生们当下的学习生活，也将他们今后的发展规划视为自己的责任。他认真结合学生特点，为每一位团队研究生规划研究方向、学术生涯或职业前景。研究生培养与本科生教育不同，与研究领域的国内外现状密切相关，更注重学生创新意识和思维的训练。张老师鼓励学生积极参加各类学术交流活动，带领学生参加国内外重要学术会议，鼓励研究生在会议上勇于提问、敢于和大师面对面交流。他还推荐研究生赴海外进行短期、长期等各类交流，并推荐研究生赴海外攻读学位，鼓励留学海外的研究生学成归国，为祖国的基础建设贡献力量（图3）。

（a）带学生参加国际会议，与大师面对面　　（b）长远规划学生未来，推荐学生国外求学

图3　张迎宾老师带领学生参加学术交流

四、艰苦奋斗共互助，理论实践紧结合

土木工程的特点是理论联系实践，岩土地质专业更是如此，在教学中张迎宾老师注重培养学生团结互助和艰苦奋斗的职业品德。他经常带领和组织团队学生参加集体活动，在活动中激发学生们的刻苦拼搏精神。同时，张迎宾老师多次作为社会实践的带队教师，带领学生深入野

外地质现场，为学生讲授地质现象，剖析地质成因，帮助学生在实践中更加直观地认识研究中的各类相关知识。2018年和2020年，张迎宾老师带领课题组研究生分别在帕米尔高原和折多塘进行了2次青藏高原综合野外科学考察，不仅对断层和滑坡之间内在联系的科研问题进行了深入调查，掌握了许多研究数据，更重要的是使同学们在野外实践中锻炼了吃苦耐劳、勇于担当的精神（图4）。

（a）张迎宾老师（右一）和队员做每日的行前动员

（b）折多塘科考团队合影

（c）日常任务安排

（d）无人机航拍怪石嶙峋滑坡体上的队员

图4　张迎宾老师带研究生进行青藏高原综合野外科学考察

勤勤恳恳做学生，兢兢业业做老师，踏踏实实做科研。在教书育人的同时，张迎宾老师也时刻保持着对科学研究的严谨态度。他带领着自己的科研团队和研究生们正致力于活动断裂带重大滑坡的致灾机理、识别预测及风险评价相关的研究工作，试图通过科学研究，在陆地交通等重大工程的前期规划、中期建设和后期运营中，建立可行、可靠、高效的陆地交通沿线地质灾害智能识别及风险动态评估系统，开展灾害风险管理，以减少地震活动频繁区域陆地交通基础设施地质灾害损失、降低人员伤亡和财产损失。张迎宾老师及其团队为相关研究付出了大量的时间和心血。相关研究成果不仅对揭示活动断裂带重大地质灾害机理具有重要科学意义，也可为解决强震山区陆地交通工程前期规划、中期建设和后期运营中面临的地质灾害防灾减灾问题提供科学依据。

张迎宾老师和团队期望将研究成果应用于祖国基础设施工程建设和地质灾害防治等领域，为我国实现“交通强国”和“科技强国”贡献力量。他将不忘初心，潜心科研，牢记使命，一路向前，完成自己作为土木人、作为科研人的使命担当。

坚守平凡岗位、奋斗教学科研一线

李翠娟：工学博士、副教授、硕士生导师，长期从事“结构力学”教学工作和桥梁工程科研工作。主持国家自然科学基金1项，参研自然科学基金3项，主持四川省教育厅重点项目1项，主持教改项目2项，教材建设项目1项，双语教学建设项目1项。在国内外权威期刊和会议上发表论文30余篇，主编教材1本，参编学术专著2部，获批发明专利1项。讲授“结构力学”、双语“结构力学D”“建筑安装工程概预算”“工程造价管理”及“结构分析计算机程序与应用”等课程。截至目前，指导研究生7人，校级大学生科研训练计划（SRTP）项目7项，累计近30人。

自2011年成为一名高校教师以来，李翠娟老师坚守岗位职责，刻苦钻研、孜孜以求，不断提高自身的教学、科研能力，并将科研成果转化为教学素材，多方位培养学生的专业素养。

一、思政育人

正品行、修美德，历来为中华传统文化所倡导。传世经典《大学》开篇就讲“大学之道，在明明德”，是说大学的宗旨首要的是弘扬美好道德；《书经》也讲“克明峻德”，强调人要能彰明本身的大德。几千年的文化传统，归根结底一句话：立国先立人，立人先立德。天下至德，莫大于忠。作为一个新时代的公民，就要对国家民族忠诚，重大节、守大德；作为一名共产党员，就要对党忠诚，对国家忠诚，讲党性、讲原则，踏踏实实。因此，要把勤奋学习作为提高思想境界和能力素质的重要前提，作为砥砺德行的重要手段，把刻苦工作当作实现人生价值的重要途径，尽职尽责干好工作，努力创造一流业绩，实现追求、立德正形。

砥砺德行，贵在真诚。只有诚心做事才能做成事，只有对人真诚才能赢得信任。真诚的人坦荡待人，敢于直面自己的缺点不足。真诚的人不文过饰非，能够实事求是对待自己、对待他人。李翠娟老师作为3个本科班的班导师、多个教学班的任课教师，以及多名研究生的导师， 同时更是一名中国共产党党员， 在对学生的培养过程中，一直以“立人先立德”的信条付诸工作实践。

李翠娟老师与本科班的孩子们

二、不断深化的教学改革

随着信息的高速流通，人才的培养模式发生着巨大的变化，高校教学内容和形式也必须紧跟时代潮流，做出相应的调整。李翠娟老师工作以来，积极响应国家和学校对教学改革的研究号召，先后主持了“‘结构力学’课程以学生为中心教学设计的探索研究”“新工科人才培养模式下基于微信公众平台的‘结构力学’课程建设”“面向解决实际工程问题的力学素养培养的‘结构力学’教学方法探索”“结构力学混合式教学模式及评价体系研究与实践”等教改项目。为了开拓学生的国际视野，开设了“结构力学D”双语课程，同时也围绕双语课程的教学模式展开了研究，主持了“‘结构力学D’课程的双语建设”教改项目。并在将研究成果形成教材和论文的同时，应用于课堂实践，取得了良好的效果，成功激发了学生的学习兴趣，课堂氛围活跃，出勤率极高。

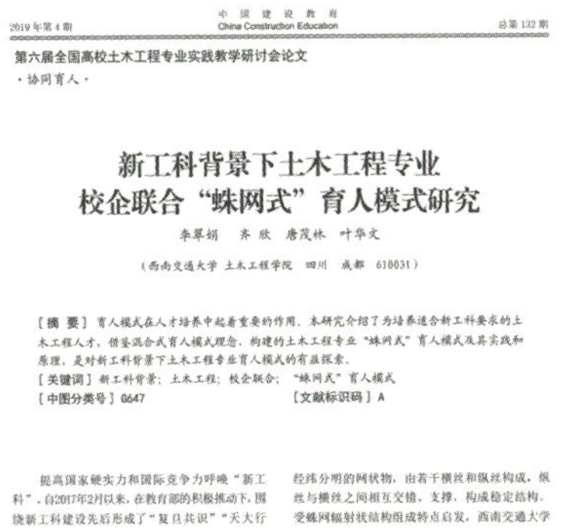
2019年第4期 中国建设教育 China Construction Education 总第132期

第六届全国高校土木工程专业实践教学研讨会论文

·协同育人·

新工科背景下土木工程专业
校企联合“蛛网式”育人模式研究

李翠娟 齐欣 唐茂林 叶华文

（西南交通大学 土木工程学院 四川 成都 610031）

【摘 要】育人模式在人才培养中起着重要的作用。本研究介绍了为培养适合新工科要求的土木工程人才，借鉴混合式育人模式理念，构建的土木工程专业“蛛网式”育人模式及其实践和原理，是对新工科背景下土木工程专业育人模式的有益探索。

【关键词】新工科背景；土木工程；校企联合；“蛛网式”育人模式

【中图分类号】G647 【文献标识码】A

提高国家硬实力和国际竞争力呼唤“新工科”。自2017年2月以来，在教育部的积极推动下，围绕新工科建设先后形成了“复旦共识”“天大行

经纬分明的网状物，由若干横丝和纵丝构成，纵丝与横丝之间相互交错、支撑，构成稳定结构。受蛛网辐射状结构组成特点启发，西南交通大学

2017年8月 大學教育 University Education August，2017

建筑学专业力学课程教学改革的实践研究

齐欣[1] 李翠娟[1] 孟庆成[2]

（1.西南交通大学土木工程学院，四川 成都 610031；2.西南石油大学土木工程与建筑学院，四川 成都 610500）

［摘 要］建筑学专业的培养目标主要为适应国家建筑和社会发展需要，培养基础扎实、知识面广、综合素质高，具备建筑师职业素养，并富有创新精神的国际化高级专门人才及专业领导者。针对建筑学专业学生力学概念普遍较弱的现状，我们在教学中引入定性分析、转变教学理念，优化、丰富教材内容，改革教学手段，激发学生的学习兴趣。实践表明：合理调整后的教学内容，综合了概念解析、工程案例、定性研究等教学方法，学生对抽象的知识点易于理解，学习热情高，更利于培养应用型综合型人才。

［关键词］建筑力学；定性分析；教学改革

［中图分类号］G642.0 ［文献标识码］A ［文章编号］2095-3437(2017)08-0032-03

建筑学专业的培养目标主要为适应国家建筑和社会发展需要，培养基础扎实、知识面广、综合素质高，具备建筑师职业素养，并富有创新精神的国际化高级专门人才及专业领导者。为实现该目标需要学生具有较好的力学素养，建筑力学是针对此而设立的一门重要的专业基础课，其设置的具体目的在于：通过该课程的学习，使学生掌握平面杆系结构内力和位移的计算原理与方法，了解常用结构的受力性能，为学习工程结构方面专业课程以及进行结构设计提供一定的力学基本知识，培养学生一定的结构分析与计算能力。

可分的，所有设计都是通过对力进行分析，再去寻求简单而又经济地表达它们相互作用的造型。因此，对建筑学专业的学生强化力学基础尤为重要。

以电视塔为例（见图1），将其简化为悬臂构件，主要承受荷载水平风力作用，其内力主要体现为弯矩作用，其弯矩图为抛物线，因而其合理的造型是上小下大按抛物线变化。对于建筑学的学生而言，端部弯矩具体大小不是关注的重点，但需要明确其弯矩图的变化规律。而对于建筑师而言，定性的对结构物有整体把握非常重要。因此教学过程中教师应加强学生定性分析能力的培养，拓展

李翠娟老师出版的教材和发表的教改论文

李翠娟老师指导的SRTP创新实践项目

李翠娟老师指导的学生郭强参与虎门二桥项目

第35卷 第4期
2015年8月

中外公路

95

DOI:10.14048/j.issn.1671-2579.2015.04.022

悬索桥主缆中高强钢丝的腐蚀与脆化

李翠娟，石峰，舒新，蒋亚 编译
（西南交通大学 土木工程学院，四川 成都 610031）

摘要：该文通过加速循环腐蚀试验对比分析了腐蚀对镀锌和未镀锌钢丝的影响。试件在承受各种持续荷载的同时，高温下通过循环盐雾箱，分别在干燥及100%的相对湿度条件下进行了腐蚀试验。测得了试件的重量损失、氢浓度、极限荷载以及破坏时的延伸率。延伸率的测量结果表明，钢丝的严重脆化不是单纯由吸氢引起的（氢脆），由腐蚀引起的钢丝表面的不均匀性才是导致其延伸率降低的主因。通过对建立腐蚀钢丝有限元模型所做的数值分析，以及在扫描电子显微镜下对断裂面的分析，对试验结果进行了验证。

关键词：桥梁；悬索桥；斜拉桥；主缆；腐蚀

1 引言

近年来，基础设施的可靠性和使用寿命备受世界关注。在美国，许多桥梁结构均存在缺陷，但一直没有得到重视。据纽约市桥梁交通局消息，纽约市近一半的桥梁状况不佳（如果设定1代表最佳状况，7代表最差状况，那么，1997年纽约市约有一半的桥梁的状态

钢丝上，由于内部的水分不易挥发，导致主缆内外层钢丝处于不同湿湿度的环境中。根据Hopwood和Haven理论，由此产生的主缆腐蚀比主缆整体浸渍严重得多。钢丝上腐蚀产物的不断积累促进了冷凝，延长了其处在潮湿环境的时间，这将会加重所有腐蚀机制的严重程度。

在调查威廉斯堡大桥的钢丝时，Eiselstein和Caligiuri保守估计钢丝在1年里约有135 d处于潮湿

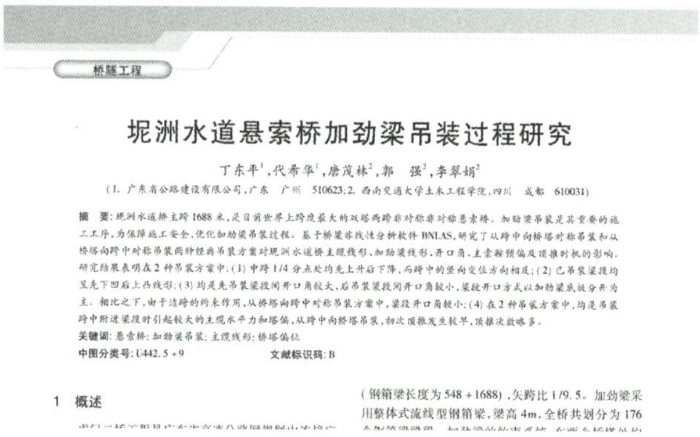

桥隧工程

坭洲水道悬索桥加劲梁吊装过程研究

丁东平[1]，代希华[1]，唐茂林[2]，郭 强[2]，李翠娟[2]
（1. 广东省公路建设有限公司，广东 广州 510623；2. 西南交通大学土木工程学院，四川 成都 610031）

摘 要：坭洲水道桥主跨1688米，是目前世界上跨度最大的双塔两跨非对称非对称悬索桥。加劲梁吊装是其重要的施工工序，为保障施工安全，优化加劲梁吊装过程。基于桥梁非线性分析软件BNLAS，研究了从跨中向桥塔对称吊装和从桥塔向跨中对称吊装两种经典吊装方案对坭洲水道桥主缆线形、加劲梁线形、开口角、主索鞍预偏及顶推时机的影响。研究结果表明在2种吊装方案中：(1) 中跨1/4分点处均先上升后下降，而跨中的竖向变位方向相反；(2) 已吊装梁段均呈先下凹后上凸线形；(3) 均是先吊装梁段间开口角较大，后吊装梁段间开口角较小，梁段开口方式以加劲梁底板分开为主。相比之下，由于边跨的约束作用，从桥塔向跨中对称吊装方案中，梁段开口角较小；(4) 在2种吊装方案中，均是吊装跨中附近梁段时引起较大的主缆水平力和塔偏，从跨中向桥塔吊装，初次顶推发生较早，顶推次数略多。

关键词：悬索桥；加劲梁吊装；主缆线形；桥塔偏位

中图分类号：U442.5+9　　文献标识码：B

1 概述

（钢箱梁长度为548+1688），矢跨比1/9.5。加劲梁采用整体式流线型钢箱梁，梁高4m，全桥共划分为176

李翠娟老师指导的SRTP项目成员和研究生撰写的论文

三、加强管理，实践出真知

“无规矩不成方圆”对管理研究团队依然适用。如何把学生良好地组织起来，完成各项研究，对于学生的培养和教师本身的成长都是关键。李老师在对研究生的培养和SRTP项目指导过程中，制定了一系列管理条例，并在每周的周一由指定研究生将所有成员每周的工作情况进行汇总。针对学生在研究中遇到的问题，以最快的速度给出反馈，从而提高整个团队的工作效率和凝聚力。

“实践出真知”是在学生培养中的核心理念。在理论课程的学习之余，通过鼓励学生参与科研项目的理论分析、数值模拟和现场检测等与实际工程相关的关键环节，提升其将理论应用于实际的解决工程问题的能力。

置身研究团队，探索科研育人

黄俊杰：博士，副教授，博士生/硕士生导师。主要从事铁路和公路路基工程方面的教学和科研工作，研究方向为高速铁路路基新材料与结构设计及服役性能研究，主持国家自然科学青年基金项目1项和面上项目1项、重大工程关键科技开发项目3项，参与国家级和省部级科研项目9项；发表SCI、EI和中文核心等期刊论文30余篇，获批发明专利2项，出版专著1部；获得中国铁道学会铁道科技奖特等奖、一等奖和二等奖各1项，教育部科技进步二等奖1项，中国交通运输协会科技奖一等奖1项，其他科技奖3项；获2019年西南交通大学土木工程学院“科研育人先进个人”；兼职中国土工合成材料工程协会（CTAG）和国际土工合成材料学会中国委员会（CCIGS）会员，中国土木工程学会土力学及岩土工程分会交通岩土工程专业委员会委员，并担任*Construction and Building Materials*和《中国公路学报》等期刊的审稿人。

黄俊杰老师是苏谦老师路基工程研究团队核心骨干之一，在团队科研工作中负责路基工程新材料与新结构设计及其服役性能评价方面的科研项目，直接指导和协助团队培养与此研究方向相关的研究生。依托主持和主要参与的国家自然基金项目（青年和面上项目）、国家重点专项子课题、中国铁路总公司科技研究开发计划重点和重大课题、重要工程技术开发课题等，在学校和学院三全育人等政策支持下，负责指导的硕士研究生有6人，协助指导的硕士研究生3人和博士研究生2人，以及已指导SRTP项目2项。在指导本科生科研训练和研究生科研工作中，黄老师结合苏谦教授路基课题组的传统和特色，形成了较为完善的科研育人导向机制、科研团队评价方法和学术诚信体系，其中在科研工作中始终坚持把培养正确的政治方向、社会价值观、科研创新能力和学术道德等作为科研育人的重要指导。

一、科研育人导向机制

黄俊杰老师在科研工作和研究生培养中，始终重视把正确的政治方向、价值取向、学术导向体现到科学研究全过程，积极引导团队研究生的业务技能和新时代政治知识的学习，积极引导研究生从事科研工作的科研精神，在科研工作中做到严谨求实、勇于担当、吃苦耐劳等。

黄老师曾承担道路与铁道工程系教工党支部宣传委员，协助支部书记杨荣山老师开展支部工作获得2020年“校优秀党支部”和“四川省基层党支部样板支部”称号。在支部集中业务和政治学习会中，负责收集、整理党和国家重要会议精神，并将其制作成PPT供支部党员学习（图1）。借此机会，同时把最新的政治知识和相关会议精神传导于研究生，引导其成为有扎实的政治素养、精湛的专业技能和健康的道德情操的新时代人才。

结合苏谦老师路基工程研究团队的科教协同育人机制，在培养研究生和本科生敢为人先的科学精神、开拓创新的进取意识和严谨求实的科研作风上已取得了较好的育人成效。如负责和协助指导的研究生已公开发表SCI、EI等论文数篇，并积极参加科技竞赛和国内外学术研讨会（图2），在年级奖学金评比中多人次获得了国家奖学金、学业奖学金特等奖和一等奖，协助指导的研究生获得全国大学生加筋土挡土墙设计大赛一等奖、校科技月竞赛优胜奖（图3）。

图1　黄俊杰老师所在的道路与铁道工程系教工党支部集中学习场景

图2　黄俊杰老师带学生参加国内外学术会议

图3　黄俊杰老师指导的研究生获科技月竞赛优胜奖

二、科研团队评价制度

形成合理的科研团队评价办法，是团队健康发展和科研成果持续产出的重要保障。黄俊杰老师结合学院和苏谦老师路基工程研究团队的评价方法，始终强调思想政治表现作为科研团队建设的底线要求，把育人成效作为科研团队工作的重要参考。基于此要求，科研团队内部建立了一套科研团队管理制度，其中包含了团队科研成效评价管理办法。制定此管理制度的主要目的是确保团队全体成员具有正确的思想政治观和社会价值取向，并通过周期性对科研团队的科研工作情况进行回顾与评估，发现工作中存在的不足，明确下一步科研工作的调整和确定提供支持，以促进科研团队工作效率的提高和更多原创成果的产出，推动团队科研工作的健康持续发展。

三、学术诚信体系

诚信无论在哪个领域都是非常重要的，例如民法中规定的诚实信用原则、商业贸易中的诚信、待人接物中的诚信，等等。就学术诚信而言，其主体包括了从院士、教授、副教授、讲师、博士、研究生和本科生等各个层面的学术研究者；学术诚信包含了五种价值观：诚信、信任、公正、尊重和责任。显然，就此所述的科研团队主体为师生，则其从事的科学研究工作必须实事求是，遵守科研工作的行为道德规范。

就科研团队单体而言，建立起科研工作的学术诚信，就要加大力度进行学术诚信教育和宣传。为此，本人指导的研究生纳入路基工程大团队中，每个年级新生入学时均要求其学习团队行为管理制度；对团队负责人（含研究方向小组）进行科研诚信教育宣讲。如结合大团队周期例会的开展（图4），每年均进行至少1次的学术规范与学术道德教育学习会。此外，为了杜绝学术不端事件的发生，黄老师明确指导老师负最直接的责任，要求团队负责人及各研究方向负责教师要严格管控研究生编写的论文等资料。

图4　黄俊杰老师所在的路基工程研究团队内部学习大会

以我心，换你心

刘凯文： 博士，副教授，博士生导师，四川省海外高层次留学人才，2017年西南交通大学“青苗计划”入选者。主持国家自然科学基金面上项目和青年基金项目共2项，四川省科技厅项目1项，深部岩土力学与地下工程国家重点实验开放基金项目1项，企业合作横向项目5项，主研省部级及企业合作项目10余项。国际期刊*Geotextiles and Geomembranes* 副主编与*Canadian Geotechnical Journal* 编委，*Vehicle System Dynamics* 等20本期刊审稿人。先后获得四川省科技进步奖三等奖、中国交通运输协会科技进步一等奖、中国铁道学会科技进步奖一等奖、二等奖和三等奖各1项。2019年获土木工程学院科研育人先进个人，2020年西南交通大学优秀百篇毕业设计（论文）指导老师，2020年西南交通大学优秀硕士学位论文指导老师。

2017年2月，中共中央、国务院印发了《关于加强和改进新形势下高校思想政治工作的意见》，把“坚持全员全过程全方位育人”作为加强和改进高校思想政治工作的基本原则。另外，《教育部关于全面提高高等教育质量的若干意见》指出，高校的根本任务是培养人才，促进人的全面发展。“三全育人”是全员育人、全方位育人和全过程育人的统筹协调。推进“三全育人”如同培育大树，要全局思考、系统规划、整体推进。在日常科研过程中，我深感科研和育人是一个相辅相成的有机整体，科研的根本任务之一是育人，并不断探索如何充分挖掘科研过程中的思政元素，将育人理念和实践行动贯穿于科学研究全过程。

一、把科研育人时时放在心上，把思想教育融入科研活动中

立德树人是高校老师的职责所在，科研是立德树人的一个重要载体。因此，在科研活动中，我时时刻刻提醒自己，自己不单单是指导学生进行科学研究的科研工作者，更是一个教育家，是学生灵魂与精神的工程师。我在指导学生的科研活动中，以德育为首，做到既做科学研究又做学生的精神研究，我与学生之间的关系是平等互助的关系。

我的一位研究生一年级的学生，周鹏飞，他虽然远在唐山研究院，但我对于他的科研指导与德育指导，丝毫不因距离的遥远而有丝毫的松懈。每周，我与鹏飞都有固定的视频例会，学生首先汇报这一周的学习总结，提出在科研过程中遇到的问题和疑惑，我会对他的问题一一进行解答和指点，启发引导学生对问题进行探索和尝试，而不是把问题的答案直接交到他的手上（图1）。我认为，这是他们三年科研实践中应该学会的一种处理问题的方式。同时我会根据学生的进度，安排下一周的任务，安排学生下一步的学习任务及目标。在讨论完科研与学习任务后，我会以聊天的方式，关心学生的生活情况，身体情况，心理情况，聊一聊最新的体育比赛，说一说最新的流行电影，鼓励学生积极参加各种体育运动，保持强健的体魄。我深知，积极健康向上的生活态度、良好健壮的体魄、乐观坚韧的心理健康，是学习和科研的坚固基石。学生感受到了导师对他发自内心的关心与教诲，自然而然能够顺理成章地接受导师的思想教育与科研教育。

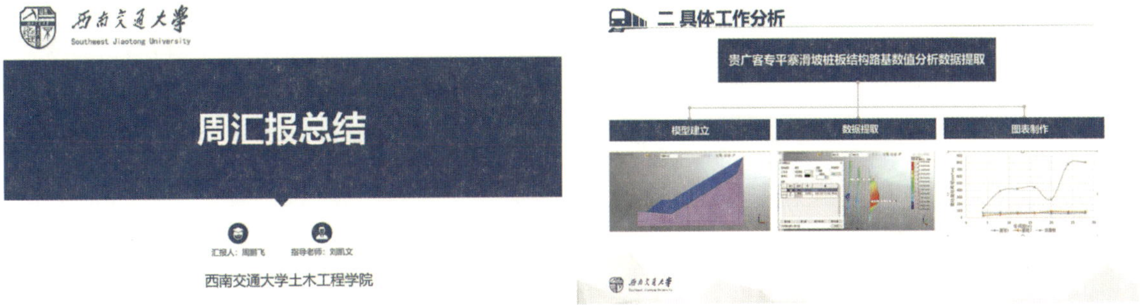

图1　刘凯文老师指导的研一学生周鹏飞的周汇报

同时，我还积极提倡学生之间的相互交流，“三人行必有我师”，只要有心，学习是无处不在的。我会定期安排学生们讲述各自学习软件的基本使用情况，互通有无，互相介绍自己在科研过程中的犯过的错误，总结的经验，以期望最高效率利用身边的资源。

在科研实践方面，鹏飞结合九里的科研项目在唐山研究生院进行大型直剪试验（图2），还前往北京参加“国际智能建设技术会议”（图3），学习交流的同时扩展眼界。

图2　刘凯文老师指导的研一学生周鹏飞在唐山研究院进行大型直剪试验

图3 刘凯文老师与指导的研一学生周鹏飞参加学术会议

令人欣喜的是，鹏飞在研究生一年级就和我联合完成并发表了A+和B论文各一篇，分别是*Investigation of concrete base-roadbed surface contact variation induced vibration characteristics of vehicle-slab track-subgrade system considering fluid-solid interaction*（已被*Shock and Vibration* SCI源刊正式录用待刊）和“准池铁路黄土路堑边坡病害分析及整治研究”（已被《路基工程》正式录用待刊）。

二、导师以身作则，师德为先

导师是学生的引路人，是学生成长道路上的路标。导师的品行对学生有潜移默化的作用，所谓随风潜入夜，润物细无声。导师的言行将直接影响学生的价值取向，身教重于言传。导师的门风会慢慢渗入学生的思想，塑造学生独特的学风、气质与科研特色。现在学术不端的新闻时有发生，作为一名新导师，一定要从一开始就始终灌输自己以及自己的学生的坚定信念：学术诚信是科学精神的基底。

三、教学相长，苦练内功

只有一流的导师，才能培养出一流的研究生。作为导师更要苦练内功，坚持学习，不断提高自己的科研水平和学术功力，才能真正做到为学生传道、授业、解惑。我坚持每周和学生碰面讨论科研进展，这样既可以保证科研课题的顺利开展，也是对自己和学生的一种有效督促形式。

本团队于每周六早上按时举行团队例会，团队学生每人会在会前准备好个人总结PPT并在会上相互讨论，答疑解惑，旨在总结过去一周的科研进度、遇到的困难以及未来一周的科研计划。学生普遍反映这样的周行例会益处多多：一方面可以在每周集结一次团队成员，起到督促学习科研的作用，并且做到有计划、有步骤地指导学生，使科研任务有序地推进；另一方面，学生在参与或主持科研项目的过程中会遇到各种各样的专业问题，如果不及时开展例会讨论解决方案，学生只会慢慢被问题打败。因此，必要的师生沟通不仅能为学生指明正确的科研方向，更重要的是，能培养学生表达个人思想和解决问题的能力，为今后的科研成果发表夯实基础。

以我的一名研二学生越斐为例，鉴于该生的英文基础相对较好，我就要求他用英文思维直接思考并撰写论文，刚开始，我并没有要求学生立即动笔，而是让他先拟定论文大纲，找到拟写论文的行文逻辑，并且积极与我交流讨论。之后，我要求他广泛查阅相关英文文献，多读文献，并从中提取关键信息作为拟写论文的参考。这样做不仅能锻炼学生的查阅文献、阅读文献的能力，还能让他对英文论文的行文逻辑有所了解，分辨英文逻辑和中文逻辑的表达区别。这个过程学生开始反应比较痛苦，也会经历相对较长的阵痛期，但经过大量英文文献阅读和多次研讨后，学生对拟写论文的基本架构、行文逻辑、研究思路已经清晰，也通过参考文献学到了不少英文表达，对于接下来论文的撰写会起到事半功倍的效果。

目前越斐和我已经联名在A++期刊*Computers and Geotechnics*（JCR1区，影响因子：3.138）发表*Evaluation on the dynamic performance of bridge approach backfilled with fibre reinforced lightweight concrete under high-speed train loading* SCI论文1篇（图4），在A+期刊*Shock and Vibration*（JCR2区，影响因子：1.857）正式录用待刊 *Investigation of concrete base-roadbed surface contact variation induced vibration characteristics of vehicle-slab track-subgrade system considering fluid-solid interaction* SCI论文1篇，此外还有2篇SCI论文分别在*Computers and Geotechnics*二审和*Advances in Structural Engineering*一审中。

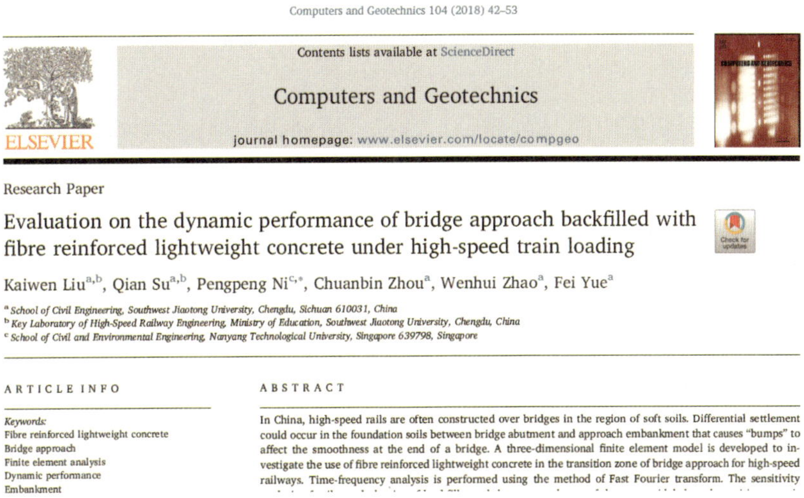
Computers and Geotechnics 104 (2018) 42–53

Contents lists available at ScienceDirect

Computers and Geotechnics

journal homepage: www.elsevier.com/locate/compgeo

ELSEVIER

Research Paper

Evaluation on the dynamic performance of bridge approach backfilled with fibre reinforced lightweight concrete under high-speed train loading

Kaiwen Liu[a,b], Qian Su[a,b], Pengpeng Ni[c,*], Chuanbin Zhou[a], Wenhui Zhao[a], Fei Yue[a]

[a] School of Civil Engineering, Southwest Jiaotong University, Chengdu, Sichuan 610031, China
[b] Key Laboratory of High-Speed Railway Engineering, Ministry of Education, Southwest Jiaotong University, Chengdu, China
[c] School of Civil and Environmental Engineering, Nanyang Technological University, Singapore 639798, Singapore

ARTICLE INFO

Keywords:
Fibre reinforced lightweight concrete
Bridge approach
Finite element analysis
Dynamic performance
Embankment

ABSTRACT

In China, high-speed rails are often constructed over bridges in the region of soft soils. Differential settlement could occur in the foundation soils between bridge abutment and approach embankment that causes "bumps" to affect the smoothness at the end of a bridge. A three-dimensional finite element model is developed to investigate the use of fibre reinforced lightweight concrete in the transition zone of bridge approach for high-speed railways. Time-frequency analysis is performed using the method of Fast Fourier transform. The sensitivity

图4　刘凯文老师与指导的研二学生越斐联名发表的论文

教育，是“一棵树摇动另一棵树，一朵云推动另一朵云，一个灵魂唤醒另一个灵魂”。陶行知先生认为，“培养教育人和种花木一样，首先要认识花木的特点，区别不同情况给以施肥、浇水和培养教育，这叫因材施教”。总之在科研工作中，我积极响应“三全育人”，努力因材施教、深耕细作，根据每位学生不同的性格特点和科研水平，提供适合的教育、可选择的教育，让学生享有更多的获得感和幸福感。

乘风破浪会有时，直挂云帆济沧海，探索三全育人新模式

杨长卫：博士，副研究员，防灾减灾研究所主任，中国铁道学会标准化（灾害防治）技术委员会副主席及ISO/IEC国际标准制定专家委员会委员。2014年至今就职于西南交通大学土木工程学院。先后入选中国科协“青年人才托举工程”及四川省“人才计划”等。主持获得2项中国铁道学会科学技术一等奖、1项中国岩石力学与工程学会自然科学二等奖及其青年科技奖、詹天佑科学技术青年奖、茅以升铁道科技奖及全国铁路青年科技创新奖等。主持国家自然科学基金、四川省科技支撑计划等项目10余项，主编/参编铁路行业标准6部，在编国际标准1部、行业标准2部。主编专著3部，授权专利、软件著作权各10项，发表学术论文40余篇。

杨长卫老师作为教师队伍中的一名新兵，讲授本科课程“地震工程学导论”及多门研究生课程。指导了硕士研究生5名，其中，有3名硕士研究生主持获得四川省科技支撑计划苗子工程重点项目，人均每年一篇SCI、EI期刊论文，部分学生还先后获得中铁建科学技术奖一等奖、西部“双一流”高校科学家精神征文大赛优秀奖、中国岩石力学与工程学会优秀论文奖、西南交通大学特等奖学金、优秀研究生荣誉称号等奖项。

杨长卫老师结合自身教学、科研的经历，归纳总结自身的经验，探讨三全育人新模式：

一、思想整治教育要贯穿课堂教育

老师的首要任务是教书育人，而培养什么人，则是教育的首要问题。教育要始终把“培养社会主义建设者和接班人”作为根本任务。而要完成这一根本任务，必须抓住“立德树人”这一核心。杨长卫老师在讲授本科课程“地震工程学导论”时，一方面会讲授房屋倒塌、桥梁损毁、江河堵塞等案例，另一方面也时常解读一些国家的相关政策，同时通过影像资料等穿插讲授在汶川等地震发生后党中央、国务院和各级人民政府是如何开展抗震救灾，如何竭尽全力保证人民的生命财产安全，人民解放军、武警官兵及社会爱心人士是如何冒着生命危险，勇赴灾

区开展救助工作，让学生明白不管在任何时候我们背后有党和国家，同学们应努力学习，加强品德修养，全面掌握专业知识，增强综合素质，牢牢树立爱国情怀，在国家需要时，要毫不犹豫地投身于报效祖国的伟大事业中。

二、探讨综合型的课程教学方法

习近平总书记讲：好的思想政治工作应该像盐，但不能光吃盐，最好的方式是将盐溶解到各种食物中自然而然吸收。课堂则是能够很好溶解盐的载体，老师们在课堂教学方面有几千年的历史，积累了丰富的经验，而现在又新发展了一些新型的教学方法。因此，探讨综合型课堂教学方法十分重要。学习是需要学生、老师双方共同努力的工作，学生需要努力学习，老师需要认真负责地讲授。为了能够较好地解决上述问题，首先要立规矩，无规矩不成方圆，因此应严格要求课堂纪律并认真落实。其次，还需要与学生针对具体问题开展深入的交流和讨论，充分调动学生的积极性，让课程变得更为有趣、生动，培养学生独立思考的能力。杨长卫老师在课程教育中通过针对某些具体的灾害进行研讨，把学生分为多个小组共同完成一些现场测验和问题的解答，给不同的班级布置相同的作业，让不同班级之间比赛等工作，一方面加强了老师与学生的交流；另一方面也加强了学生之间的交流。最后，在授课过程中，要认真、系统地备课，多与实际工程相结合，一方面要让学生知道自己学到了什么知识，另一方面还要让学生知道自己学到后会用到什么地方。通过这几年的摸索，杨老师的课堂教学效果得到了显著提高，学生们的表现也越来越好。

杨长卫老师与防灾减灾科研团队

三、培养不畏艰险的交叉创新型科研人才

科研团队的发展首要责任人是团队负责人。作为导师，杨长卫老师首先以身作则坚持每天早上九点到办公室，晚上十一点离开，久而久之研究生们也就形成了相似的习惯。因为成果的

收获是需要时间积累的，只要踏踏实实、持之以恒地工作才可能收获丰硕的果实，这种持之以恒一旦成为习惯，就会逐渐成为团队文化的一部分，促进整个团队的发展。另外，团队每周举办一次集体体育活动，每周举办一次学术研讨会，以增强体质和团队的凝聚力。

在确定研究生的研究方向时，杨长卫老师会与每一位学生认真、深入地交流，鼓励学生大胆地尝试，尤其是与目前热点技术交叉融合，充分地尊重学生的科研兴趣，鼓励和支持开展相关研究工作，比如一位研究生一年级的学生目前实现了岩土工程与人工智能技术的交叉融合，连续获得了四川省苗子工程重点项目的支持和连续录用了多篇SCI、EI期刊论文。在开展研究课题技术难题攻关时，杨长卫老师将会带领学生们深入剖析，仔细分解，绘制技术路线图，反复研讨，攻坚克难，协同解决，在遇到技术瓶颈时，会鼓励学生们要相信自己能够克服它，风雨之后一定会见彩虹。科学研究最终要服务于工程实际，每次有现场工程调研的机会，杨长卫老师总会带上学生一起到现场，掌握第一手资料，对现场技术有直观的认识。目前团队正在积极地服务于川藏铁路的科研设计阶段，先后冒着滑坡、泥石流、冰湖溃决等危险，沿G318由林芝—成都对川藏铁路全线进行了调研，取得了阶段性的成果。杨长卫老师相信，踏实做学问、持之以恒，遇到难题永不言弃，一定会“乘风破浪会有时，直挂云帆济沧海”。

杨长卫老师带领学生在川藏线现场进行工程调研

第三部分

成长篇

• 青教成长 •

探索实践创新，拓展科研育人

何　畏：西南交通大学桥梁工程系副教授。从教20余年，先后负责“桥梁工程概论”“桥梁工程”2门国家级精品课程及“简支钢桁架静载非破坏性虚拟仿真实验”国家一流本科课程建设工作，并承担“桥梁课程设计”“土木工程试验与量测技术”“桥梁概念设计”“工程计算实践”等本科和研究生课程教学任务。先后参与陆地交通地质灾害防治国家工程实验室、土木工程国家级实验教学示范中心、国家级土木工程虚拟仿真实验教学中心、国家级虚拟仿真实验教学示范项目等申报和建设工作。获中国公路学会科技进步奖一等奖1项、四川省高等教育教学成果奖一等奖1项、世界大学生桥梁设计竞赛优秀指导教师奖2次、西南交通大学青年教师讲课比赛一等奖1次。近年来先后参与《四川省城镇超高韧性组合钢桥面结构技术标准》《四川省城镇预制拼装超高性能混凝土梁桥技术标准》《桥梁用电阻应变式锚索计》等规范编制工作。现任土木工程国家级实验教学示范中心（西南交通大学）常务副主任。

一、科研育人探索之实践创新：依托“情怀、情境、情节”设计，探索土木实践创新育人新模式

作为西南交大桥梁育人团队的成员，我把我们的工作归纳为这样几句话：“植百廿厚土，育万千良木，架思行金桥，成华夏栋梁。”这段话是说：踏踏实实做好教学工作，就是我们的本职，就是我们的使命；帮助学生跨越理论、实践、创新间的沟壑，就能为他们逐梦时添上腾飞的翅膀；课堂教学、实践教学、创新教育等工作，做好了，此生无憾。

作为坚守在实践创新教学一线的教师，10年前，我在提出和研究土木人才能力矩阵方法时就深刻体会到，交大百年土木教育在“强本固基、守正育人”上积淀的经验值得我们继续坚守、继续传承、继续发扬。回望历史，重视实践一直是西南交通土木工程人才培养的核心，也是若干大师、巨匠成长的基石。环顾四周，西南交大“土、机、电、信”四大学科的发展也折

射出从工业1.0到工业3.0的时代演变，其中土木学科的历史更揭示出传统学科“唯融乃强”的发展道理。在已经悄然临近的未来，面对工业4.0的挑战，面对新工科建设背景下新知识结构、新能力结构、新育人方法等诸多挑战，唯有锚定初心、直面短板、不断学习、勇于探索，才能更好承载育人使命。

在土木人才培养体系中，培养实践和创新能力的一个重要路径是由以课程为支持的线性教学活动加以支撑，另一个重要的路径是由SRTP（学生科研训练项目）、科创竞赛活动等非线性实践教学环节来支持。线性教学环节由于有大纲支撑、质量监督、过程考核、期末考试等要素保障，育人质量较为稳定，但在还原工程特点、承载新兴技术、体现学科交叉等层面上弹性不足。非线性实践教学活动在弹性上更具及时性、多样性、综合性等优点，但在实际育人环节却或多或少出现了不同的问题。比如，SRTP活动中存在成效性不强、连贯性不高、退训无代价等问题，导致科研训练的目标被退化；又如，在科创竞赛活动中，存在周期偏短、团队偏弱、延续性不强等问题，一些学生存在只求完成学分、只求推免加分等功利思想。这些现象折射出非线性实践创新培育环节容易背离科研精神，难以达到“培养兴趣、训练能力、锻炼意志”的初心设计。

为破解实践创新育人环节中出现的这些问题，结合三全育人的要求，我们积极探索将“科研育人”与“实践育人”相结合的新路径，具体打造了以“情怀—情境—情节”为要素的科创活动“三情”设计方法，逐步形成“拟线性科创活动”的新模式。与传统科创活动相比较，这种新模式具备“长周期、大团队、多能力”等特点。

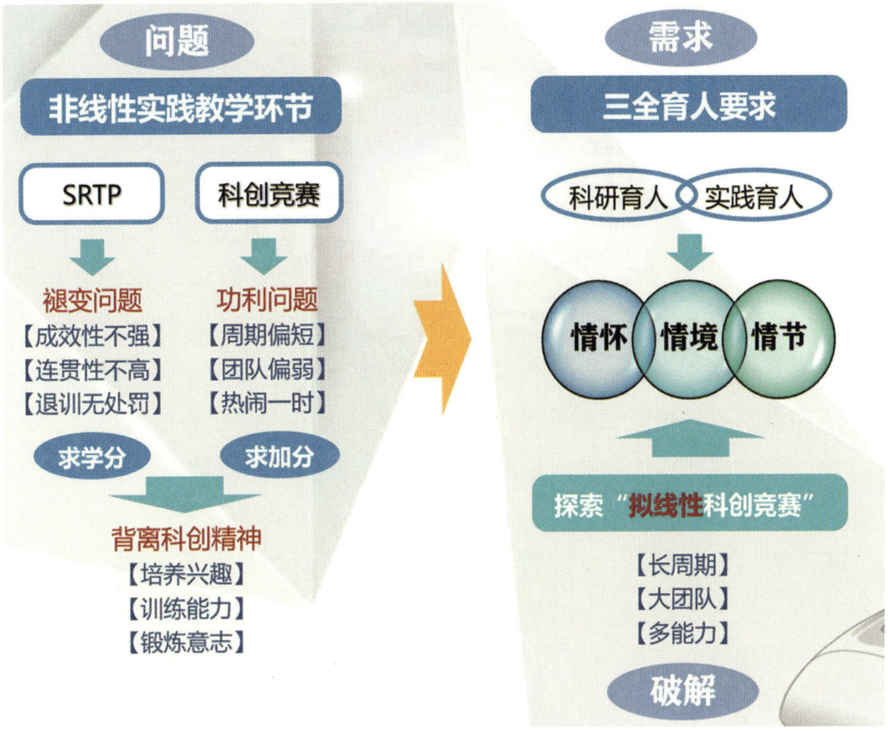

科研育人与实践育人相结合新路径

以“混凝土轻舟”竞赛项目为例，该项目需要学生组队完成混凝土船的结构与外观设计、材料配比和性能实验、材料制备与混凝土施工、竞赛现场答辩、划船竞技训练和比赛等多项内容，属于综合性的科创活动。在项目的组织上，团队成员由20~30位学生组成，训练及参赛的周期为6~24个月，能力的培养体现出“技术、艺术、体育”的多元融合。从育人的角度，在“三情设计”上，着力打造的要素具体体现为“家国情怀、实战情境、科创情节”。混凝土轻舟赛是美国土木工程师学会（ASCE）学生大会的经典比赛项目，同学们在国内完成备训和备赛工作后，制作的混凝土轻舟将运到美国参加现场展示、检测、答辩和竞速比赛。从国内备赛到国外参赛全过程中，导师团队秉承“三全育人”的宗旨，将各项工作落到细处。参与国际舞台的竞技，既是中国技术、中国文化的展示机会，也是中国大学生科创精神面貌的展示；赴国外参赛，不仅为了取得佳绩，更需要寄托土木人的家国情怀。2018年第一次赴美参赛时，虽然在一个竞速比赛环节中在距离终点不远处出现船体漏水意外，但同学们坚持完成了比赛，并取得了总分第6名的成绩；2019年第二次赴美参加中太平洋赛区比赛，经过一系列改进、优化和创新，轻舟队获得总分第4名的优秀成绩。依托该项竞赛活动的实践与创新情节、要素，参赛同学在SCI论文发表、专利申请等也收获了不少科研成果。

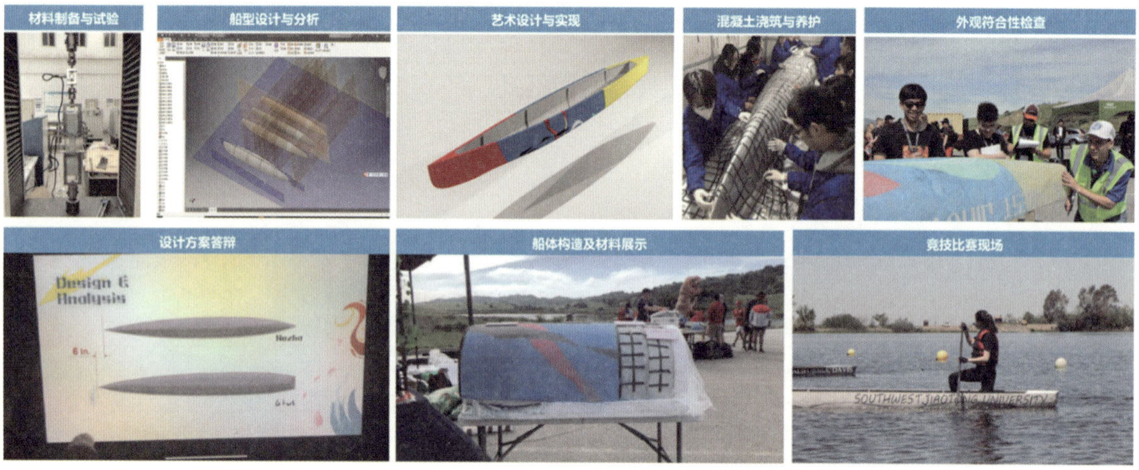

ASCE混凝土轻舟赛西南交通大学作品

以“混凝土轻舟”竞赛项目中形成的科创育人模式为支撑，我校学生在2020年10月举行的“第二届国际大学生混凝土龙舟邀请赛”中取得了佳绩。其中由周冠人、郭启骋、姚思喆、李润宇、王烨嘉五位队员打造的“雷神”龙舟在静载测试项目中获得满分的成绩，斩获特等奖；由屈姝君、常铭宇、贺成博、庞莹莹、蔡书涵5位同学打造的“火神”斩获三等奖。与混凝土轻舟比赛相比，虽然这项赛事的比赛现场从国外回到了国内、从线下搬到了线上，竞速方式从选手划船变为远程遥控、电机驱动，但这些丝毫不影响同学们在“家国情怀、实战情境、科创情节”层面上的育人成效真实展现。同学们以疫情期间建造的雷神山医院和火神山医院中的“雷神”与“火神”为两艘参赛龙舟命名，对疫情期间雷神山与火神山医院的建造工人以及医护人员所表现的团结、高效、坚韧、奉献的精神致敬，折射出他们的家国情怀；同学们利用混凝土这一现代工程必不可少的材料，打造出极具中国传统文化色彩的龙舟，并参与船体指标检测、障碍行驶赛、直线竞速赛、技术论文答辩等实战环节挑战；同学们依托材料性能实验、计算流体动力学仿真计算、船体结构设计、船体驱动设计等工作实现了多要素、多类型科创情节训练。

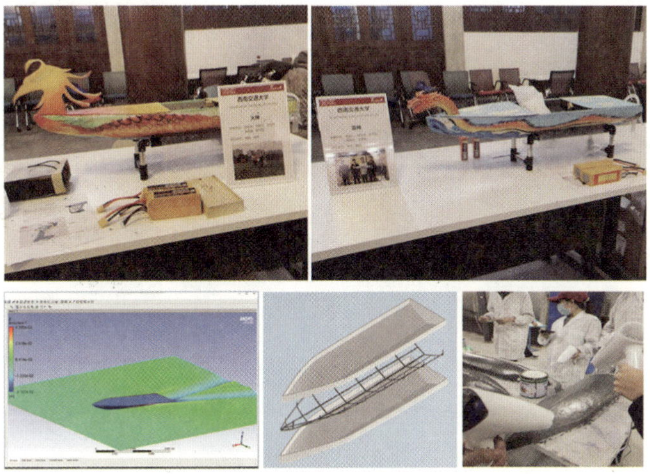

第二届国际大学生混凝土龙舟邀请赛西南交通大学学生作品

在实践与创新能力培养环节中，依托“情怀、情境、情节”的“三情设计”，探索线性科创活动与非线性科创活动的中间模式和衔接方法，着力解决的是学生实际创新能力培养路径的贯通问题，让学生真正能够实现创新道路上的“想创新、会创新、能创新、有体现”。十余年来，我们坚守自己的梦想、做出自己的努力，相信终能“功不唐捐”，相信终能“玉汝于成”。

二、科研育人探索之实验教学平台：发挥国家级实验教学平台优势，打造土木实践创新育人新高地

1. 国家级实验教学平台的支撑

西南交通大学土木工程拥有“国家级实验教学示范中心”和“国家级虚拟仿真实验教学中心”2个国家级实验教学平台。实验教学示范中心包括结构工程、岩土工程、铁道工程、道路工程、建筑材料、流体力学、工程制图、桥梁工程、地下工程等10个基础教学与专业教学实验室，实验室面积9650m^2，设备总数共计3270台/套，设备总资产6801万元，承担全校11个专业、11门实验课程、5000多名本科生的实验教学任务，实验教学工作量达到20.7万人时数/年。虚拟仿真实验教学中心针对土木工程专业实践教学安全隐患大、资源消耗大、交通土建工程高复杂性、长时效性等特点，发挥国家特色专业及重点学科优势，面向全校8个专业开设33门实验课程，构建了“一个平台、四个层次、六大模块”的土木工程虚拟仿真实验教学体系，建成了具有交通土建特色的30个虚拟仿真实验教学系统，多层次、全方位对学生开放实验项目229项，年实验人时数达6万。“简支钢桁架静载非破坏性虚拟仿真实验”2018年获批国家级虚拟仿真实验教学示范项目，2020年被认定为首批国家一流本科课程。

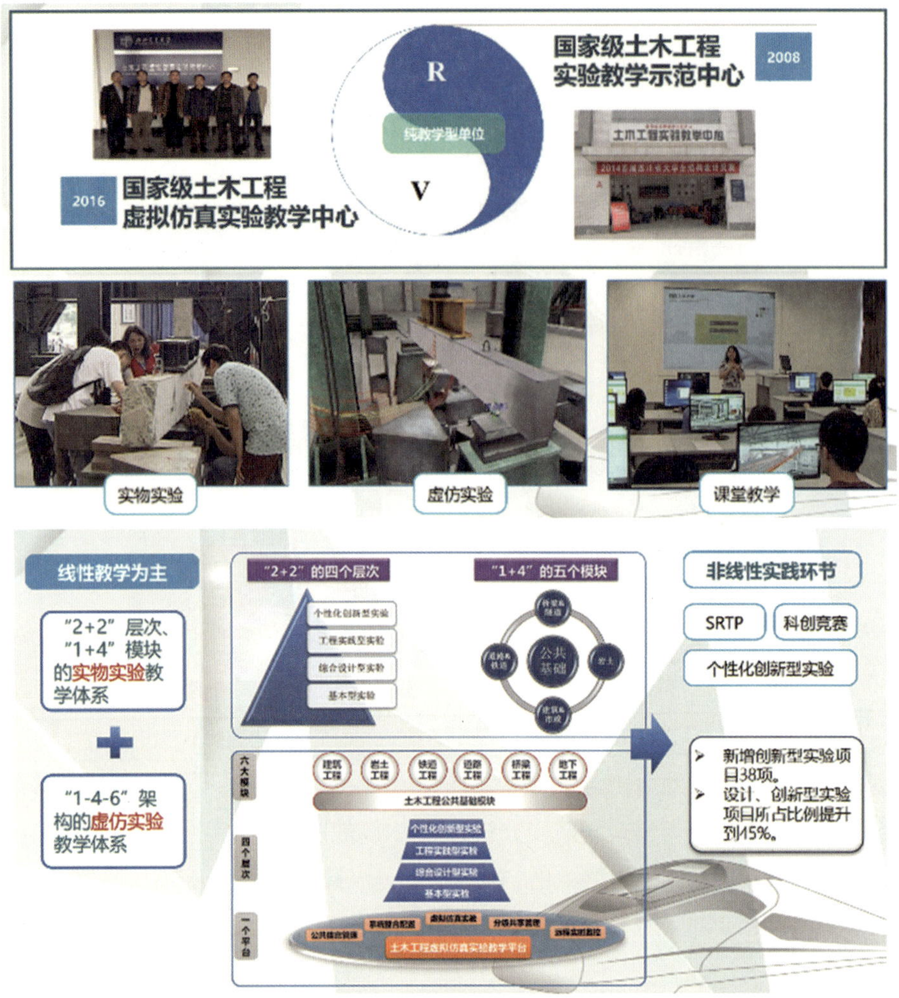

西南交通大学土木工程学院国家级实验教学平台

2. 多层次特色科创活动的组织

依托2个国家级实验教学平台，坚持“激发兴趣、夯实基础、强化实践、引导创新、突出能力”的原则，学院构建了与大类人才培养模式相适应的、同时具有我校交通土建特色的、着眼于大学生工程实践能力和创新意识培养的多层次、模块化的实验教学新体系。依托平台优势，学院专门设立“土木卓越创新中心”，进一步强化了对SRTP、科创竞赛活动、个性化创新实验等多类型非线性实践创新活动的支撑功能，进一步推进实践教学与科创训练相结合的育人模式改革，着力打通创新能力培养路径。以坚持举办了20年的“土木科技月”活动为代表，已经形成“有品牌、有文化、有队伍、有机制”的特色科创育人环境。土木科技月中的竞赛活动实现了“学科内专业方向全覆盖、多学科有交叉能融合”的校级竞赛组织格局，每年参与学生超过4000人次。在夯实校级比赛组织的基础上，勇担责任承办“首届四川省大学生结构设计大赛”“首届四川省大学生技术与产品信息建模创新大赛”等省级赛事，向上支撑5次获得全国大学生结构设计竞赛一等奖，向外拓展参加ASCE大学生钢桥赛和混凝土轻舟赛等国际赛事。

西南交通大学土木工程学院多层次科创活动

3. 科创育人活动榜样的树立

有了高水平平台支撑，在依托特色科创活动开展“三全教育”的全过程中，我们特别注重人的因素，其中宣传两类育人榜样是我们阶段工作的重点。

第一类育人榜样是长期坚守在育人一线、陪伴在学生科创活动中的资深教师。他们的典型代表是桥梁工程系的李亚东老师和建筑工程系的李力老师。李亚东老师年逾60，仍坚持参与桥梁结构竞赛、桥梁设计大赛等活动的组织和指导工作；李力老师先后2次指导学生获得全国大学生结构设计竞赛特等奖。

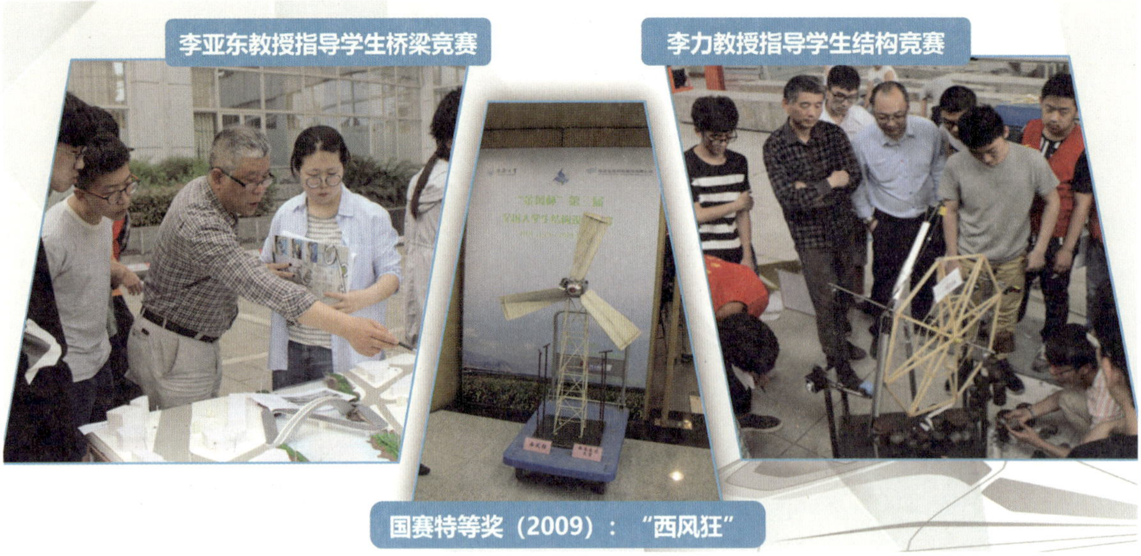

科创育人示范榜样代表李亚东老师和李力老师

第二类育人榜样是受益于土木科创育人环境而能快速成长的优秀毕业生。如12届本科毕业生安哲立同学，他在2011年获得第五届全国大学生结构设计竞赛特等奖、在2010年获得国际抗震设计挑战赛中国大陆赛区总冠军，2015年研究生毕业后到铁科院工作仅1年半便已独立主持大型科研项目。又如16届本科毕业生肖柯利同学，他在2015年获得第九届全国大学生结构设计竞赛一等奖、在2017年获得首届世界大学生桥梁设计大赛一等奖、在2018年参加IABSE（国际桥梁及结构协会）并做会议报告，2019年研究生毕业后到四川公路设计院仅半年便可独立负责桥梁结构设计工作。

科创育人成效代表学生肖柯利

4. 新材料新技术要素的植入

相对于以课程为核心的线性教学活动，科创竞赛活动在培育科研精神和训练创新能力上更具有及时性、多样性和综合性的特点；相当于以重点实验室开放实验项目等科研育人路径，科创竞赛活动更容易吸引本科学生参与、更适合本科学生的特点。为充分发挥科创竞赛的育人优势，在建设实践创新育人高地的进程中，我们特别重视新材料、新技术要素在活动中的植入。

新材料新技术在土木工程学院“土木科技创新活动月”中的运用

以学院“土木科技活动月”系列竞赛覆盖各学科方向为基础，2018年将竞赛命题拓展到工程图学和建筑材料等专业基础领域，在2020年进一步创办了以超高性能混凝土材料（UHPC）为基础的UHPC定制设计赛事。在该赛事中，参赛选手需要设计UHPC的球体的薄壁结构、制作球体成型模具、完成混凝土球的制备和养护、完成球体的打磨和装饰；在该赛事中，组织比赛的科创协会同学需要研制用于测试UHPC球体从空中坠落后的反弹高度测试装置，需要掌握混凝土破损的外观测试方法和无损检测方法。不论是比赛的参赛同学还是比赛的组织同学均能够从新材料、新技术两个维度培育创新思维、锻炼动手能力、感受创新成果。

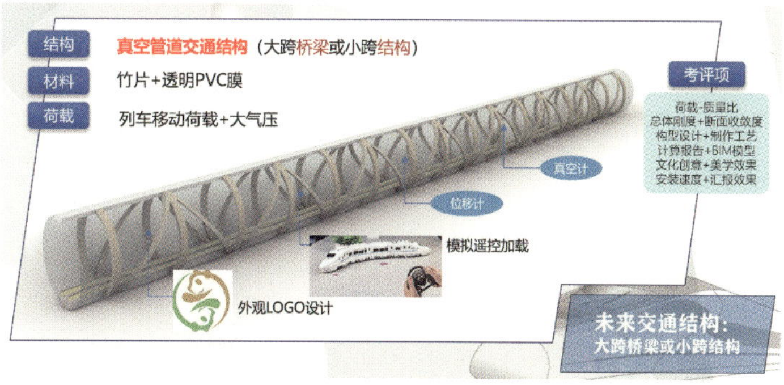

创新竞赛新命题“未来交通结构”

科创活动中新材料、新技术的合理植入，既是为了更有效地还原工程、还原技术，也是为了让学生能更充分地迎接未来的挑战。以拟申办的“大学生结构设计竞赛”命题为例，科创对象锁定为对“面向未来真空管道交通结构的设计和建造”的模拟，这种未来结构方向命题既需要融汇对线路工程、桥梁工程、隧道工程、建筑工程四个专业方向的知识掌握，又兼具对文化创意与美学效果实现的考评，还可以预留出数字孪生、智能测控等新兴技术应用时的创新空间。这些工作都是我们在实践创新育人高地打造时的重要努力方向。

砥砺前行，推动中国柔性防护结构技术发展

余志祥：教授，博导，土木工程学院结构工程系主任，兼任中国力学学会结构工程专业委员会委员、中国岩石力学与工程学会滑坡与边坡工程分会理事、中国钢结构协会理事、中国工程建设焊接协会工业建构筑物分会副理事长，ICASS2020大会主席，四川省装配式建筑产业协会专家委员会副主任委员，香港钢结构学会会员，《焊接技术》编委、《钢结构》（中英文版）ICASS特刊副主编以及20余本高水平中英文期刊审稿人，曾担任香港理工大学土木与环境工程学系高级研究员、台湾宜兰大学落石防护技术委员会委员。主持和参与包括国家自然科学基金在内的多项科研课题40余项，发表高水平科技论文100余篇，授权发明专利15项及国际专利3项，授权软件著作权11项。主持和参与的复杂钢结构设计咨询及研发项目逾150万平方米，主编和参编的国家标准、行业标准和各级地方/团体标准20余部。获得2020年四川省科技进步一等奖、2020年中国钢结构协会创新人才奖及技术创新奖、2019年军队科技进步二等奖、2018年中国冶金科工集团科技进步二等奖、2015年中国铁道建筑总公司科技进步奖一等奖和2012年首届四川省金属结构行业“杰出人才奖”等10余项奖励，先后10余次受邀做学术大会特邀报告。

“沉淀深度决定了你的思想，思想深度决定了你的高度”，这是余志祥的人生信条。大学毕业后的余志祥，先后在多家企业担任技术员、设计经理、技术总监、技术顾问等职，20余年的一线履历助他实现了多次人生转变，他先后主持和参与了百余项复杂钢结构的专项设计、施工技术攻关及技术咨询，包括龙泉阳光足球场挑蓬、绵阳九州体育馆、金沙博物馆、格鲁吉亚国家公正大厦、丽江火车站、呼和浩特火车东站、京沪高铁济南西站、大魔方歌剧院、凤凰山音乐公园主舞台钢结构等，总面积逾150万平方米。早在2006年，由余志祥主持施工技术攻关的金沙博物馆和九州体育馆便获得中国钢结构工程金奖，特别是九州体育馆还在汶川地震中被誉为“地震中的诺亚方舟”。

很多工程项目都留下了他的技术创新成果。2002年，余志祥率先整合非线性力学分析技术

和3D曲面模拟技术，成功实现了索膜结构的全过程非线性设计，突破了当时国际索膜结构设计软件的技术封锁，同期受邀在首届西部膜结构技术论坛做大会特邀报告。2003年，余志祥在复杂钢结构建造中率先解决了BIM正向设计与精细化力学分析、数值风洞技术、施工力学分析、安装控制、工程造价预算的一体化整合应用难题，这比2008年后国内才逐步开展与BIM相关的数字化技术应用早了近5年。透彻的专业悟性和实战经历帮助他在2004—2007年间率先预判了两起重大钢结构工程安全事故，避免了重大损失，获得国内同行专家的高度评价与认可，也从此初步奠定了他在钢结构行业的专业地位。

2003年，不断挑战与尝试的心态使他走向了人生转折点——继续在西南交大攻读博士学位，一方面，他希望通过读博获得更高水平的专业能力和知识结构；另一方面，他已经隐隐产生教书育人的想法，希望结合工程与科研的历练，将工程技术领域的心得、感悟与成果在未来某一天有机会分享给新一代的年轻人。

谈到读博，余志祥用“有趣”和“折腾”来概括这一段经历。在读博第4年，他将选题从非线性结构力学转为计算流体动力学，因此论文加答辩花了近8年时间。“一开始，我的论文选题是钢结构方向，这个方向基本轻车熟驾，因为太熟悉了，在论文写作过程中，我隐约看到了未来的道路终点，‘年轻气盛’加上‘个人的贪心’，促使我放弃了选题，转而研究复杂钢结构工程中很关键的荷载问题——空气动力学。从结构力学转向空气动力学，这是一个艰难的挑战，花了接近三年半时间完成该论文，其中既有挑战成功的快感，也有折腾后的疲惫感。幸运的是，功夫不负有心人，博士论文在盲评和答辩环节均以‘优秀’通过，得到了业内专家的高度赞誉。”

2011年博士毕业后，余志祥留校任教，历任西南交通大学土木工程学院讲师、副教授和教授，至今培养硕士研究生30余人，博士研究生6人。

任教以来，余志祥取得了丰硕的科研成果，并持续致力于将科研成果推广应用，加大学科的行业影响力。尤其在落石冲击与防护技术领域，余志祥多次联合国内行业单位，主编和参编了10余部标准，研究成果多次入编各级规范，直接指导行业技术应用，为搭建起该领域的技术标准体系做出了大量贡献。例如，作为主要执笔人，参与了中国台湾首部柔性防护结构技术规范的编写，并指导台湾南投落石防护工程，获得成功应用，应用项目获得中国台湾工程“金狮奖”。与香港理工大学陈绍礼教授团队共同开发的新型高性能柔性防护结构通过香港土木工程拓展署认证，为我国首个通过该认证的柔性防护结构产品。研究成果中：试验技术写入国家铁路局和交通部的权威行业标准；冲击试验平台的研制成功支撑了我国“落石冲击与防护技术”学科的发展，其他成果包括“主副索柔性防护系统”“能量匹配设计法”、系统变形控制方法、连接设计方法、消能器冲击动力检验方法、自适应柔性支撑边界试验技术、柔性系统整体非线性分析方法等技术研究成果写入了11本行业标准、团体标准，在我国高速铁路、公路和重大水利水电防护工程中获得大量推广应用。受邀多次在国内和国际学术会议上做会议报告，成果辐射马来西亚、印度和印度尼西亚的防护工程应用。

多年的努力逐渐使他获得国际同行认可，余志祥于2019年受邀担任ICASS2020钢结构进展国际会议学术委员会主席，负责牵头组织“第十届钢结构进展国际会议”。会议将于2022年5月在成都举行，这也是西部地区首次举办同级别钢结构国际学术会议，旨在探讨与推进国际钢结构领域的最新研究成果交流，促进西部钢结构发展。

时间，不会亏待任何一个砥砺前行的人，正是经过长时间的积淀和历练，余志祥获得了很宽泛的跨领域知识结构。无论是做钢结构工程技术，还是做科研理论创新，无论是艰深的空气动力学，还是复杂的冲击与防护动力学研究，他都以解决实际问题为导向，将成果写在大地上。也正是长期扎根于工程实践第一线的经历，为其在高校平台上的专业教学与指导奠定了更坚实的基础。

从教10年来，余志祥积极将科研成果融入教学中去，多次将科研成果融入“土木科技月本科结构设计大赛”和多个国家级、省级及校级SRTP项目中，指导学生学以致用，以战代学，手脑结合开展学习与研究，多次指导本科生将研究成果转化为核心期刊论文、国家专利及软件著作权，大大激发了学生的专业学习热情。同时，余志祥还将工程设计实战经验与技能融入本科学生毕业设计及结构设计大赛工作，指导学生先后获得4次校级优秀毕业设计、4次四川省结构设计大赛第1名，一次全国大学生结构设计大赛一等奖等奖项。2015年，余志祥被土木本科毕业生评为“最受欢迎的老师”。

余志祥还是传统文化的忠实粉丝，在历史人文和书法等领域都有涉猎，特别在书法领域，几臻专业水准。作为高校老师，他认为除了培养学生科学的逻辑思辨和表达能力之外，更要以身作则，培育年轻一代的“土木骨骼与人文精神”，提升涵养与审美能力。教学课堂上，他通过深入浅出的讲解，引领学生学习专业知识；课后，他经常和团队同学组会讨论，专业、历史、人文无不涉足，创造了和谐友善的团队文化及阳光积极的团队精神。多年的团队文化和团队精神浸润，余志祥所在团队的研究生形成了强烈的归属感，直接成为研究生们度过艰苦学习的精神支撑。

余志祥书法作品

有了西南交大这所百年学府作为平台支撑，余志祥相信可以在育人授技上拓展更广阔的空间，为教育做出更大的贡献，为行业科技发展创造更多有价值的科研成果。

深思乐学，努力进取

占玉林：博士，教授，博士生导师，M.ASCE。西南交通大学土木工程学院副院长、土木工程材料研究所常务副所长、土木工程国家级示范教学中心及土木工程国家级虚拟仿真中心主任、城市智能建造四川省虚拟仿真实验教学中心主任。主要研究兴趣为混凝土及钢–混凝土组合结构桥梁、高性能复合材料、山区混凝土及组合结构桥梁震灾防治等方面。四川省青年科技创新研究团队带头人，四川省学术与技术带头人后备人选，西南交通大学“雏鹰学者”和“唐立新优秀教学教师奖”获得者。中国钢结构协会钢–混凝土组合结构分会理事、四川省科技青年联合会理事、四川省建筑业协会混凝土分会科学技术专业委员会副主任、美国ASCE学会大中华地区理事。*Journal of Bridge Engineering*（*ASCE*）、*Engineering Structures*、*Journal of Modern Transportation*、《中国公路学报》《西南交通大学学报》《长安大学学报》《建筑结构》《长沙理工大学学报》等期刊的审稿人。注册安全评价师，注册桥梁检测师。主持和主研包括国家自然科学基金、国家重点项目、973和863项目在内的项目60余项，发表学术论文80余篇，获专利10余项，专著1部。曾获安徽省科学技术奖、四川省教学改革成果奖、中国公路学会科学技术奖、中国土木工程詹天佑奖、中国交通运输协会奖、住房和城乡建设部华夏建设科学技术奖等奖项。

每个人的成长轨迹都不一样，对于我而言，作为一名高校青年教师，回顾这些年来自己的成长经历，我感慨良多。

1998年，我考入西南交通大学土木工程学院学习土木工程专业，那一年是本科大规模扩招的前一年，第二年，1999年我所在的学院本科生就扩招了近50%，因此，对于未享受到扩招政策而好不容易挤过高考“独木桥”的我们而言，都十分珍惜大学校园学习的机会。本科学习阶段因学习较为刻苦努力，到毕业时我以全年级第4名（全年级总共约420人，按现在比例即为进入前1%）的成绩保送本校继续攻读硕士研究生，师从桥梁工程系赵人达教授。2002年9月我开始了硕士研究生学习生涯，2004年3月我转为硕博连读研究生继续攻读博士学位，并于2007年6月顺

占玉林老师参加第2届全国桥梁工程教学研讨会（成都）

利获得西南交通大学土木工程学院桥梁与隧道工程专业工学博士学位。回顾研究生学习阶段，或许我与大部分有过相同成长经历的人的感受是一致的，即从刚开始参与研究时期的兴奋，到研究中期的迷茫、惆怅，再到研究工作后期的柳暗花明。现在看那个时期的研究学习非常充实也十分美好，每天的工作既充实也很有规律性，如阅读文献、写实验方案、完成实验模拟和实验测试工作等。而在学习和工作之余的自己也很注意锻炼身体，每周至少保持锻炼1~2次。通过研究生阶段的学习，我积累了一定的专业知识和基础教育理论，也提高了自身各方面的综合素养，为自己确立了明确的努力方向。2007年6月博士毕业后，我选择了留校任教，加入了西南交通大学桥梁工程系，从此开始了我的教师生涯。

正式成为高校教师之后，首先要过教学关。新学伊始，我从助教做起，半年后我正式成为桥梁工程系的讲师，尽管已经达到了和当时高校大部分教师一样的中级职称，但在教学上的我仍然显得十分生涩。直到现在我还依稀记得在第一次帮教授代课后自己衬衫全部湿透的场景，尴尬而又紧张，但也因此深深体会到了从一个学生转变为一名教师的难度和挑战。为了尽快适应这样的转变，我更加注重自身理论体系、授课技巧以及课堂节奏把握的学习与锻炼，充分认识到只有广泛学习桥梁工程专业知识和教育教学理论，努力形成比较完整的理论知识结构，才能更好地将知识传授给学生。我也会主动虚心地向有经验的优秀教师请教和学习，取长补短，观摩校内外优秀教师的课程，对专业课程教学多钻研，做到认真备好每堂课，努力上好每一节课。在备课过程中认真分析教材，尤其阅读经典英文教材，综合中外教材的特点及学生的实际情况设计教案。同时，在授课过程中我也十分注重将实际工程问题用课本中的基础理论知识来进行讲解，并结合工程时事热点问题开展研讨，起到了良好的教学效果。为了努力调动学生的积极性，尽可能使每个学生都参与到课堂中来，我也在调整和改进教学方法。有时为了防止学生上课开小差，当发现有学生走神时，就可以请该学生站起来并讲笑话给全班听，这样既避免了生硬的教条又能达到良好的“惩罚”效果。课下认真做好教学反思，记录自己的不足之处和待提高的部分并及时地改正，使我在之后的教学过程中能做到扬长避短，争取一次比一次有进步。从始至终，我坚持将新课程改革的教育理念贯彻于实践教学中，把教学过程视为师生合作、共同发展的互动过程，这不仅实现了教师的角色转换、课程与教学的整合，也有效地提高了自己的教学能力。在教学过程中，我对学生严格要求的同时也尊重和关怀学生，发扬教学民主，使学生学有所得，不断提高。在学校、学院和系室的帮助下，以及结合个人的努力下，我先后入选了西南交通大学“雏鹰学者（B类）”并获得了“唐立新优秀教学教师奖”，此后还获得了四川省教学成果二等奖等荣誉。在教学之余，我还积极参加教学类学术交流会议，了解领域前沿和教学教育发展动态，与同行分享教学经验和研究成果，互相请教；开拓自己的思路，激发灵感，进而丰富、发展自己的教学理念，优化自己的教学体系。

作为高校教师，除了教学外，另一个重要任务就是开展科学研究。我所在的课题组最开始是做混凝土方面的研究，后来发展为聚焦于先进复合混凝土材料（地聚物混凝土、玄武岩纤维增强混凝土等）、大跨度混凝土、钢-混凝土组合结构桥梁结构行为以及山区混凝土及组合结构桥梁震灾防治等方面的研究。青年教师最开始独立开展研究总是较为艰难的，这其中有自身积累的不足和个人学术影响力的欠缺等影响，但通过不断地坚持和努力，科研道路总会越走越宽广。留校任教后，通过坚持不懈地努力，我先后获得了校科技发展基金、中央高校基金、教育部博士点新教师基金、国家自然科学基金青年基金等科研项目的大力资助，成功开始了自己的独立研究工作，并取得一定的研究成果，在这期间我晋升了副教授职称，获批了硕士研究生导师，从而开始了带领研究生开展研究的阶段。随着研究工作的积累和对学术的不断追求，我先后前往了美国乔治梅森大学（GMU）、田纳西大学（UTK）、日本京都大学、日本E-Defense实验室开展了访学交流学习。在美国田纳西大学访学的这一年是我科研道路中的一个重要转折点，这一年的经历，使我的科研视野和科学研究素养等方面均得到了极大提高，重要的是与国际同行建立了联系，增强了自己做具有国际视野科学研究的自信。在此期间，我也得到了国家自然科学基金面上项目、四川省科技项目和国家重点研发项目等的资助，成功晋升为教授和博士生导师，并带领研究小组获批了四川省青年科技创新研究团队，开始了更深入和广泛的研究工作。而近年来，我先后获得交通运输协会一等奖、住房和城乡建设部华夏建设科学技术三等奖、安徽省科学技术奖三等奖等荣誉。个人也先后担任了桥梁工程系副系主任、土木学院院长助理直至现在的土木学院副院长等职务，这些岗位工作不仅是对我一直以来科研和教学工作的认可，更是对我未来工作的一种激励！

占玉林老师参加中-德高速铁路桥梁发展与挑战研讨会

占玉林老师团队组会

作为桥梁工程专业的教师，我始终坚持科研活动理论联系实际，积极带领团队研究生参与实际工程项目，在实际工程中提高学生的科学研究素养和学术造诣，并将实际工程中积累的问题需求反馈到理论学习中来。近年来，我们团队除完成国家自然科学基金、国家重点研发计划等国家级纵向课题外，还承担了雅-西高速公路腊八斤大桥、上海高速磁浮项目、株洲中低速磁浮项目、广东佛山东平大桥、广西柳州官塘大桥、武易高速跨成昆铁路转体桥梁、银西高铁大跨度钢桁加劲混凝土连续刚构桥等重点工程的科研工作，其中官塘大桥和武易高速跨成昆铁路转体桥梁还得到了CCTV现场直播。团队学生在参与过程中不断成长，综合能力不断提高，并得到现场相关单位的一致好评，我个人也伴随着学生的成长而得到了进步，实现了师生共同发展。尽管平时工作繁忙，我坚持团队定期开展学术讨论会，组织讨论科研方法和科研问题，积极提升团队协作科研能力和实践能力，并邀请校内外同行开展辅助指导，进一步提高学生和团队的科研水平。此外，我还积极鼓励学生参加学术交流和各类竞赛活动，在一系列的活动中，团队不断取得好成绩，形成了激励效应，这不仅完善了科研团队的建设，还提高了学生的科研积极性，我个人在其中也得到了进一步成长。

路漫漫，其修远兮，吾将上下而求索。凝聚加务实，必能结硕果；目标加行动，必能有收获！勤勤恳恳地工作，踏踏实实地做人，我将一如既往。

做新时代的新青年

刘先峰： 教授、博导、新疆工程学院土木工程学院院长（中组部第十批援疆），西南交通大学土木工程学院道路与铁道工程系副主任、高速铁路线路工程教育部重点实验室副主任。法国南特中央理工大学博士（2007—2010年），澳大利亚纽卡斯尔大学岩土工程与科学中心博士后/助理研究员（2011—2016年），2017年国家高层次人才项目入选者、2018年四川省“人才计划”青年项目入选者、西南交通大学“扬华学者”，国际土力学及岩土工程学会会员、中国土木工程学会工程风险与保险研究分会理事、中国土工合成材料委员会环境保护专委会委员，世界交通大会轨道交通土建技术学科联合主席。主要从事特殊岩土力学及工程应用、交通土工结构设计及地质灾害防治方面的研究工作，主持国家自然科学基金及省部级科研项目10余项，发表论文60余篇，担任3本岩土工程SCI期刊编委。

自2016年从澳大利亚纽卡斯尔岩土工程与科学中心回归母校西南交通大学以来，已经有五年多时间，作为一名青年教师再次站到“竢实扬华碑”前，我感触良多。

我家就住在朔黄铁路线旁边，小时候每天听着火车轰隆隆的声音，就觉得有一种特别的韵律感，或许从那时候起就埋下了与铁路结缘的种子。这颗种子埋藏在我心里直至1999年考入西南交通大学的土木工程专业，它终于发了芽。怀着对铁路的热爱，我继续求学和就职于法国南特中央理工大学和澳大利亚大学纽卡斯尔岩土与科学中心，致力于交通岩土工程和环境岩土工程研究。没有想到，几十年前心中小小的种子最后能开花结果，那为何不让它成熟在它萌生的土地上并且催生更多的绿荫呢？路基岩土工程国内应用的空间更大更广，能够参与到很多国外鲜见的世纪性大工程中，为国效力且学以致用，是我梦寐以求的事情。于是，在2016年，我主动申请回国工作，回到了梦开始的地方——西南交通大学。

一份春华，一份秋实，成熟的果实终于落地生根。回国以后，我在西南交通大学土木工程学院室担任教授、博导及副系主任和高速铁路线路工程教育部重点实验副主任，主持/主研国家自然科学基金和澳洲国家自然基金及国内省部级科研项目近20项，以抓基础、再稳健发展及创新为原则开展研究，取得了丰富的研究成果，发表中英文论文60余篇，其中高水平SCI论文28篇，并成为了2017、2018年四川省人才计划“青年项目”入选者及西南交通大学“扬华学者”入选者。同时入选中国土木工程学会工程风险与保险研究分会理事，受校组织部推荐顺利当选了第十四届四川省青年联合会委员及四川省科技青年联合会理事。特别在2018年获四川省委党校第20期高层次复合型人才暨青马工程首批专业人才班优秀学员。

目前我主要从事高速铁路/公路路基土工结构设计理论、路基新材料研发及特殊土化学改良技术开发、高速铁路/公路特殊土路基工程处理技术、路基土工结构服役性能检测、监测与评估技术，以及高速铁路灾害防治技术等方面的研究工作。在学校和院领导的关怀与支持下，我团队所需基础性实验平台初步搭建完成，形成了由1位海外人才引进副教授、8位博士生（其中1位留学生）和17位硕士生（其中1位留学生）组成的科研团队。同时积极投身到道路与铁路工程系学科建设，负责双一流学科实验平台建设工作，完成了智能离心机的升级改造。依托“高速铁路线路工程教育部重点实验室”，初步搭建了特殊岩土微观力学实验平台。该平台目前拥有双壁式温控高级三轴实验系统、自主研发的高量程吸力计、WP4C吸力测定仪、多孔介质空隙分布测定仪、冷冻干燥仪、高低温环境控制箱及高压固结仪等先进设备，并且正在研制用于小应变测试的弯曲元成套设备。所搭建试验平台服务于特殊岩土在多场耦合条件下力学特性的多尺度研究，有力地提升了实验室在交通岩土领域前沿基础研究的科研能力。

材料细观力学分析试验平台

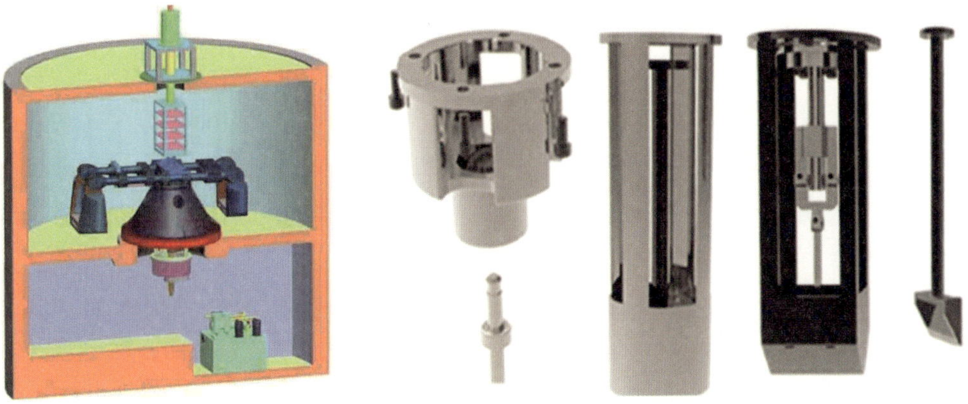

智能土工离心机

利用实验室研究成果和国外学习、工作经验积累，我带领团队攻克了国内多个重点项目的技术难题，实现了成果转化。面向共建“一带一路”建设和高铁“走出去”等国家重大战略需求，以川藏铁路建设为契机，从复杂地质和环境条件下特殊岩土宏/微观力学特性出发，以“多场耦合条件下特殊铁路岩土工程及高速铁路线路运营安全”为核心研究方向。目前正在承担川藏铁路强震区高陡边坡长期稳定性动态演化与新型支挡结构技术、危岩落石稳定性动态演化与新型处理措施、膨胀土区高速铁路路基工程关键技术等专项课题研究。在“一带一路”合作和建设中，团队系统地开展了高速铁路路基基底坎儿井的破坏模式及塌陷机理的研究，建立了坎儿井加固临界埋深判定评价标准及方法，为德伊高铁坎儿井地基加固提供关键技术支持。面对高速铁路路基特殊土的处理难题，作为“岩土人”更应该不惧挑战、敢为人先，积极推进前沿研究，夯实中国高铁走出国门的技术储备。

正是得益于这些年努力工作取得的成果，我与越来越多国内外岩土行业的顶尖学者保持着密切的学术交流，我先后受邀担任岩土工程主流SCI期刊*Soils and Foundations*、*Environmental Geotechnics*和*ICE-Geotechnical Engineering*编委，*Transportation Geotechnics*特邀共同主编以及国

法国土工离心机系统学习

际力学期刊*Journal Theoretical Computational and Applied Mechanics*创刊副主编及20多个岩土主流SCI杂志的独立审稿人，多次受邀担任国际学术会议分会支持并做分会主题报告，且受邀担任2018—2020年世界交通大会轨道交通土建技术学科联合主席，获得“2019世界交通运输大会学部委员会优秀委员”称号。我于2019年成功发起了并协助学院组织了第一届中法交通岩土工程论坛，邀请了11位欧美岩土领域著名教授参会，探讨岩土工程前沿研究动态。我也会将这些难得的学术报告分享给我的学生，通过集体收听高质量学术报告、定期学术研讨等方式，让学生更接近科研前沿，进一步开阔视野并引发对自己的研究内容的思考，提升学生的科研能力。通过课题组定期研讨，及时解决学生科研过程中遇到的难题，引领学生的科研热情，营造良好的团队风气。在努力为学生创造良好的科研环境的同时，我特别注重青年学生思想政治教育，通过分享自己的学习工作经历等方式，通过自己的一言一行率先垂范，力求把立德树人这一核心任务落到实处。我也特别关注学生的心理健康，主动和学生谈心了解其心理状态，带领学生参加体育运动来纾解压力、调整心态，享受健康、充实的研究生生活。

教育工作，是一份常做常新、永无止境的事业。近年来结合“新工科”建设，通过不断探索和提升教学模式，我也积累了丰富的课程教学经验，近年来为土木工程、铁道工程本科及研究生开设核心基础及专业课程（“土力学”“土工原理”“路基工程”及“Subgrade Structure and Dynamic Analysis”“Principles of Geotechnical Engineering”），开设了1门硕博士新课程“多场耦合与铁路岩土工程”，并在2018年获得学校全英文青年教师讲课比赛二等奖。此外，课题组主持完成了校级课程教改项目：“新工科”背景下铁道工程专业研究生课程全英文教学的探索——以“路基结构和动力分析”为例，并参与完成“路基工程”微课录制。

伴随着国家共建“一带一路”建设、新疆“丝绸之路经济带”核心区建设的加速推进、新时代推进西部大开发形成的新格局，作为第十批中组部援疆干部人才，我受任前往新疆工程学院土木工程学院任职，积极发挥桥梁纽带作用，加强两校交流合作，借力于西南交大高水平的师资队伍和科研能力，旨在为新疆工程学院应用型本科建设做出贡献。做到立足本职岗位，始终不忘初心，自觉担当起对口援疆工作的历史使命，切实履行好援疆干部人才的重要职责。

第一届中法交通岩土工程论坛（左）和第七届日本亚太非饱和土力学大会（右）

刘先峰老师团队学术研讨会

新青年无关年龄，而在于人的心态和精神面貌。始终保持昂扬向上的奋斗姿态，把个人的成长和国家的发展紧密联系在一起，能够利用自己所学学以致用，踏踏实实为国家、社会做一些有意义的事情，这就是新青年。奋力拼搏、永争上游才是新时代新青年的本色。列车越跑越快，我们搞科研的稍有懈怠就得掉队，可不能停下来。作为新时代的新青年，同时也是一名青年教师，我更应成为青年学生的知心人和引路人，引领他们努力增长才干，在刻苦学习中增长见识，不畏风浪挑战，在迎难而上中长本领，壮筋骨，做新时代中国新青年。面对国际风险与挑战，增加技术和人才储备，着眼国家重大需求，助力科技创新攻关，培育青年学生科学精神，激发青年学生创新创造潜能，是我辈应尽的责任和义务。2021年即将过去，我深知自己还有很多不足，只有踏踏实实工作，以更高的标准要求自己，努力出标志性成果，以回馈母校，为交大复兴尽自己的绵薄之力，同青年学生一起躬身成为新时代中华民族伟大复兴路上的那片绿荫！

不忘初心，砥砺前行

何　庆：西南交通大学土木工程学院道路与铁道工程系教授，副系主任。获西南交通大学硕士，美国亚利桑那大学博士学位，先后担任美国IBM纽约沃森中心研究员、美国纽约州立大学土木工程系助理教授与副教授。研究方向为智能铁路选线与线路运维。现任交通顶级SCI杂志*IEEE: Transaction on Intelligent Transportation System*副主编，*ASCE Journal of Transportation Engineering*副主编，*Transportation Research Part C: Emerging Technologies*编委。已发表SCI论文67篇，Google Scholar引用逾3000余次，h指数27。主持多项国家级项目包括高铁联合基金重点项目和自然科学基金面上项目。

我是何庆，2018年底加入西南交通大学土木工程学院，现在已经工作三年的时间了。三年对于我一生的教育事业来说，只不过是沧海一粟，对于人的整个生命来说也只不过是几十分之一。但是，这三年对于我来说却可以用意义非凡来概括。作为一名刚回国的青年教师，一开始我心中不禁有些忐忑。幸运的是，学院各位领导和许多老师在工作上给予了我很大的支持和鼓励，对我的成长起到了非常重要的作用。

在来西南交通大学工作前，我先后担任IBM纽约华生研究中心研究员和美国纽约州立大学布法罗分校土木结构与环境工程系、工业与系统工程系的双聘副教授（终身教授），研究方向为铁路智能选线与铁路大数据运维，担任交通主流SCI杂志*IEEE: Transaction on Intelligent Transportation System*（影响因子6.492）、*Journal of Transportation Engineering*副主编，*Journal of Big Data Analytics in Transportation*、*Editorial Advisory Board*，*Transportation Research Part C: Emerging Technologies*（影响因子8.089）编委等，回交大前已经在美国生活工作13年。

回国后，恰逢中共中央、国务院《关于加强和改进新形势下高校思想政治工作的意见》提出的坚持全员全过程全方位育人的要求。为深入贯彻落实习近平新时代中国特色社会主义思想和全国、全省教育大会精神，全面落实教育部对全国高校“三全育人”工作重要指示，土木工程院作为四川省唯一入选教育部首批“三全育人”综合改革试点院系，为扎实推进“三全育人”工作，学院组建了“科研育人”改革试点专项工作小组，创新性地推出了“科研育人”计划，旨在科研过程中做到全员全过程全方位育人，积极探索“科研育人”的长效协作机制。“科研育人”作为“三全育人”的重要环节，以坚持全员全过程全方位育人的工作要求为指导，以立德树人的工作成效为基本前提，以奖励先进、激发潜力、提高质量为基本目标。而我在“科研育人”工作的影响下，收获了意想不到的飞速成长。

图1　何庆老师参加留学回国人员国情研修活动

一、学习党的精神，用先进政治思想武装自己的头脑

学院高度重视传承红色文化，发挥先进典型引领作用，加强青年师生党员的理想信念教育，积极引导我省留学回国人员深入学习贯彻习近平新时代中国特色社会主义思想，并推选我参加2020年11月的四川省留学回国人员国情省情研修活动。（图1）

按照省人力资源和社会保障厅的各项统一安排部署，我与其他留学回国人员赴江西瑞金、福建长汀、福建古田，深入学习贯彻习近平新时代中国特色社会主义思想，深化对新形势下国情省情的研究认识，坚定“四个自信”、树牢“四个意识”，自觉践行爱国奋斗精神。

此次的研修学习，对于我这样的留学回国人员来说犹如久旱逢雨。我不仅在此次研修学习中收获了新的思想和智慧，还深深地意识到新时代的科学家要有胸怀祖国、服务人民的爱国精神，勇攀高峰、敢为人先的创新精神，追求真理、严谨治学的求实精神，淡泊名利、潜心研究的奉献精神，集智攻关、团结协作的协同精神，甘为人梯、奖掖后学的育人精神。

二、强化理论和业务，提高科研水平

这三年，我积极参与四川省和国家自然基金项目的申报，经过不懈的努力，于2019年主持国家自然基金面上项目，2020年先后主持四川省科技厅重大研发项目和国家自然科学基金高铁联合基金。

承蒙院领导的信任，2019年，我被推选为高速铁路线路工程教育部重点实验室副主任。目前在智能选线方向深耕，开展了山区铁路智能选线、动力学选线、灾害选线及多目标选线的相关技术研究，并将这些成果应用于蜀道集团的成都外环铁路线路多目标精细化智能设计、中铁二院的铁路智能选线系统开发与选线设计图纸智能标注以及山东铁投的高速铁路绿色、智能精细化选线设计研究等科研项目。

我目前另一个主要的研究方向是基于大数据的轨道几何不平顺智能检测与运维、铁路钢轨伤损演变机理与数据驱动智能运维。在轨道几何不平顺智能检测与运维方面，开发了基于车载检测的智能添乘仪，用于车体振动和噪声检测，提出了利用车体加速度预测轨道不平顺的深度学习模型，该模型能够结合智能添乘仪采集的车体振动数据自动识别轨道不平顺峰值超限对应的里程，从而降低检测成本，提出了利用轨道不平顺识别无砟轨道板变形上拱区段和劣化预测模型。在铁路钢轨伤损演变机理与数据驱动智能运维方面，从演变机理上探究线路线型、轨道几何参数、复杂服役环境对钢轨伤损的影响，建立钢轨伤损萌生及扩展的三维瞬态仿真模型，探明钢轨伤损的失效机理。同时，建立钢轨探伤信息管理系统，开展基于深度学习的探伤图像辨识，以及基于张量分解的多源数据融合研究，构建起钢轨损伤物理与数据相结合的预测模型，评估区段伤损风险。该成果对于确保高速铁路的安全服役、实现钢轨的科学养护维修具有十分重要的理论和实践价值。

三、注重实践，搭建工务大数据实验平台

我与Paul Schonfeld教授依托西南交通大学高速铁路线路教育部重点实验室，共同建立智能铁路选线与大型三维线路信息展示中心，为山区铁路选路的必选优化提供高性能的计算设备与可视化平台。（图2）

图2　何庆老师团队研发的智能铁路选线与大型三维线路可视化平台

建立钢轨超声波探伤试验平台，构建基于Hadoop平台的铁路大数据分析、存储和可视化平台。搭建高性能计算GPU群进行深度学习模型训练，根据多源检测数据，对线路故障识别和及时预警，为中国铁路基础设施的安全运维提供技术保障。（图3）

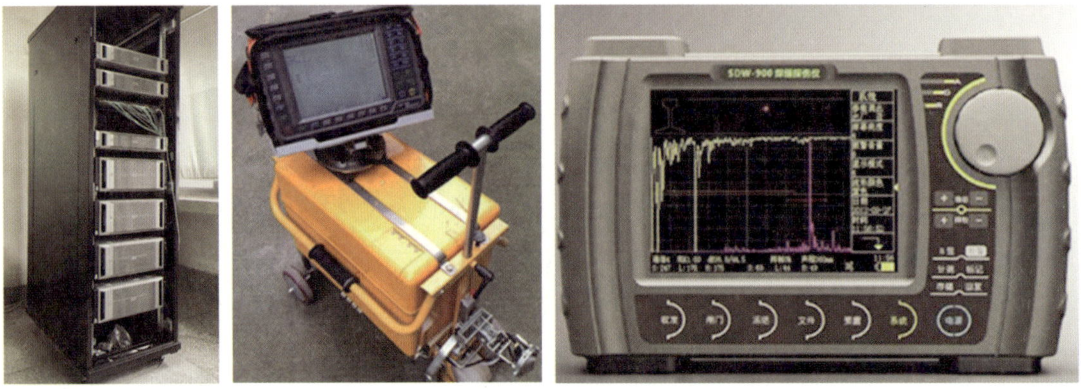

图3　何庆老师团队创建的钢轨超声波探伤试验平台

四、重视教育教学，用心培养学生

作为一名教师，我潜心钻研教育理论，掌握教育规律。为了更好地适应国内的教学工作，我订阅了大量的相关书籍资料，认真学习、吸纳其他优秀教师的有效经验，还积极参加各级教育部门组织的各种培训活动。而我的努力也带来了不小的收获，在课堂上，我得到了学生的高度认可，并获得2019年西南交通大学青年教师竞赛二等奖。

在研究生的培养上，我不遗余力。一方面引导研究生在学习中自主探究，提高学习能力；另一方面鼓励研究生多参与学术交流，拓宽科研视野。博士研究生高天赐在我以及Paul Schonfeld教授的共同指导下在土木工程领域顶级期刊上*Computer-aided Civil and Infrastructure Engineering*（影响因子11.7，中科院一区杂志）共同发表文章。其他的研究生及研究生这两年共发表SCI论文8篇，中文高水平论文11篇，申请发明专利12项。此外，我指导的研究生刘震、马青松同学获2021美国运筹与管理学会铁路应用竞赛第二名。（图4）

图4 何庆老师指导的研究生在国际竞赛上获奖

总的来说，我在这过去的三年中，无论是教育教学的思想理念，还是具体的科研操作能力，个人思想境界等方面都有了很大的进步，这是在国外无法学到的。尤其是在这三年里，我转变了很多观念，而且更加明确了我们广大科技工作者的历史使命，为实现“两个一百年”奋斗目标提供强大科技支撑，献上自己的全部力量！

守得云开见月明，静待花开终有时

任娟娟： 教授、博导，国家自然科学基金优青项目获得者，四川省学术和技术带头人后备人选。现任美国交通运输研究协会（TRB）铁路轨道学科常务委员会（AR050）委员，国际标准组织（ISO/TC269/SC1/AG03）委员，*Journal of Central South University*客座编辑，《西南交通大学学报》《重庆大学学报》《铁道标准设计》等杂志审稿专家；美国交通运输研究协会TRB会议审稿人；*International Journal of Non-Linear Mechanics*、*Construction and Building Materials*、*Journal of Rail and Rapid Transit*等国外SCI期刊审稿人；北京市自然基金评审专家、河北省科学技术奖励评审专家、国家铁路局专家库专家。获得教育部科学技术进步一等奖1项（排名第9）、中国铁道学会科技二等奖（排名第1）、中国铁道学会科技一等奖（排名第12）、获四川省教学成果三等奖1项（排名第5）、第十四届詹天佑铁道科学技术奖（青年奖）、西南交通大学“雏鹰学者”、西南交通大学“唐立新优秀学者奖”等。

“每当走在充满活力的九里校园，看到周围行色匆匆的师生、一个个活跃的身影，我会不由自主地回首20年前初入大学时那个青涩的17岁的大一新生”，任娟娟老师微笑着说。20年弹指一挥间，从一名大一新生，成长为一名大学教授、博导，她始终认为，自己的学习、工作与生活上的点点滴滴都离不开学校数十年的培养和中国高速铁路发展的辉煌成就。

2000年，任娟娟作为大一新生，一入校时就开始学习、领悟“竢实扬华”的交大精神。“天行健，君子以自强不息”，学校教会了她学会学习、学会科研、学会独立思考，更重要的是，研究生导师刘学毅教授叮嘱她：做事前，首先要学会做人，谦卑礼让，埋头做事，这是交大人、也是铁路人的精神风范。21岁从西南交大本科毕业，26岁获得道路与铁道工程专业博士学位，28岁成为土木工程学院副教授、硕士生导师，33岁晋升为教授、博士生导师……看似光鲜亮丽的履历，其实亦离不开中国高铁飞速发展的大浪潮。

从引进时速200公里高速铁路技术，到2004年遂渝线无砟轨道综合试验段；从时速350公里

任娟娟老师所在的西南交通大学轨道团队

任娟娟老师参加团队研究生毕业答辩

任娟娟老师参加京沪高铁调研

任娟娟老师参加富拉尔基无砟轨道耐久性提升
综合技术实验基地试验

高速铁路无砟轨道国产化，到京津城际、武广高铁无砟轨道再创新研究；从成灌铁路无砟轨道具有自主知识产权的CRTS Ⅲ型板式无砟轨道的研发，到京沪高铁轨道结构选型与试验，再到如今将近4万公里高铁的成功开通运营，中国迅疾跨入引领世界的“高铁时代”。任娟娟老师个人的成长，就是中国高铁发展的一个小小的缩影。

谋之有计，行之有量，不徐不疾，精进不怠，是任娟娟老师一直以来坚守的做事态度。大学时代，土木工程并不是本科的第一志愿，但她却未因此而颓唐，而是选择了“干一行爱一行”，以本科保研全院前三的优异成绩硕博连读。2004年开始攻读研究生后，更是全身心投入到学术研究当中，她认为，人都应该找好自己的定位，该拼搏的时候一定要争分夺秒来努力，以实现自己的人生价值。2007年，彼时的中国处于“高铁大发展”时代，正从引进、消化、吸收向再创新阶段过渡，在国家留学基金委的资助及导师刘学毅教授的鼓励下，她决定赴德国慕尼黑工业大学留学，深入学习高铁强国——德国的无砟轨道技术，为中国无砟轨道技术的发展服务。“三人行，必有我师”，在德国，为深入学习德国高铁无砟轨道技术，她暂停使用英语作为交流语言，而把德语作为第一工作语言，与德国教授、工程师、试验员、博士等交流探讨。为了发表一篇德语论文，与德国教授探讨修改数月终于顺利发表。德国Rheda无砟轨道创始人J. Eisenmann教授、G.Leykauf教授好奇地齐齐问她：“你和中国学生在一起为什么也不讲中文

任娟娟老师参加美国TRB国际会议及BCR2A国际会议

而讲德语呢？”她用德语爽朗地回答道：“因为我想尽快学会这门语言，从而学习德国无砟轨道设计理念。”

任娟娟老师说，人无法预见到未来的自己是什么样子，只有计划好不同的阶段，踏实努力地走好每一步，才能沿着预期的人生轨道不断前行。目前取得的一些成绩，不仅得益于学生时代与工作10余年来的一直奔跑和全力以赴，更得益于学校提供的良好学术平台，学院采取的一系列综合试点改革举措，以及刘学毅、王平等教授带领的轨道团队所形成的良好学术氛围。她坚信：过去不会重来，未来无法预知，我们唯一可做的，就是不要让今天成为明天的遗憾。

“才大心细，明善诚身”是任娟娟老师的干事作风。作为土木人，作为少有的铁道工程女性研究者，她以学识赢得尊重，以热忱待人接物。在土木工程领域做科研，现场实地作业是常态。2016年夏天，遂渝线无砟轨道试验线动测试验现场，在40℃高温下，任娟娟老师带领团队穿隧道、走路堤、跨桥梁，测试客运货运不同车辆通过轨道的动力响应。蚊虫肆虐，山路难走，她笑道，每做一次现场试验，就要废掉一双鞋，很多时候不敢多喝水，因为工地上没有厕所。在这样的工作环境下，任娟娟老师几乎忘记了自己的性别，作为西南交大轨道团队唯一一名女性，她与铁路局工务段各工作人员现场沟通、交流经验、讨论方案，和团队成员一起安装设备、调试仪器、采集数据。成都铁路局涪陵工务段副段长王士杰偷偷地问旁边的师生：你们将近20个男生，怎么会让一个年轻女老师领导指挥呢？“有实力，男女无差别。”任娟娟老师无差别地要求自己格物穷理致知，却也多了女性温柔的至诚立身行事。

任娟娟老师受邀作第三届中国高速铁路健康管理技术论坛大会报告

2020年，对任娟娟老师来说，更是难忘的一年，因为她还多了一个特殊的身份：中组部、团中央第20批博士服务团成员，陕西铁路工程职业技术学院挂职副校长。“作为一名18年党龄的老党员，首先要讲政治”，任娟娟老师说这句话的时候，眼神异常坚定。2019年底，任老师受学校组织部推

任娟娟老师参加中组部、团中央第20批博士服务团

任娟娟老师担任挂职干部期间在实训基地指导建筑施工实训基地教学模式

荐，中组部、团中央委派，作为第20批赴陕博士服务团成员，担任陕西铁路工程职业技术学院（“陕铁院”）副校长、党委委员，分管学校的科技处、铁成（创新）学院、BIM技术应用研究中心、高性能混凝土工程实验室。经过1年的挂职锻炼，任老师立足本职建言献策，其较强的政治素养、工作能力和领导水平均得到了所在单位领导和同事的一致认可。她始终以共产党员的标准严格要求自己，作风扎实，勇于创新，敢于负责，能够克服工作、家庭和生活的不便与困难，伏下身子、安心工作，有较高的政治素养和较强的宗旨意识，并以求真务实的工作态度，出色地完成了所担负的工作任务，树立了良好的领导干部形象。每周往返川陕，看着厚厚的一沓高铁车票，任老师动情地说：“感谢学校，感谢中组部、团中央，让我在这一年的工作当中，有机会经历更多，付出更多，也有机会收获更多感悟。”挂职干部、大学教授、研究生导师、母亲……任娟娟老师一人分饰多重角色，灵活自如地不停转换。

言传身教，积极向上，是任娟娟老师的教育理念。今年38岁的她，不仅是一批研究生的导师，也是两个孩子的母亲。多年来，常常在深夜辅导完孩子作业、将孩子哄睡后，凌晨还得撰写科研报告、试验方案，修改论文，她也会时常半夜给她指导的研究生发邮件布置任务询问科研项目进度，不让自己由于忙于家庭而疏忽工作。作为一名职业女性，既要相夫教子，又要经营事业，只有在家庭与事业中找到平衡点，将两者统筹兼顾才是真正的成功。在教育孩子的问题上，任老师认为自己能给孩子树立努力学习工作的形象非常重要，她希望通过自己认真的工作态度，在潜移默化中培养孩子良好的学习习惯和追求上进的生活心态。

“守得云开见月明，静待花开终有时”，任娟娟老师相信，真正点亮生命的不是明天的景色，而是美好的希望：我们怀着美好的希望，勇敢地走着，跌倒了再爬起，失败了就再努力，永远相信明天会更好，永远相信不管自己再平凡，都会拥有属于自己的幸福。“继续前行，不忘初心”，任老师表示，在未来的人生规划中，她将继续带领她的研究生团队在申报高级别科研项目、发表高水平学术论文、申请发明专利等方面继续努力，争取学术高峰，为道路与铁道工程“梦之队”和学校的“双一流”建设贡献自己的一份努力。“守得云开见月明，静待花开终有时”是任老师的人生格言，同样也是任老师遇事做事，踏实前进，坚持积累的人生态度。

勇攀科技高峰，服务重大工程

魏　凯：博士，西南交通大学土木工程学院桥梁工程系副教授。2016年7月作为海外人才引进到西南交通大学土木工程学院桥梁工程系工作。加入交大前，先后在美国马萨诸塞大学和东北大学进行了为期三年的博士后研究（2013—2016年），主要从事海洋工程结构风险评价研究。2007年获同济大学土木工程本科学位，2013年获同济大学桥梁与隧道工程博士学位。2011—2012年，在加拿大蒙特利尔大学工学院访学。作为中国工程院秦顺全院士带领的西南交通大学深水大跨桥梁创新团队的核心成员，来校工作以来紧紧围绕我国跨海及深水桥梁建设面临的重大技术挑战，长期致力于相关研究，在桥梁波浪作用及流固耦合的基础理论和科技创新方面取得突出成绩，入选西南交通大学“雏鹰计划”、四川省“人才计划”青年人才。

回首过往，土木工程学院各级领导的热情关怀和殷切期望让我感激不尽。借助西南交大桥梁这一享誉海内外的广阔平台，在秦顺全院士和诸多教授的指引和带领下，我牢牢将个人发展与国家、院系和社会发展紧密结合起来，在科研、教学方面取得了长足进步，践行了一条“勇攀科技高峰、服务重大工程”的个人成长之路。

一、勇攀深水大跨桥梁科技高峰

我所在的西南交通大学桥梁与隧道学科是国家级重点学科，是西南交通大学“双一流”建设专业“交通运输工程”的核心组成部分。近年来，随着我国交通基础设施建设的飞速发展，跨海、跨江及库区深水桥梁日益增多。然而，深水大跨桥梁所面临的水动力作用问题却严重制约着桥梁设计、施工和运维的各个环节。瞄准这些制约深水大跨桥梁发展的重点和难点问题，在秦顺全院士的指导下，我带领研究生将桥梁波浪作用、流固耦合振动以及桥梁动力响应分析作为了主要攻坚方向。

回国伊始，正值平潭海峡公铁两用大桥深水基础施工的关键时期，为解决跨海桥梁波浪环境实测、分析和预报难题，保障桥梁施工顺利进行，我与团队研究生深入我国第一座跨海公铁两用大桥“平潭海峡公铁两用大桥”建设一线，通过开展波浪环境实测、分析和预报工作，在实践中形成了具有自主知识产权的创新成果，为跨海桥梁施工过程中的波高实测和预报提供了理论依据和有效手段。

通过对平潭海峡大桥了解了桥梁高桩承台的波浪冲击效应突出的问题，通过试验和数值模拟提出了波浪—高桩承台相互作用动力模型，深化了对桥梁高桩承台受到的波浪作用时变特性的科学认知。针对我国西部库区深水桥梁多位于地震频发区域的现实情况，重点围绕结构与水体的流固耦合效应开展大量基础研究工作，提出了深水桥墩流固耦合动力分析的数值模拟、理论求解和简化计算方法，开展了全桥水下振动台试验，解决了深水桥梁地震响应中的主梁刚度效应的模拟和计算难题。多位国内外知名教授先后在论文综述中将申请人在流固耦合数值模拟方面的创新成果评价为“将势流体理论用于结构地震流固耦合效应模拟”的代表性工作。2019年我受邀在中国（武汉）国际桥梁科技论坛做了题为“深水大跨桥梁水动力学问题研究进展”的大会特邀报告，全面报告了团队在桥梁流固耦合动力学领域取得的创新成果。

经过5年辛勤耕耘，我在科研和教学工作中取得了一定的成果。2016年，我入选西南交通大学“雏鹰学者”人才计划；2018年，入选四川省人才计划青年人才。获得国家自然科学青年和面上项目各1项，出版专著1部，发表SCI和EI收录论文40余篇。2017年，凭借研究生课程“科研方法与论文写作入门”获西南交通大学青年教师教学竞赛一等奖。我协助指导的研究生先后荣获国家奖学金、全国高校百名研究生党员标兵、第十四届中国大学生年度人物入围奖、四川省优秀学生干部、四川省优秀毕业生等国家级及省部级荣誉称号。我指导的西南交通大学混凝土轻舟队先后获得了第二届国际大学生混凝土龙舟赛特等奖和美国ASCE混凝土轻舟赛中太平洋赛区第四名的好成绩。

二、围绕国家重大战略、服务国家重大工程

在过去的5年里，我紧紧围绕高铁“走出去”、“海洋强国”、“长江经济带”、“粤港澳大湾区”、“川藏铁路建设”等一系列国家重大战略决策和国家“一带一路”倡议中桥梁建设面临的重大技术挑战，承担了多项国家重大工程科研攻关课题，积极服务国家重大桥梁工程建设。

所在团队提出的“近岸岛礁桥址区波高计算方法”在我国第一座跨海公铁两用大桥——平潭海峡公铁两用大桥施工过程中应用，成功在桥梁基础施工及主梁架设期间对桥址海域波高进行了预报，为跨海桥梁施工安全窗口期的选择提供了重要依据；成功采用台风混合风场及波浪—风暴潮耦合数值技术后报了登陆福建省的“Maria”台风在平潭海峡的风、浪、风暴潮发展过程。我主持开展的世界最大跨斜拉桥——常泰长江大桥超大型沉井基础型式的优化研究，为大桥基础合理选型提供技术支撑；主持开展的全桥水下振动台试验成果在跨越双江口水电站库区的红旗大桥（主墩最大水深172米）以及中国电建集团成都勘测设计研究院的后续库区深水桥梁抗震设计中得到应用。我提出的桥梁—波浪相互作用模型有效指导了国内主跨跨度最长、基

础水深最深、首次采用斜拉悬索协作新结构体系的西堠门公铁两用桥的波流力设计。上述创新成果为工程的顺利建设提供了技术支撑，充分展现了西南交通大学青年学者的风采，为我国桥梁科技发展贡献了四川智慧。

来校工作的5年里，我一直积极参与学校党建活动，多次被基层党支部评选为“优秀共产党员”；在去年的“不忘初心、牢记使命”党员教育活动中，以“学原文、谈初心”为题，结合自身学习经历在桥梁工程系党支部做了主题演讲。2020年新型肺炎疫情期间，积极给疫情严重地区捐款，主动关心湖北籍研究生的生活及家庭情况，并为他们及时发放生活补助，同时，克服困难，全心投入到甬舟铁路西堠门大桥波流力的科研攻关中，有效保障了项目设计的进行。

习近平总书记于中国科学院第十九次院士大会，中国工程院第十四次院士大会上强调“要大力发展科学技术，关键核心技术是要不来、买不来、讨不来的”。当前，我国桥梁事业面临前所未有的发展机遇，同时也面临诸多新的挑战。未来，我定当牢固树立家国情怀、弘扬爱国奋斗精神，矢志不移自主创新、积极投身科研实践，努力成长为“有理想、有本领、有担当”的时代青年，为谱写伟大中国梦的西南交大深水大跨桥梁篇章继续不懈努力！

“竞学结合”力助学子创新

郭　瑞：工学博士，讲师，硕士生导师，四川省海外高层次留学人才，西南交通大学“青苗计划”入选者。从事钢筋混凝土结构及建筑材料的相关教学，讲授“混凝土结构设计原理”“建筑材料”“Properties of Materials”“Structural Design”等中英文课程。近三年直接指导的本科生共2人荣获“竢实扬华”奖章；指导大学生科研创新项目SRTP（校创项目）获评优秀1项；指导重点实验室项目获评优秀1项；多次指导本科生参加“大学生结构设计竞赛”，获全国一等奖1次、二等奖1次，省一等奖2次；指导本科生毕业设计，入选“西南交通大学优秀百篇本科毕业设计（论文）”2次；2019年获土木工程学院“教书育人奖”，被评为“优秀共产党员”。

何为“竞学结合”？从字面上来看，“竞”即为“竞赛”，“学”则为“学习”。如何将两者有机结合，如何在实行过程中让学生们能有新的收获，这些是我，也是每一位参与指导学科竞赛的老师所关注的。下面，我将以“全国大学生结构设计竞赛”的竞赛指导为例，分享一下我对“竞学结合”的理解和运用。

全国大学生结构设计竞赛由中国高等教育学会工程教育专业委员会、高等学校土木工程学科专业指导委员会、中国土木工程学会教育工作委员会、教育部科学技术委员会环境与土木水利学部共同主办，是教育部和财政部联合发文批准的9个首批全国大学生学科竞赛资助项目之一，旨在培养大学生创新意识、合作精神和工程实践能力，是土木工程领域级别最高、规模最大的学生创新竞赛，被誉为“土木皇冠上最璀璨的明珠”。我校在这项大赛上有着光辉的历史战绩，共获得了2次特等奖、5次一等奖，6次优秀组织奖，在全国高校中遥遥领先。

2018年11月，第十二届全国大学生结构设计竞赛于华南理工大学举办。当年6月，我们就成立了4人竞赛指导组，由老中青三代教师组成，确保在指导过程中有传承，有巩固，还有创新。之后，通过学工部的组织，进行了选拔启动会，介绍赛题规则、选拔机制及时间节点安排。为了不使学生的思维受限和僵化，在第一次布置任务时，让每组学生各自“背靠背”阅读赛题要求，调动每一个人的思考，之后统一组织选拔学生进行方案讨论，进行创新思维的碰撞。之后，我和几位老师讨论以后，制定出后期备赛的时间节点、选拔规则和指导方案。

整个备赛大约4个月，共分为三阶段：

第一阶段为创意发挥阶段，为期3~5周，各组每周制作模型进行加载，所有学生都是评委，对加载模型进行点评和建议，我根据模型制作和加载情况，力求在保持学生原有创意的基础上，从专业方面对模型进行优化建议，一方面要肯定学生的创意，另一方面也要从专业知识层面，指出现在模型的不足或是可改善优化的地方。在这个阶段，由于学生的手工能力还较弱，专业知识也都还不完备，制作模型和整个备赛是漫长而枯燥的，前期模型多以失败告终，会在一定程度上打击参加选拔同学们的积极性，因此这一阶段必须要注意的是要发现他们创意中的闪光点，肯定他们的努力，激发学生的积极性。

第二阶段为参赛选拔阶段，为期1个月，共4~5次。我和几位老师作为评委，按正式比赛的要求进行加载选拔，并对几组参赛选手进行打分。同时，鼓励有能力的参赛组在非指定时间发送视频文件给我，进行进一步指导和模型改善。每次结束以后，对各个模型的优缺点进行点评，以求各组之间可以取长补短，但又保留各自模型的特点。每一次比赛后，都有各组签字和复议的环节，以保证整个选拔过程公平公正公开。经过4~5次的计分选拔，最终选拔出一组学生作为我校的参赛代表。在这个阶段，由于计分选拔，同学们之间势必存在着一种竞争关系，我需要做的除了是竞赛指导，更重要的是让同学们良性竞争，放平心态，同时也要适当地激发他们的争强好胜之心。

第三阶段为突击拔高阶段，大约5~6周。我将根据参赛组内各成员的技术特点，并在综合考虑学生的性格因素和尊重每个学生自我意愿的基础上，制定出后期制作模型细节分工的建议。同时，带着学生从以往赛题和其他省份的选拔赛题目入手，寻找可以学习或参考的地方，对参赛组的制作方法和模型方案进行更细节的优化。经过3周左右，确定最终模型方案，取名为“八方辐辏”，是由顶部四个相互嵌套的空间椎体与底部门式刚架结合而成，竹皮拉索为模型提供了良好的抗扭性能。之后的时间，参赛成员开始重复制作方案模型，力求在动手能力上精益求精，细节到每一片竹皮的厚度、每一个构件的粘结、每一个节点的绑扎到加载过程中的每一次

参赛模型“八方辐辏”

第十二届全国大学生结构设计竞赛（获全国一等奖）

第五届四川省大学生结构设计竞赛
（获省一等奖第1名）

第十三届全国大学生结构设计竞赛
（获全国二等奖）

砝码加载。同时，我开始指导参赛学生完成方案书和计算书的书写，并要求一名研究生全程协助，一方面可以让学生在计算书的书写中，学习相关专业知识和有限元计算方法，也能在一定程度上减轻参赛组同学的工作量。这一阶段，学生们压力很大，每次优化都有可能面临失败，因此需要增加学生的自信心，同时需要增强他们的荣誉感和使命感。

经过一系列的备赛准备，在正式比赛中，我校模型最终以95.9g的自重承受了三级共76.5kg荷载并在108支参赛队伍中获得本次大赛一等奖。

通过这次竞赛指导，让我对“竞学结合”有了更深的理解，之后，我根据这个模式相继指导了“第五届四川省大学生结构设计竞赛”“第十三届全国大学生结构设计竞赛”及“四川省大学生智能建造与管理创新大赛”，均取得了优异的成绩。2019年，我也获土木工程学院“教书育人”奖。

十年磨砺出锋芒，双创实践铸辉煌

王若羽：西南交通大学土木工程学院大学生科创中心指导老师。

一个人，一群人，就是土木科创中心的10年。10年，产生了无数个科创竞赛故事和无数个温暖的瞬间。10年，土木科创人用行动告诉你：一群人走得有多远，一群人的力量究竟有多无限。静静聆听，蓦然发现，原来，在他们眼里，科技，不需要超凡脱俗的科技感；创新，也不需要晦涩难懂的高大上。做生活学习的有心人、奋斗者，就能感受科创带来的乐趣和魅力。这就是科创人眼中的创造，也是身边实实在在的创新。

我是土木工程学院的一名专职辅导员，同时担任土木工程学院大学生科创中心指导老师，在这期间，协助指导老师带领同学们取得了一个又一个的校级、省级和国家级奖项，办好了一个又一个科创竞赛。但我认为，这期间让我更为自豪的是收获了满满的感动与情谊。回想起自己的求学之路，那时候的各类比赛远没有现在这么丰富多彩。但经过大学的艰苦求学，在实验室度过的无数个日日夜夜，参与的大大小小的科创竞赛，让我真正感受到了实验室学习的魅力，发现了科创知识需要在实践中学习的真谛。所以我最终才选择了将创新创业实践作为我工作的重心来开展。

大学生学科竞赛活动已经成为大学生思维能力实战化训练和培育劳动精神的有效途径，也为新时代大学生展示创新能力和成果搭建了重要舞台。在此基础上，我们要积极探索学科竞

大学生科创中心成立十周年

赛类活动在教育教学、人才培养等方面的重要作用，高度重视学科竞赛工作，创新竞赛管理机制，搭建更具活力的长期活动平台，通过学科竞赛活动，启发学生创新意识、强化创新能力、体验创新过程，提升学生就业、升学等综合竞争力。

• 青春力量 •

弘扬红土文化精神，牢记科研报国使命

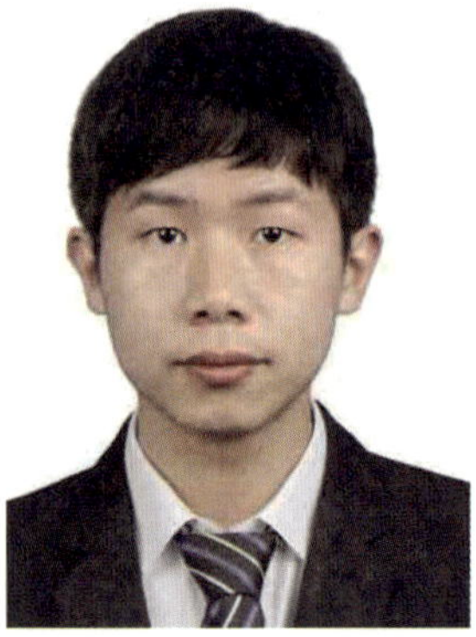

徐建峰： 中共党员，西南交通大学土木工程学院2017级博士研究生，桥梁与隧道工程专业。以学生第一作者身份发表SCI论文5篇，曾获博士研究生国家奖学金、第十五届中国大学生年度人物入围奖、唐立新奖学金、优秀研究生标兵、西南交通大学拔尖创新人才培育资格、特等学业奖学金、隔而固奖学金、欧维姆奖学金等奖励。曾受邀担任国际会议组委会成员和国际期刊审稿人。

时光荏苒，转眼间博士研究生学习已经3年有余。回顾这3年的学习科研生活，有收获，也有挫折，有过平坦，也有坎坷，但我始终满怀希望，相信梦想，相信努力。感谢母校的培养和导师的支持，让我不断成长。下面，我将从海外交流和科研项目两个方面回顾自己的成长路程。

一、海外交流长见闻

古人云，“博观而约取”，意为广泛地学习，谨慎地接受。我曾前往日本、挪威、阿联酋进行访学交流或学术会议，但印象最为深刻的，莫属2018年11月的那次“双一流”学生全球胜任力提升项目。感谢西南交通大学为优秀研究生们搭建了良好的交流学习平台。在为期11天的海外实践项目中，研学团一行分别在东京芝浦工业大学、东京千叶大学、大阪大学完成了课程学习，聆听10余位老师的精彩讲课。授课内容包括社区机器人的研发、日本高速铁路项目的经验分析、气体在固体中的储存、超导材料、生物科学中的光学技术、可持续发展目标和生物仿真技术等，并赴各类工程实验室、铁道博物馆、尖端科技馆、丰田汽车公司等进行了实践研学。

（a）氢氧固态存储

（b）社区机器人开发

（c）可持续发展目标

（d）遥感测量技术

（e）仿生学研究

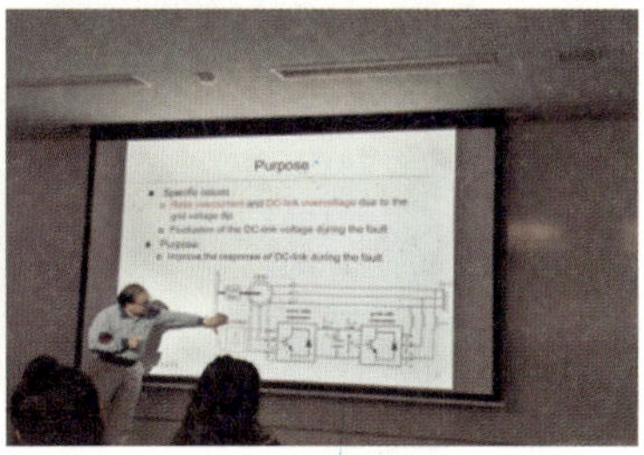

（f）风机故障重启技术

博士生徐建峰参加海外交流课程学习

构造交叉学科的研究组织是促进学科文化融合的重要措施。在选拔研学团成员的早期，学校就为打造跨学科研究团队和交叉学科平台做了规划，选拔大交通学科的各学院专业优秀博硕研究生，并按照专业分组，形成了多学科背景的研究团队。交叉学科组织以跨域多学科的研究主题和研究领域而建立，体现了学科间的相互联系和作用。

二、科研实践练本领

纸上得来终觉浅，绝知此事要躬行。科研项目是研究生磨砺实践技能，提升理论认知的关键路径。我参与了国家自然科学基金在内的多项科技项目，并主持了一项西南交通大学博士生创新基金项目，研究高原供氧和隧道节能减排。其中，新建川藏铁路雅安至林芝段的科研攻关项目最为辛苦，也最让人斗志昂扬。

川藏铁路是中华人民共和国成立以来基建事业桂冠上的明珠，承载了几代中国人的复兴梦想。施工人员面临高低温、地震带、软岩大变形等复杂难题，还需经受高寒低压低氧环境的考验。从保障施工人员生命健康安全出发，我深入参与川藏铁路高海拔超长隧道施工劳动卫生保障技术研究以及高海拔特长公路隧道施工环境控制技术研究，依托现有高海拔特长隧道工程，开展人员劳动生理指标测试和隧道环境监测。胸怀服务国家重大战略工程理想，克服了缺氧头痛、失眠、行动力下降和肌肉疲劳等不适症状，明确了高原隧道施工的供氧标准和劳动效率变化规律，对川藏铁路施工人员劳动健康保障提供了重要经验。同时参与开发服务高原铁路施工健康手环配套软件，搭建施工人员生理指标数据管理平台，获得软件著作权3项，为川藏铁路人员健康全面保驾护航。

（a）模型试验测试

（b）依托工程现场

（c）现场测试

（d）气象站安装

徐建峰博士生参与川藏线科研项目

桃李不言，下自成蹊，越来越多的优秀交大研究生走向海外，走向艰苦的基建现场，为国家战略工程提供交大土木人的解决方案。西南交通大学作为中国高铁走出去产业中的排头兵，为广大研究生提供了发展和成才的优良平台。未来，我将牢记科研报国理想，自觉践行社会主义核心价值观，积极投身“交通强国”等国家战略需求和“一带一路”倡议，用自己的努力做出一流业绩，回报母校的培养。

社会责任与青年担当

周　平：中共党员，博士，西南交通大学竢实扬华奖章获得者，联合国环境规划署–同济大学“绿色未来奖”和“绿苗计划奖”获得者，共发表学术论文55篇（SCI论文10篇，ESCI和EI论文19篇，CSCD核心和中文核心20篇，普通6篇）；其中第一作者和通讯作者SCI和EI论文23篇（SCI论文9篇，ESCI和EI论文14篇），其中7篇为中科院2区，含5篇中科院TOP期刊，4篇为卓越行动计划论文，1篇入选中国土木工程学会优秀论文三等奖；授权发明专利和实用新型专利38项；詹天佑铁道科学技术奖（专项奖），中国岩石力学与工程学会、中国公路学会、中国铁道学会和中国交通运输协会等省部级科技进步奖6项，其中省部级科技进步一等奖1项（第7），二等奖3项（第7、8、8），三等奖2项（第7、7）；省部级优秀工法1项（第2）；城市轨道交通技术创新推广项目（技术类）1项（第11）；主持四川省科技苗子工程基金项目1项，校级2项，主研国家自然基金1项，科技部川藏铁路重大专项子课题1项；国家奖学金3次，四川省优秀毕业生2次（硕士、博士），国家级学科竞赛13项。

岁月不居，时光如流，不禁感叹求学生涯已接近十年，青春岁月已不复回，回首过往，历历在目，在交大的十年成长与过往已在人生的征途中写下奋力的一笔。在十年里学校和老师们让我学会了作为一名社会主义青年应有的素养：坚定信念和勤学善思、全局思维和创新意识、不负韶华和社会担当。

一、坚定信念和勤学善思

理想信念是指引人生的灯塔，只要心中有阳光，脚下就会有力量。求学生涯中，导师们通过科研实践教会了我要做一名不忘初心、坚定信念、敢于吃苦、甘于奉献的人。实际上人如果抛开自己的信念，就像没有支柱，如果没有支柱，结再多的果实也是等于零。因此走好人生的每一个阶段，不忘初心，以坚定的信念看待个人的得与失十分关键。除了坚定信念外，导师对科研的严格要求和严谨治学让我明白唯有做到勤学善思才能学好知识，于是研发楼和实验室常常成为我办公学习的地方，不懂就问，不懂就学，努力和勤奋让我感受到生活的忙碌和充实，正是这种素养让我在短时间内能够融入和适应不同的环境，在社会中也能够更快地成长。

二、全局思维和创新意识

做科研就是探究未知的领域，关键在于如何把握全局。通过这么多年参与导师的科研项目实践与训练，我的思维和逻辑得到了一定的提升，在处理项目和事情上也能想得更为全面，做出来的事情就更为完善，得到的认可度就越高。同时科研训练过程还要有创新意识，如果说全面思维是拓宽知识面，那么创新意识就是知识点的深度，因此一个项目做得好不好在于是否做出创新点，不管是方法的创新还是内容的创新，在我负责的大多数项目总是要求以全局思维把控和创新意识引领，因此在项目成果评价上大多处于国际先进水平，获得多项省部级科技进步奖。科研的训练让我意识到在以后的生活中对待任何事都应有全局思维和创新意识。

三、不负韶华和社会担当

习近平总书记于2018年5月2日在北京大学师生座谈会上说：“每一代青年都有自己的际遇和机缘，都要在自己所处的时代条件下谋划人生、创造历史。”作为交大土木青年学子，我珍惜时间，不负韶华，通过科研实践参与多项重大工程，包括二环路改造工程、天府新区海绵城市、成昆铁路山岭隧道建设、砂卵石地层地铁修建、中老铁路友谊隧道、川藏铁路等重大课题攻关。让理论结合实践，用理论服务于实践，助推成果应用与实施。今后我将继续扎根中国大地，扎根人民群众，用交大之所学，服务国家重大科研攻关难题，解决工程关键科学问题，做一名具有社会担当的交大人。

热爱，担当，奋斗

徐海岩：西南交通大学2017级桥梁与隧道工程专业博士研究生、博士研究生会主席。研究方向为特殊复杂地层隧道稳定及控制、纤维增强混凝土的研究及应用。曾荣获国家奖学金、“茅以升科学技术奖——铁道教育希望之星奖”、唐立新奖学金、四川省大学生结构设计竞赛隧道工程组一等奖、博士“扬华新秀”奖学金、“铁工七七”专项奖学金、欧维姆专项奖学金、西南交通大学学生个人最高荣誉——“竢实扬华”奖章等荣誉奖励。截至目前共发表SCI、EI、北大核心等学术论文30余篇。

2015年的大三暑假，我鼓起勇气和王志杰教授发了邮件，随后很荣幸得到王志杰教授的赏识和青睐，拿到了进入“风行天下王家军”的入场券。这是我进入项目研究团队的伊始。大三暑假，王老师给我机会去隧道一线学习，那是我第一次进入隧道工程现场，在师兄们的帮助和指导下，为期20天的一线学习经历，让我对山岭隧道工程实践有了初步认识，我在心里默默埋下了“用心做好科研，真心服务建设”的科研准则。

2016年本科毕业我顺利保研进入王志杰教授科研团队。研一时我按照老师的建议，扎实学习专业知识，同时广读文献，挖掘自己对具体专业方向的热爱，掌握行业的历史沿革及动态前沿。经过研一一年的学习积累，我找到了自己的热爱，并毅然决然地申请硕博连读，决定继续攻读博士学位，将研究纵深持续下去。2017年博士入学，基于已有的成绩和研究成果，我有幸拿到博士“扬华新秀”奖学金和西南交通大学学生个人最高荣誉——“竢实扬华”奖章。这是对我本科阶段和研一一年来学习和努力奋斗的认可，鞭策我继续向前。

2017年博士第一年，为了让我能够适应博士阶段的学习和研究，全方位得到锻炼，导师王老师对我委以重任，让我做“富水红砂岩及土砂互层地层隧道设计及施工关键技术研究及应用”项目的第一学生负责人。2017年下半年开始，我曾先后四次去了陕北隧道工程一线，进行实地考察、现场调研、现场试验等科研工作，并于2017年末至2018年大部分时间在学校内进行大量的室内基本土工试验和隧道开挖相似模型试验等科研工作，试验过程中克服了诸多困难，带领师弟们从0到1完成试验全过程，积累了成功经验，同时汲取了失败教训。博一作为第一学生负责人，我完成从学生参与人到第一学生负责人的角色转变，此时的我需要想得更全面周到，需要面对试验过程中所有可能的状况，需要主动学习更多的相关知识以进行相关创新并指导师弟们相应学习，需要承担起第一学生负责人的责任和使命。此外，在完成角色转变的同时，我还要主动地克服“畏难”情绪，突破自我障碍，勇敢地不断向前。

经过博一一年的历练，在特殊复杂地层隧道稳定及控制研究项目上，我有了自己的一些收获和体会。博二在继续推进项目的同时，我主动学习了新材料在隧道及地下工程中研究及应用的相关知识，并产生浓厚兴趣，老师委任我作为纤维增强混凝土研究及应用课题组的学生牵头人，我不断学习、不断充电。博三期间，经过前两年的积淀，我发表了多篇SCI、EI等相关学术论文，得到了国际国内相关专家学者们的认可，再次让我充满信心、在科研的道路上勇敢前进。同时，我也将博士前半期的研究作为博士论文毕业方向，不断深入挖掘，拓展研究内容。

回头看，我的收获得益于导师王志杰教授对行业发展大方向的把控，指点我有幸选择了自己热爱的又同时具有发展潜力的研究方向；得益于老师的谆谆教导和耐心指点，引导我克服一个又一个困难从而不断向前；得益于团队师兄弟们的热心帮助和团结协作，我们才能够攻克一个又一个难题而鞭策我不断前进。

我将秉承“用心做好科研，真心服务建设”的科研初心，在热爱的研究领域内继续钻研，砥砺前行。

创新永远是原动力

张　力：中共党员，博士研究生，土木学院2018级博士班班长，研究方向为超大直径盾构隧道管片结构设计理论与安全保障，以第一作者发表学术论文7篇，其中SCI4篇（中科院一区TOP刊3篇），中文核心3篇，获中国岩石力学与工程学会科技进步特等奖、西南交通大学优质生源奖、西南交大土木工程设计有限公司奖学金、博士国家奖学金、博士特等学业奖学金和优秀研究生标兵等奖励和荣誉。

2016年的9月，在经历了四年本科阶段学习后，我有幸以保送研究生的形式来到何川教授团队继续深造。研究生阶段的学习方式有别于本科阶段，除了少量课程安排之外，更多是自主学习的时间，刚进入研究团队时我对于研究方向的选定以及如何开展研究比较迷茫，何老师让我首先进行广泛的学习，熟悉隧道设计和施工的流程，掌握相关计算程序的编写，以此加深对于隧道工程的认识。

在为时两个多月的学术“初探”后，我有幸参与到何老师一项关于盾构隧道局部原型管片衬砌结构大型加载试验的科研项目中，这让我对于盾构隧道有了更加直观和深刻的认识，也让我第一次体会到科研的严谨性和试验资料对于科研的重要性。本次试验从开始筹备到完成各项加载任务共持续了4个月，试验过程中，在何老师和团队封老师的指导下，我配合师姐邱月博士完成了接头抗弯试验和局部原型试验，这次试验的经历让我学会了类似试验的流程以及相关注意事项，为以后独立开展相关试验打下了良好的基础，值得一提的是，试验从酷暑一直持续到了寒冬，有时从实验开始到结束可能要持续12个小时左右，但是参与试验的师生都毫无怨言，大家齐心协力克服遇到的各种困难，这让我深深地体会到科研工作确实需要坚定的意志品质、严谨认真的态度以及牺牲奉献的精神。

博士生张力参与科研试验

在试验过程中，由于对加载原理和量测方法存在诸多疑问，我通过阅读文献加深了对试验原理和目的的理解，逐渐养成了查阅文献的习惯。同时团队老师也经常鼓励我要多读文献，但也不能局限于文献内容，要根据试验成果结合自己的理解多提出一些具有挑战性和事实依据的观点和意见，这样的科研才有意义。受此影响，我在阅读文献时常常会带着批判思维，吸取长处，摒弃不足，经过一年多的努力，我完成了自己研究生生涯的第一篇学术论文并顺利发表，这给了我极大的鼓舞，也让我对自己更有信心，并迫不及待地想开始博士阶段的学习和科研工作，于是在研二下学期我提交了硕博连读的申请并得到了导师何老师和学院的同意。

博士阶段相较于硕士阶段更加强调研究的创新性，也对于研究成果提出了更高的要求，何老师经常教导我们要追求文章的质量而不是数量，追求创新性而不是堆砌工作量，不盲目追求论文的影响因子，把论文写在祖国的大地上，发表在更多同行可以看到的地方，这样才能最大限度地体现论文的价值。得益于硕博阶段前两年的试验和文献积累，我在博士一年级便提交了多篇论文并成功发表，同时与审稿专家和读者的交流让我觉得自己所做的研究工作是重要的，也是具有意义的，这也勉励着我更加努力地思考和工作。博士阶段的前两年时间里，在何老师、封老师以及团队其他老师的指导和支持下，我主研完成了国内多座重要盾构隧道工程管片结构的抗弯、抗剪试验以及原型管片结构的安全评估等工作，为相关隧道工程的设计和建设提供了重要支撑，也得到了相关新闻的报道。博士阶段剩余的时间里，乃至以后的工作中，我将

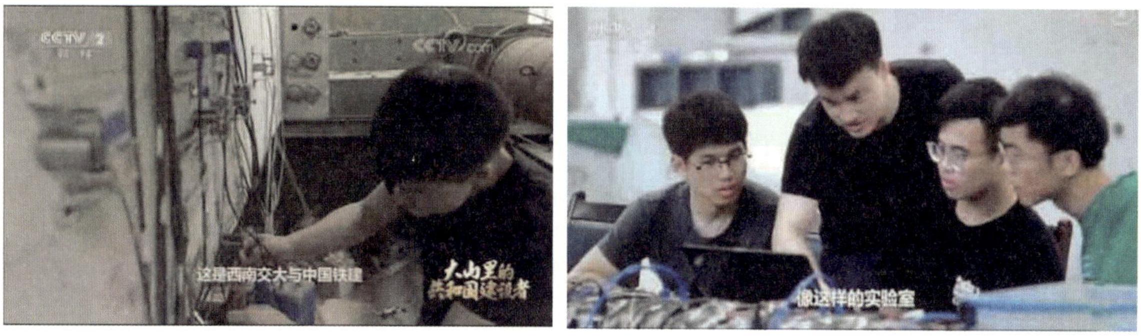

博士生张力参与科研项目

继续现在的研究方向开展更为深入的研究，争取得到更加具有价值和创新性的成果。

借此机会，对研究团队老师和师兄弟表达感谢，感谢导师何川教授提供的科研平台和学术指导，感谢封坤教授在科研工作开展工作中提供的指导和支持，感谢研究团队晏启祥教授、赵琳娜老师、王士民教授、方勇教授、杨文波教授等老师的关心和帮助，感谢研究团队的师兄弟在试验过程中和生活中对我的帮助。

赤子之心

胡云鹏：中共党员，西南交通大学土木工程学院2017级博士研究生，桥梁与隧道工程专业。以学生第一作者身份发表SCI论文5篇，主要参与出版专著一本。曾获博士研究生国家奖学金、硕士研究生国家奖学金、西南交通大学扬华新秀奖学金、特等学业奖学金以及党员先锋岗等荣誉。曾受邀担任*Construction and building materials*（中科院一区）国际期刊审稿人。

一、最美的期待：我有一个梦，像雨后彩虹，愿用所有泪水换来笑容

2017年9月，我怀着无比激动的心情第一次正式面见我的导师王明年教授。他有着高大的身躯，慈祥的面庞，一双眨着智慧的眼睛，人们都尊称他为老教授。在20多分钟的交谈中，我不知不觉地被他低调的为人、风趣幽默的谈吐、学术交流的激情、平易近人的祥和所折服。墙上挂满了国家科学技术奖奖章，辛辛苦苦一辈子为我国交通隧道事业发展做出的贡献，在他的口中是那样轻描淡写。不得不承认，此时此刻坐在我面前的这位足以改变我人生轨迹的老师已不再是一名远近闻名的老学者，他的心态和思想是如此年轻，与其说是一名前辈，倒不如说更像一位阅历丰富的益友，愿意带我探索这个未知的领域。

要知道，早在几个月前，我还在埋头苦读，准备博士选拔考试。为了能有机会成为王老师的学生，在"努力"和"坚持"两个方面还是下了一番功夫。直到收到录用通知书那天，本以为足够坚强的自己，眼里还是不禁泛起了泪花。不曾想过自己没日没夜的自习室抢座，挑灯夜读，终究能有所回报；不曾想过自己能突破初试、复试的重重包围，以一个崭新的精神面貌开始这段新的科研之旅。这一切，都要源于报考前王老师给我的一次鼓励，"只要你肯认真努力，都会有好的结果"。这句话至今仍深深地埋在我的心里，随着年龄和阅历的增长而生根发

芽。我梦想着有朝一日也能像导师一样，为国家交通事业的发展贡献自己的力量，这也成为了我学业和事业发展中最美的期待。

二、生来倔强：有一种力量无人能抵挡，它永不言败生来倔强

理想的丰满往往会更加映射出现实的骨感。在最初迷茫的那段时期，我完全找不到科研的方向。科研事业上无数次碰壁，项目汇报漏洞百出，研究报告错误连篇，科研论文百般拒稿，科研成果陈陈相因。为了让我能得到更好的锻炼，把精力都集中在一个领域，导师和团队费尽力气做了资源整合，把所有和我研究相关的课题集中在一起。无论是国家自然科学基金还是国家铁路集团的重点研发项目，无论是从实验室到现场，还是从理论到实践，我得到了前所未有的历练契机。慢慢地，借助西南交通大学和我们团队的高水平科研平台，我有机会接触了更多、更复杂的工程科研项目及难题。当我站在郑万高铁大断面隧道中学习先进的机械化施工方法，当我站在几十度高温的桑珠岭隧道中探索高地温解决方案，当我站在川藏铁路高海拔隧道的洞口测试工程参数时，我已不再畏惧科研的“难”，因为我坚信导师和团队都始终是我最坚强的后盾，正是他们对我科研道路的精心规划和培养过程中的不放弃，才让我在无数次被科研打倒后仍能重拾自信。

胡云鹏博士在项目试验现场

三、骄傲的少年：即使无人喝彩依然在期待，雨后的彩虹是如此的精彩

人要善于斗争，斗争多了，自然就有了经验。这是在川藏铁路学习时一位工程前辈告诉我的。作为工程人，要有与大自然斗争的精神，要有与科研难题斗争的精神。这些年无论是在科研论文的投稿中，还是工程问题的攻坚克难上，这种斗争精神都深深鞭策着我。就像20世纪的女排精神、抗美援朝精神、航天精神一样，默默无闻的工程人在青藏铁路、川藏铁路等以不畏

艰险的英雄气概和求真务实的科学态度，挑战生理心理极限，攻克多年冻土、高寒缺氧、生态脆弱、地质极其复杂等难题，创造了人类建筑历史上的奇迹。曾经无数少年的努力与坚持汇聚在一起，成为了一份共和国献给世界的创世纪功勋。从这些老一辈的工程人身上，我看到了他们经历的艰苦与磨难。这样的工匠精神，总能让我在科研的沮丧中重新站立起来，让我在困惑迷茫中继续坚持思考，不断克服一个又一个难题，取得一项又一项成果。科研不仅仅是一项研究，它还是一个民族的脊梁！

四、我的天空：只要我还有梦，就会看到彩虹

三年前我以综合第一名的成绩拿到入学资格，三年后我以隧道专业学术成果第一名的成绩结束了博士研究生的学习生涯。我特别感谢我的导师和团队，是王老师让我站在了他的肩膀上，给了我机会和包容，才让我取得了今天的科研成绩。经历了三年多的学习和历练，我已经从一个懵懂无知的少年成长为一个能够承受失败与挫折的青年。正是这些年的科研学习与成长经历，让我意识到科研道路崎岖坎坷，唯有勤勤恳恳、持之以恒才能勇攀高峰。或许我永远也达不到王老师那样的高度，但像他一样的千千万万个有着工匠精神的老一辈工程人却会永远熠熠生辉，时刻指引我们前行的道路！愿中国的青年们都能怀揣美好梦想，秉承我们中华民族不屈不挠的斗争精神，在自己的科研事业上创造一片属于自己的天空！

志之所趋，无远弗届

王康康：中共党员，西南交通大学土木工程学院2017级博士研究生，研究方向为高性能全预制拼装组合梁，发表第一作者学术论文6篇，其中SCI4篇（均是中科院二区），曾获得博士研究生国家奖学金、全国大学生结构设计竞赛一等奖、优秀研究生、特等学业奖学金等奖励和荣誉。

人生总是变幻莫测，你永远都不会知道下一秒钟会发生什么；人生总是伴着酸甜苦辣，在过去的岁月中那些或大或小的回忆仍无法忘怀。回顾自己在交大的成长历程，蓦然发现已经度过十个春秋。我从何而来？又将去往哪里？是什么造就今天的我？在每一个阶段的成长历程和人生经历中，每一步都是我用心学习、迎接人生挑战的契机。在交大学习生活的十年历程，被我分为四个阶段：

一、启发

起初进入本科阶段学习时，我并不了解土木工程这个专业，不知道课本上的专业理论知识跟实际工程应用会有多大的联系。由于当时我在土木学院的科创组织内担任工作人员，有更多的机会接触到参加过第五届全国大学生结构设计竞赛的冠军团队。当时刚刚获得了国赛特等奖的队伍在社团内做经验分享交流会，看到仅78g轻薄纤细的高层结构在34kg水箱和8级地震荷载的作用下仍屹立不倒并获得满堂喝彩的视频，我的内心久久不能平静。优秀的结构形式和精准的建模分析激发了我的好奇心，使我踏上了对未知领域的探索之路。随着对结构比赛的深入了解，我发现若想优化设计，做出受力合理的手工模型，需要强大的理论支撑和扎实的专业基本功，而这一部分正是自己所匮乏的。发现学科上存在的不足之后，我的学习态度也发生了巨大转变。模型的优化使我对力学产生了极大的兴趣，犹如沙漠一般吸收着知识的泉水。相应地，学习态度的转变也为日后的读研深造埋下了一颗不起眼的种子。

二、初试

随着结构竞赛经验的积累，我终于在2013年通过层层校内选拔，获得宝贵的机会代表交大参加第七届全国大学生结构设计竞赛。踏在全国比赛的舞台上，我心中充满紧张，但是本着证明自己和为校争光的目标，最终设计出48g的高跷模型，承载自己86kg的体重，获得了全场第二名的成绩。虽然与特等奖失之交臂，心中仍有遗憾，但是通过这次比赛的经历，我认识到了很多来自985高校的同学，与他们同台竞技，让我吸收到了更多新鲜事物，也意识到在以后的人生的竞技场中，只有不断提升自身实力才能在波涛汹涌的行业大潮中找准自己的定位。经过了这次国赛的经历，见识的增多使我对土木工程这个专业的认识更加深入，也更加坚定了自己继续学习深造的念头。当时我以优异的成绩获得了保送研究生的名额，并继续在交大提升自己的理论学习和科研实践能力，将自己全身心地投入到土木专业的学习中。

三、成长

如约进入硕士研究生的学习阶段，在这个阶段我遇到了学生生涯中最重要的人——赵灿晖教授。在硕士期间，借着赵老师课题组的平台，我参与到了“南京长江第五大桥桥面板结构研究”中，从新型水泥基材料的研发、构件力学性能、施工性能研究再到结构力学响应四个子课题着手，由点到面系统地参与到实际桥梁工程的设计研发中。在这个阶段，赵老师悉心的教导使我快速成长，了解并掌握了试验研究的技巧和方法，并且课题组的师兄弟也为我提供了强劲有力的后盾支撑。我充分发挥了个人动手能力强的优势，在为南京五桥的建设保驾护航的同时，科研能力也得到充分的锻炼和提升。随着科研项目的进行，我的人生目标也变得愈加清晰，那就是投身于桥梁工程的建设和发展中，继续探究新型的桥梁结构和施工方式，使桥梁工程上升到新的水平。毋庸置疑，这个目标仍然需要大量的时间和精力去完成，于是我一鼓作气地进入博士阶段的学习。

四、沉淀

博士阶段与硕士阶段有了质的差别，无论是科研还是生活方面都面临着更大的压力，特别是在当今这个浮躁的社会中，面临着来自同龄人事业起步、自身科研难度增大、年龄的增长等一系列的问题，更需要超出常人的强大内心，抵抗这些阻力，并转化为前进的动力，以一种不骄不躁的心态面对生活，一步一个脚印地缓慢前行。在此期间，导师不厌其烦地修改我论文中的每一个措辞、指正我汇报中的不良习惯、建立良好的科研逻辑等在科研道路上存在的不足，帮助我绕过了不少弯路，并也以身作则地给我们树立了科研的榜样。同时，女朋友在此期间也为我的科研道路做出大量妥协，作为我的情感寄托，为我排忧解难，使我可以以更好的状态投入到工程研究中，走过这一艰难的阶段。

五、蜕变

前9年的所有经历，带给我完备的试验能力、严谨的研究逻辑、扎实的理论基础，我也成为了课题组的“老年选手”，于博士四年级发表二区SCI论文5篇，其中一作论文4篇，EI论文2篇，参加国际会议1次，申请发明专利1项，以此成绩获得2019—2020学年国家奖学金、特等学业奖学金、优秀研究生等一系列荣誉。获得这些令人羡慕的荣誉其实并不会使我变得浮躁，只会带给我动力，激励我不畏险阻砥砺前行，担负起更重的职责为土木行业的发展添砖加瓦，并且作为一名共产党员，我应发挥带头模范作用，以身作则，不忘初心。

回顾过去，从懵懂中成长，从沉淀中蜕变，成功是我奋斗的基础，不足是我前进的动力，我一定严格要求自己，在未来成为一名土木工程师的道路上不断提升。

科研路上，一路有你

高　原：博士研究生，师从王平老师进行道岔相关内容的学习。荣获2020研究生国家奖学金、2019和2020学业特等奖学金等，至今已发表SCI收录文献共计7篇，EI收录文献3篇，主持西南交大创新基金项目1项。在王平老师的指导下发展并建立了高速铁路道岔区轮轨瞬态滚动接触完善的统一模型，探明了岔区轮轨介观接触行为和宏观动态响应的耦合特性，并对岔区瞬态接触与高频振动特性、道岔钢轨磨耗机理与减缓措施、道岔轮轨关系演变及影响机制进行了研究。

时光荏苒，自我2016年加入王平老师团队，成为高速铁路线路工程教育部重点实验室的一员已5年。在这5年中，中国铁路技术创新实现从跟跑到领跑的历史性跨越，而我在导师的谆谆教诲下，依托高速铁路线路工程教育部重点实验室平台，围绕高速铁路道岔的设计建造和运营维护等领域进行了重要和系统性的科学研究，让我从最初的懵懂，到如今迈入令人神往的科研殿堂，自我得到了极大的成长，也收获了研究生国家奖学金、特等学业奖学金等多种荣誉。

一、得之坦然，失之淡然，争之必然，顺其自然

进入学校开始接触科研，离不开的是导师王平教授的关怀和帮助。刚进入实验室的时候，限于专业知识基础薄弱，我和科研之间并不熟悉，它如一个神秘的存在，未知但令我向往，我很迷茫，并在网络上调研相似的文献，却找不到对应的沟通方法，随着时间的流逝，我的心态也愈发烦躁。了解到我的困境后，导师仔细开导我，并安慰我“得之坦然，失之淡然，争之必然，顺其自然”，这也成为了我以后努力进取的动力来源。随后他利用自己的空余时间为我仔细讲解，引导我如何去面对问题，解决问题，如何保持一个良好的心态。我如同打通了任督二

脉，完成了科研项目，并撰写了SCI文献。成功的甘甜激励了我，让我对科研第一次充满自信，我感觉科研神秘的面纱逐渐揭开了。

王平老师（右一）细致的指导

二、二人同心，其利断金

科研往往需要一个人具有全面的分析能力，一个人的摸索终究会磕磕撞撞，科研需要团队的合作和努力。而我最喜欢的就是我们王平老师领导的团队的头脑风暴会议，早上9点会议开始，大家针对一个特定项目集思广益，毫不吝啬地发表自己的意见，并在讨论中获得更多的灵感。讨论后，我们往往会得到数之不尽的想法，随后通过一次又一次的数值仿真和现场实验，经过坚持不懈地修改与调试，成功最终总会青睐于我们，成功的喜悦也成为了激励我不断前进的动力。在团队中，我真正懂得了众人拾柴火焰高，也让我和老师、同学建立了更为深厚的友谊，并在与他们的沟通中开阔了视野，提升了自我素质，为我将来的发展奠定了坚实基础。

三、我之所以看得远，是因为我站在巨人的肩膀上

真正让我们深入科研研究的媒介，往往是科研平台和科研项目。在我学习的这5年间，能了解如此之多的铁路相关的知识也是因为科研平台和科研项目的支撑。在高速铁路道岔区段轮轨关系深化研究项目中，我了解了道岔区的轮轨滚动接触行为；在海外山地城市低地板车辆轮轨磨耗关键技术研究及标准化项目中，我了解了长大坡道下影响有轨电车轮轨磨耗的关键影响参数；在俄罗斯项目时速400公里特殊严寒地区高速铁路线桥隧关键技术研究中，我了解了高寒地区的道岔设计原则；等等。随着我接触的项目越多，我对铁路的知识了解越发深入，在这些项目中，我带队在国内做过测试，在遥远的国外，例如埃塞俄比亚，也做过测试，在这些试验过程中，我懂得了如何和不同的人沟通，如何在面对困难时依然能解决问题，在这些项目中，我成长了许多，也变得成熟。

丰富的试验仪器

室外试验

而为我们提供了如此多科研项目的是我们的科研平台——高速铁路线路工程教育部重点实验室，除此之外，如果我们遇到跨专业的知识，同属于一个实验室的老师也愿意为我们提供帮助，也是在实验室老师的帮助下，我申请到了学校的创新基金课题。另外，在实验室及其众多仪器的帮助下，许多室内外试验都能实现，这极大丰富了我做科研研究的手段和方法。科研的前提是对前人研究成果的深入研究和掌握，站在实验室“巨人的肩膀”上，才让我走得更远。

科研路漫漫，在老师和同学的指导和帮助、团队的协力合作、实验室各种先进仪器和科研项目的支撑和我自己的不懈努力下，虽然我仍面对科研中的诸多挑战，但我也要用平凡的生活去彰显生活的充实，用勇敢的心态去揭开科研神秘的面纱，在人生中不断成长，为国家和社会的进步贡献出自己的力量。

改　变

孙明辉：中共党员，2019级土木博士班组织委员。研究兴趣为软弱地层大直径盾构隧道施工控制技术，发表学术论文5篇（SCI4篇，EI1篇），授权国家专利3项（发明1项，实用新型2项）。曾获西南交通大学优秀学生干部，优秀毕业生，优秀研究生干部等荣誉。

前些日子，许久不见的表哥来成都出差，我们一起吃了川菜，席间聊了很多。表哥回去的时候忽然对我说了一句：明辉，我觉得你变了，跟以前完全不一样了。我真的变了吗？如果以前有人问我努力学习为了什么，我可能无法回答。但是现在，我有了清晰的答案。或许，我真的变了。那我究竟是何时改变的呢？往事历历在目。

我从本科开始就一直在交大，在土木工程学院学习。2013年9月，新生入学教育的校史讲座，给我留下了深刻的印象。听着茅以升老校长"不复原桥不丈夫"的豪迈誓言，听着唐院抗美援朝工程队的感人故事，我被前辈们的拳拳爱国之心深深感动，心里想着我能为祖国的发展建设做些什么。"竢实扬华，自强不息"的交大精神自那时起便刻在了我的心中，埋下了改变的种子。本科期间，我光荣地加入了中国共产党，并获得了推免研究生的资格。可那时的我，依然困惑，如何践行交大精神，如何报效祖国的疑问萦绕在我脑海中，愈加强烈。

硕士研究生阶段，我幸运地加入了晏启祥教授的科研团队，成为了交通隧道工程教育部重点实验室的一员。比起教授，我更喜欢叫他晏老师。记得是在2018年5月，我写完了自己第一篇SCI论文的初稿，满怀信心地拿给晏老师看。晏老师慢慢地浏览，其间轻轻皱了下眉头，我的心都提到了嗓子眼，不知过了多久，晏老师说："不错，我再仔细看看，你先去学习吧。"晏老师当时赞许的表情给了我莫大的鼓励。第二天是周末，我本想着提前回去休息，突然接到了晏老师的电话：“在工作室吗，在的话来一下。”我满怀忐忑地到了晏老师办公室，晏老师示意我坐他旁边，然后转了电脑屏幕，正好对着我。看到电脑屏幕的瞬间，我震惊了，我昨天刚写好的论文上标注了满满的批注和修订，甚至有些眼花缭乱。晏老师说：“整体上写得不错，逻辑上稍微有点问题，我给你改了一下。”然后晏老师逐条给我解释修改的原因，指出文章的漏洞和表述不严谨的内容，还不厌其烦地给我讲做学术、写论文的经验。我清楚地记得我文章中的标点符号都被修订，小数点后两位的数据都被晏老师要求核实。

研二的时候，我获得了硕博连读的资格，继续攻读博士学位。在晏老师的指导下，我全面负责广州地铁十八号线的两个课题。课题依托的工程在番禺区，是一段跨越珠江的大直径盾构隧道，地质条件复杂。为更好地为工程提供科研服务，我和两位师弟一起去了现场。临行前晏老师特别嘱咐我们放低姿态，虚心向一线工人请教学习。到了项目部我们都感到特别兴奋，工程现场就是我们的阵地，我们有太多想要了解的了。安排好住宿之后我们马上就要求去工地看看，带我们走工地的是项目部的工程部长，姓雷，三十岁左右。在走工地的过程中，师弟们问了许多工程上的问题，雷部长很耐心地给我们解答。师弟们强烈的求知欲令我感动，身处在这样一个充满朝气、求真务实的团队中，我怎么会不改变呢？那天有两个场景深深地触动了我的神经。在盾构始发井处，雷部长充满自豪地说：“我们这条线设计速度高，后面可是要一直通到南边的哟。”我当时就在想，什么时候我也能像雷部长一样自豪地说，祖国的繁荣富强有我的一份贡献。在车站基坑旁，雷部长坚定地说：“干完这个，再遇到地下车站的项目我就完全不怕了，我相信我能搞好。”是呀，经验是积累出来的，幸福是奋斗出来的。习近平总书记寄语广大青年做知行合一的实干家，听了雷部长的话，我对习近平总书记的期望理解得更加深刻了。

三年的科研经历激发了我强烈的专业兴趣，我渴望了解专业前沿动态，土木学院也给我们提供了这个平台。实验室经常会邀请一些大师来给我们讲学科前沿，讲重大工程，我基本上都会去听。这极大地扩展了我的学术视野，让我对学科前沿也有了更加清晰的了解。我觉得很振奋，原来我们能为国家建设做的事情有这么多。

习近平总书记曾说，“今天，我们比历史上任何时期都更接近，更有信心和能力实现中华民族伟大复兴的目标，同时必须准备付出更为艰巨、更为艰苦的努力”，广大青年既是追梦人，也是圆梦人。这是我学习的动力，也是我学习的目的。是的，我变了，我已经做好准备，哪怕做一颗螺丝钉，也要钉在祖国建设中，钉在中华民族伟大复兴的征途上。

以奋斗之我，做时代新人

荆　祥：中共党员，西南交通大学土木工程学院岩土工程专业2018级研究生，班级班长。在校期间，参与国家重点研发计划等课题，并发表了3篇SCI、EI论文，先后荣获研究生国家奖学金、特等学业奖学金、优秀研究生等个人荣誉奖励10余项。

一、刻苦钻研，勇于尝试

自本科毕业进入研究生学习是梦寐以求的，而本硕期间专业的差异性，导致了我的求学心态消极。在与导师首次见面时，导师便了解到我存在的问题，根据此问题，导师主动与我沟通，给出了专业性和前瞻性的指导，述说了专业领域所涵盖的研究内容，带领我体验各类岩土试验，让我领略了岩土工程的魅力。通过多次沟通，我内心的困惑被一一解决了，我也渐渐对岩土产生了兴趣，有了适合自己研究的方向，对整个研究生生涯也有了一个初步计划，这为我今后的成长与发展奠定了基础。

文献阅读作为科学研究的开端，是研究生科研之路的必备技能。然而文献阅读的枯燥，外文文章的晦涩，是刚步入研究生涯的我面临的第一个难题。在导师的安排指导下，我加深对文献的认知，制定明确学习计划，致力于文献调研和阅读，通过文献阅读初步建立起对专业领域整体的认识和理解，与时俱进。定期阅读规定文献，坚持对专业知识的汲取，对相关文献做注释备注，温故而知新。

导师团队学术交流

参加国际学术交流

二、致力科研，学无止境

紧密围绕国家重大战略需求，参与国家重点研发计划与国家自然科学基金项目，服务于国家战略需求。在导师指导与团队支持下，我积极参与课题，将研究重点聚焦于特殊岩土体方面，先后多次参加室内试验，并经理论分析与数值模拟，开展了特殊岩土体动态特性研究，为工程建设顺利建设提供了技术支持。

三、导师团队学术交流

实践出真知，学术成果的开展是研究分析的体现。科研写作水平是科研工作总结表达能力的考验，对于大多数刚入学的新生，水平低，有诸多不足之处。在写作过程中，导师采用科研不同角度，结合以往文献的详细讲解以及现研究内容的分析，引导我开展科研写作，进而提高我科研论文的写作水平。通过对摘要写作、引言书写及正文写作到最后结论的总结逐一点拨指导，对文章逐字修改，每一个步骤都做清晰明了的讲解。反复循环，引导强化了我的科研写作能力，提高了学术能力和科研素养，实现了写作的自我创新。通过对科研写作的指导，我也对科研论文的写作有了更深的认知，进而在入学一年时间内实现多篇学术论文的发表。

四、参加国际学术交流

失败是成功之母。成功道路上不会一帆风顺，科研中更是充满坎坷，而面对挫折致力科研是每个科研人的职业道德。科研之路是不断探索之路，应勇攀高峰，不畏困难，学无止境，砥砺前行。

在以后的工作学习中，我勇做走在时代前列的奋进者、开拓者、奉献者，立志成长为担当民族复兴大任的时代新人。始终积极投身创新驱动发展、科技强国、交通强国等国家重大战略部署，深入科研实践服务国家重大工程，潜心学术研究推动技术创新，发挥模范作用担当青年使命。

“末”之路

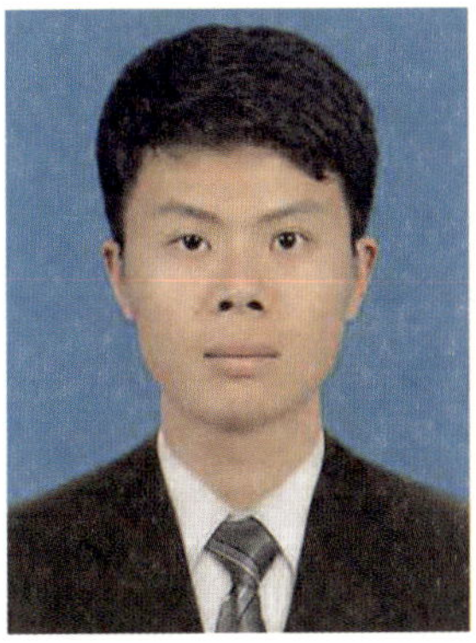

雷康宁：中共党员，西南交通大学2018级桥梁与隧道工程专业硕士研究生，2014—2018年就读于西南交通大学土木工程学院，获2016年度土木工程学院十大优秀本科生、2018届西南交通大学优秀毕业生、2018级硕士研究生入学“优质生源奖学金”、2019年西南交通大学优秀研究生标兵以及2020年硕士研究生国家奖学金等多项荣誉奖励。

我叫雷康宁，来自有“鱼米之乡”之称的湖北荆州的一个小乡村。小学6年在村小度过，那时每个年级只有一个班，人虽然很少，但各位老师的启蒙教育却对我们产生了深远的影响。在乡镇中学完成初中学业之后，我选择了远离县城，到市里一所管理十分严格的中学求学，至少现在看来，这个抉择至关重要。在那里，当时便实行了“生本自主，高效课堂”（即现在的“翻转课堂”）的管理模式，对我本人交流与表达等方面能力的提升有极大的帮助。

凭借对桥梁、对土木的一腔热血，2014年高考后我选择了西南交通大学土木工程专业。进入交大的初期是懵懂的，在学长们的引导下才慢慢步入正轨，至少有三群人对我影响极深。“你们不要羡慕，付出了，这些自然而然地就有了”，这是我大一入学不久作为干事在土木科创中心为学长学姐分发奖状时一位学长对我们说的话。这句话一直印在我脑海里，让我在心底里相信“努力与收获成正比”这句话是绝对真实的。我在青协了解了大学课程的学习特点，在第一次荆州老乡会上接触了保研政策，诸如此类的种种，都能提前了解到这些信息与经验，我想我是幸运的。本科四年，前三年主要用在了课程学习和学科竞赛两个方面，还记得为期末复习在犀浦四教楼梯口的自习桌椅上度过的冬夏，从“设想家”到“结构设计竞赛”为模型制作和队友熬过了数不清的通宵。正因如此，才能拥有30余份荣誉证书的肯定，才能有幸以年级排名第六的成绩留母校继续深造。

学术会议交流

现场试验测试

进入研究生阶段以后，在李小珍教授的悉心指导和同门师兄师姐们的帮助下，我逐步迈进了科学研究的大门。入学初，李教授就为我们每个人制订了详细的培养计划，告诫我们科学研究不是一蹴而就的事，必须持之以恒、厚积薄发，才能臻于至善。除学术研究方面，李教授特别重视培养我们的家国情怀、为人处世与表达沟通等方面的能力。记忆犹新的是两次桥梁检定试验，在这个项目中我作为主要负责人，从项目招投标、试验方案编制和评审，到现场试验的组织、实验报告的撰写和评审，项目的每一步我都参与其中，熟悉了整个项目的流程，很好地锻炼了自己的组织能力和表达沟通能力。

优秀班集体展示会

我硕士阶段的研究方向为车桥耦合与铁路桥梁减振降噪。该方向紧密结合国家高铁发展战略，为高铁列车在桥上平稳安全运行提供技术保障，使全国人民出行满意度大幅度提升，体现了作为一名中国共产党党员全心全意为人民服务的根本宗旨。作为一名中共党员，我们应志存高远、脚踏实地，不畏艰难险阻，勇担时代使命，把个人的理想追求融入党和国家事业之中，为实现交通强国，增加人民出行幸福感做出桥梁人该有的贡献。

“未”，土木也。未来是我们这辈人的舞台，愿与大家在未来有约，一起为国家、为社会作出自己的贡献！

宝剑锋从磨砺出

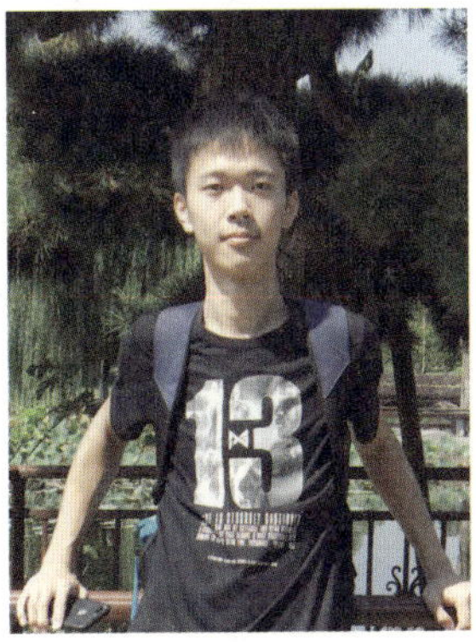

关剑宇： 土木工程学院道路桥梁与渡河工程专业2017级本科生，2020年“竢实扬华奖章”获得者，获得各类证书共计40余张，其中国家级竞赛奖项6项，省部级竞赛奖项4项。

我是关剑宇，在大学时光里，我沉稳镇静，一点一滴打好学业基础；全面发展，一帧一幕展现卓越风采；敢拼敢搏，一跬一步斩获不尽奖项；一路走来自强不息，彰显“竢实扬华”交大精神。

初入大学，我满怀惊喜而又不知所措，享受着期盼已久的自由，我给自己定下了小目标——多经历、多尝试新事物。我对丰富的校园生活充满了好奇，加入了竺可桢书院青年志愿者等协会，积极参加各类志愿服务和社团活动。但在第一学期半期考试时，我的学习出现了很大的问题，在任课老师与各位辅导员老师的悉心教导下，我明白了大学学习的重要性，明白了不积跬步无以至千里，不积小流无以成江海的道理。慢慢地我学会了合理分配课外学习与专业知识的时间占比，给自己重新设定学习目标并严格执行，学业问题及时请教老师，总能收到老师耐心详细的辅导解答。在老师们的耐心指导下，我的成绩稳步增长，最终获得国家奖学金。我早晨七点半出门，晚上十点半回寝室，开始图书馆与寝室两点一线的生活，并将这项习惯坚持了大学的整整三年，生活也变得井井有条，我不是一个天赋型选手，一切成果都是靠时间与努力堆积出来的。

我加入了造价管理协会，接触到了建筑信息模型（简称BIM），结识了一群志同道合的朋友与耐心负责的老师。在准备竞赛的过程中，在黄群艺等老师的耐心指导下，我和队友们从零开始，查阅书籍文献，一点点积累，一步步成长，我意识到了团队意识的重要性。老师与学长学姐也源源不断地向我提供最新的竞赛信息，我利用大量课外时间去学习相关理论知识与操作软件，实验室也成了我的第二个家。老师会及时查看每次任务的完成情况，并提出相应意见，我们便慢慢找到了属于自己的科研方式。此外，老师给我们提供了最舒适的科研环境，我曾将自己的洗漱用品搬到实验室，时间不够便在实验室“过夜”。我们在一篇篇论文的研读中成长，也在一次次实验操作中进步。李建国老师手把手指导我们石膏实验，与我们一同分析应变数据，老师的耐心教导感动了我，我沉下心去钻研，不辜负老师们的期望。我觉得这些可亲可敬的老师们不仅教会了我学业知识，更教会了我立德树人。如今我已能够将书本上的知识融会贯通、熟练应用到实践当中，这也进一步坚定了我继续深造的决心。截至目前我斩获各类证书共计40余张，获得国家奖学金1次、校级一等奖学金2次，参与完成1次校级SRTP、1次省部级编程SRTP（在研）；获得6项国家级竞赛证书，4项省部级证书，担任BIM组组长，领导团队4次登上国赛舞台，荣获国家一等奖1次，二等奖2次，三等奖1次。在信息建筑领域获得全国大学生建筑结构设计信息大赛国家二等奖，并参与获得全国周培源力学竞赛、结构设计、数学、力学、测量与物理实验等诸多领域奖项。荣获四川省大学生综合素质A级证书、西南交通大学“竢实扬华奖章”（图1）；保研排名专业第三，选择同济大学进行深造。我也将秉承“竢实扬华”精神，精勤求学，敦笃励志。

图1　关剑宇获得竢实扬华奖章

我是一名武汉人，身处新冠肺炎疫情重灾区。在这场突如其来的灾难中，我目睹了病魔的来袭，我和我的家人、朋友正处在这次疫情的中心，网传的万家宴就在我家楼下，在最严重的一个月里，每日都由穿着严密生化服的部队人员配送物资，虽然压抑可我们没有绝望，学校辅导员老师每天打电话询问情况，及时疏通心理问题，有问题我便直接联系辅导员，在他们耐心沉稳的话语中，我仿佛找到了靠山。隔离病毒但不会隔离爱。青山一道同云雨，明月何曾是故乡。在未来，我志愿用毕生所学，贡献自己的微薄之力，为国家建设贡献自己的青春力量。

科研育人之四“育”

纪程杰：西南交通大学土木工程学院2017级本科生，多次获得“三好学生”“优秀共青团干部”等荣誉称号；担任土木2017年06班班长，带领班级荣获“特色班集体”“示范团支部”等荣誉称号。

作为一名本科生，我非常荣幸能参与到“科研育人”的项目之中。经过一年的时间，在导师和团队的帮助下，我完成了“大温差条件下混凝土材料基本力学性能初探”这一科研项目，受益匪浅。

科研育人“培育”了我。起初，我还是一个懵懂的科研小白，面对项目完全不知道应该从哪里入手，感到十分迷茫。在导师的指导和帮助下，我才明白要想完成一项科研，最重要的是“主动”：主动查阅文献、主动设计方案、主动动手实验、主动自我总结。这四个“主动”贯穿了整个项目：从看第一篇文献的勉强到如今能比较熟练地总结要点，从方案设计到实验完成后的调整，从与团队中的研究生学长所做的一次次实验中总结经验，从分析实验数据绘制图表到得出结论等，这不仅仅是我在本科期间接触的第一个科研项目，更是我将永远铭记的一堂科研启蒙课。

科研育人“教育”了我。通过参与本次项目，我明白了所谓“科研”，就是完成一些前人所没有解决的问题，它不仅仅需要我们认真学习专业知识，更是将所学运用于实践之中。在本次实验的开展过程中，所涉及的理论知识基本都依托于“材料力学”“建筑材料”“混凝土结构设计原理”等专业课程为我打下的坚实基础，但又需要我们在过程中富有创新性，在遇到实际情况与理论设计结果不相符合时，提前策划多种备选方案来应对。此外，也更好地让我们学生体会到科教融合带给我们的专业能力提升，让我更加深刻地理解了“实践是检验真理的唯一标准”这句话。

科研育人“涵育”了我。当我通过导师的介绍，了解了我所选择的科研项目“大温差条件下混凝土材料基本力学性能初探”是服务于“川藏铁路”的建设项目时，我对我们“土木工程”专业有了更深刻的认识，我们的科研不仅是为了满足国家重大工程建设的需求，更是为了我们国家更好地发展做出了贡献。这段经历让我更加坚定将来立志科研这条路，作为一名中国共产党党员，我希望能在科研的道路上为我的祖国贡献出自己的力量！

科研育人“浸育”了我。我非常感谢西南交通大学土木工程学院给了我这一次挑战自我、提升自我的宝贵机会，在学院和导师提供的资源和实验环境的帮助下，本次项目比我想象中要完成得更加顺利；此外，我非常感谢土木工程学院提供给我展示自我的平台，让自己找到了前进方向，我也顺利保送至本校桥梁工程方向继续攻读研究生。作为一名“交大桥梁人”，我立志要架起一座连接交大与世界的桥梁，希望有朝一日能够问鼎巅峰，响应交大桥梁这张闪亮的名片，我也必将秉承竢实扬华、自强不息之精神，不忘初心，继续前行！

志之所趋，无远弗届

钱克豪： 共青团员，西南交通大学土木工程学院本科生。获国家奖学金2次、感恩中国近现代科学家奖学金、四川省孙训芳力学竞赛二等奖、全国大学生数学竞赛三等奖、综合素质A级证书、土木工程学院十大优秀本科生、三好学生标兵2次、优秀共青团干部等。

两年前，当我双脚踏入交大校园的那一刻起，我便有了一个值得骄傲的名字：交大人。

在学校特意为新生组织的校史讲座上，我听台上教授讲述着交大五老的故事，听交大颠沛不断但自强不息，听交大的丰功伟绩。我兴奋于能同这样一所学校产生联系。我第一次深入了解了我国桥梁事业的奠基人茅以升，两弹一星元勋程开甲、姚桐斌、吴自良等老学长们的故事。一腔热血、留学出国、学成归来、矢志报国。他们就像一颗颗高速旋转的转子，紧紧围绕科技强国的这根主轴旋转。也是从那时起，科研的种子便深深地埋入了我心里。

刚进入大学生活，我对交大校园的一切都充满了好奇。优美的环境、宽广的校园、厚重的历史沉淀、瞩目的学术成果。多姿多彩的大学生活，不断刺激着我的神经，让我产生了浓厚的求知欲和探索欲。身体力行，为达成目标而付出行动的决心，是我初入交大所收获的第一笔财富。但没有指引，一个人闯荡总归可能会陷入迷茫。万幸学院的老师总是在我需要的时候为我指引迷津，提供帮助。也是在学院所提供的平台和帮助下，我逐渐接触到了科研项目，加入了由张迎宾老师所主持的SRTP“青藏高原活动断裂带交通沿线地震边坡灾害评估”项目。

随着“交通强国”等重大战略的实施和“一带一路”倡议的持续推进，在自然环境十分复杂的西部艰险山区，陆地交通基础设施具有巨大需求和发展空间的同时，也面临着恶劣环境带来的更为严峻的技术挑战和安全考验。活动断裂带孕育的强震常常使边坡失稳产生重大滑坡灾害，对其影响范围内的基础设施产生重大冲击破坏，进而导致严重的人员伤亡和巨大的财产损失；同时，这些地震边坡灾害往往冲毁阻断交通生命线，加重次生灾害，导致不可估量的间接损失。面对这些亟待解决的问题，身为中华儿女，身为交大人，我觉得自己肩上有着一份不可推卸的责任。在这个项目里，我希望对青藏高原的地震边坡灾害能有更深入的了解，为川藏铁路建设，贡献我自己的一份力量。

从迈出科研路的第一步起，张老师就为我打下了一个牢固且正确的基础：对待学术，态度要严谨。如果说以前的作业和考试是“怕错”，那么科研就要“不怕错”。要不怕暴露问题，始终秉持严谨的学术态度和学术初心，在一次次试错中总结、反思，不断进步。并且要始终保持好奇心，以批判的眼光看待事物。

在张迎宾老师的团队里，我受益良多。这里不仅是一个科研团队，更像是一个温暖的大家庭。身为岩土地震工程课团队的带头人，张老师有五十多人的团队需要主持，有大大小小各种会议需要参与，有一项项重要的科研项目需要把关。印象里的张老师总是在连轴转。可即便再忙，张老师也没有放松对每一位成员的热情和关注，总能及时拨正我们前进的方向。每周一次的例行组会，让我能够学习到老师和学长学姐们的经验和思路。团队里的每一位学长学姐都很热心，一次次为我答疑解惑，以过来人的身份为我的成长和学习提供经验帮助。好的团队并不是一味地褒奖，我在过程中所犯的错误、所得的褒奖，前辈和老师的谆谆教诲、鼓舞和激励，都成为了我向上进取的基石。

“科研育人”背景下我的成长

尹康帅：西南交通大学土木工程学院2017级本科生，曾获得四川省孙训方大学生力学竞赛三等奖、周培源全国大学生力学竞赛省三等奖、五一数学建模竞赛三等奖等奖项和“三好学生”“优秀共青团干部”等荣誉称号。

从大一入学时，我们就常常从任课老师和辅导员或是助辅的口中听到SRTP这个词，它是“大学生科研训练计划”的英文简称。很多同学在还未踏入大学的校门前，认为科研是一个离本科生很遥远的词，但我校为本科生搭建的SRTP平台，极大地拉近了同学们和科研之间的距离。对于每位同学来说，参与SRTP的初衷有很多，可能是为以后升学读研提前做准备，可能是为体验新奇。而在学院的层面上，SRTP和“科研育人”项目一道，已经成为了学院“三全育人”中“科研育人”的一个极其重要的培养方式。在科研训练过程中、在导师和团队的指导下为本科生树立正确的政治方向和学术导向，是在学院“三全育人”背景下“科研育人”的基本任务之一。

在“科研育人”的背景下，我有幸借此机会参与到2019年度的SRTP项目中。在蒋关鲁教授的亲自指导下，我与其他四位小伙伴一起投身到了科研训练的热潮中。在选题时，蒋关鲁教授结合我们的兴趣、目前的科研热点和团队的科研进展，为我们确定好了选题——“川藏铁路高陡边坡桩板结构挡土墙地震响应及优化设计研究”。这是一个紧密结合川藏铁路建设中遇到的实际难点的选题，让我们深刻感受到了科研对于实际工程设计和施工的重要指导意义。川藏铁路肩负起中国三代铁路建设者的梦想，其促进西藏经济发展以及增进中华民族团结的重大意义让我们对能参与到其中感到十分荣幸。开题前充足的准备成功为我们的项目找到了国创项目的定位，于是我们更加努力，争取把这个国创项目完成得足够好。沿着蒋关鲁教授确定的大方向，在几位研究生学长的带领下，我们完成了从项目开始时的文献规范阅读和实验数据收集，到运用科研软件进行数值模拟和实验实施直至结题报账的全过程。当我们遇到困难的时候，蒋关鲁教授和研究生学长们总是能及时给我们以帮助，让我们的项目能顺利按照预期进行。虽然突如其来的疫情给我们的项目造成了巨大的阻碍，但项目最终也顺利完成了。这样一个项目参与下来，我确实收获颇丰，比如进一步锻炼了我查找中英文文献和相关规范的能力，学习了相关的科研软件的运用等，潜移默化地提升了我的科研素养。如果说开题之前我还是一个对科研一知半解的“小白”，通过这次SRTP项目的锻炼，我如今已经养成了经常查阅最近发表的中英文文献以抓取当前科研发展前沿内容的习惯，并且也在自学有关的科研软件。同时，我也在参与这次SRTP项目的过程中深刻认识到，科研立足于国家发展大背景，为祖国发展添砖加瓦是科研的出发点。同时科研是一个慢工出细活的过程，严谨求实的工匠精神和开拓创新的科学精神也是贯穿其中的一条主线。在导师、团队、科研项目的帮助指导下，我能取得这么大的进步，离不开学院“科研育人”培养方针其重大的指导意义。

2020年度SRTP项目的热潮再次涌来，我再次选择与四位小伙伴投身其中。在张迎宾教授的亲自指导下，我们参与了一项新的国创项目——“青藏高原活动断裂带交通沿线地震边坡灾害评估”。在项目设想的早期阶段，我们就深刻体会到了建设川藏铁路遇到的困难之多，也感受到了川藏铁路的建设不仅要依靠设计者和建设者的辛勤付出，更要依靠每一个冲锋在解决实际困难一线的科研人。在项目的参与过程中，张迎宾教授总是能解决我们遇到的问题，也及时指出我们的不足。在依靠一个大团队的背景下，我们也能及时从研究生学长学姐那得到有效的帮助。新的项目也是新的机会，在这次SRTP项目中进一步锻炼自己的科研素养，升华自己在以往科研项目中的收获，有更长足的进步，是我的一个目标，也是学院“科研育人”培养方式对于每位参与科研训练的本科生的要求。

我校土木工程学院作为教育部首批“三全育人”试点院，秉持的“科研育人”培养方式是在以往培养方式的基础上锻炼学生科学精神和创新意识的新举措，我有幸成为了众多受益者中的一员。通过参加科研训练项目，我得到了长足的进步，希望越来越多的学生能在“三全育人”的背景下突破自己，以更优秀的面貌投身中华民族伟大复兴的宏伟事业中去。